临安客

景步航 著

湖南文艺出版社
·长沙·

© 中南博集天卷文化传媒有限公司。本书版权受法律保护。未经权利人许可，任何人不得以任何方式使用本书包括正文、插图、封面、版式等任何部分内容，违者将受到法律制裁。

图书在版编目（CIP）数据

临安客 / 景步航著 . -- 长沙：湖南文艺出版社，2025.6. -- ISBN 978-7-5726-2455-1

I.I267

中国国家版本馆 CIP 数据核字第 20256S7D58 号

上架建议：畅销・文学

LIN'AN KE

临安客

著　　者：景步航
出 版 人：陈新文
责任编辑：何　莹
监　　制：邢越超
特约策划：张　攀　刘　筝
特约编辑：刘　静
营销编辑：文刀刀
装帧设计：李　洁
书籍插画：符　殊
内文排版：百朗文化
出　　版：湖南文艺出版社
　　　　　（长沙市雨花区东二环一段 508 号　邮编：410014）
网　　址：www.hnwy.net
印　　刷：天津联城印刷有限公司
经　　销：新华书店
开　　本：875 mm×1230 mm　1/32
字　　数：213 千字
印　　张：9.5
版　　次：2025 年 6 月第 1 版
印　　次：2025 年 6 月第 1 次印刷
书　　号：ISBN 978-7-5726-2455-1
定　　价：59.80 元

若有质量问题，请致电质量监督电话：010-59096394
团购电话：010-59320018

自 序
所有目的地，何须抵达

　　香港中环有一块巨大的路牌，路牌上面印有五个醒目的大字——"所有目的地"。站在天桥往下看，鲜艳的三角梅掩映着蓝色的路牌，络绎不绝的车流从其下飞速驶过。远处，是鳞次栉比的大厦，玻璃幕墙反射出耀目的阳光，楼宇之间露出一片淡蓝色的天空，充满梦幻。

　　许多人来这里拍照打卡，因为这块牌子隐含着大家美好的心愿：你可以去往所有想去的地方。

　　我也常常路过此处，每次站在天桥上，看着汹涌的车流穿梭于辉煌的灯火之间，都会越发地感到这座城市的繁华与忙碌。世界的运转快得令人目不暇接，而我是这宏大叙事里极为渺小的一个存在。

　　多希望，沿着眼前的这条路，可以瞬间抵达心之所向的最终目的地。有时我也会好奇，"所有目的地"路牌的尽头，究竟是一个怎样的终点？

　　这是我来到香港的第二年，也是我离家在外的第九年。这些年,我曾无数次地拖着沉重的行李箱,为学业、为工作而奔波于不同的城市之间。成长的路上难免受挫,灰心丧气时,总觉得每一个困难都能打倒自己。学业、生活、工作没有一件事是容易的,却又不得不一次次地硬着头皮迎难而上。

现实的种种难关、种种无奈,将我重重围困——曾躲在公司的厕所隔间里哭过很多次,脏兮兮的厕所竟成了打工人得以释放情绪的一方净土;曾在香港暴雨的季节面对漏了一地水的公寓而手足无措,一张床是十几平方米的房间里唯一可以落脚的岛屿;曾因为学不会的金融数学而整宿整宿地失眠,面对解不出的题目急得头发大把大把地掉。

可是越长大越发现,凡此种种,都是寻常。关关难过,关关过。我越来越意识到,人生本就艰难,总要学着找寻一个出口,作为慰藉平生不如意的一剂良药。

于我而言,读书写作就是这么一个出口。当我坐在潮湿昏暗的房间,当我遭遇困顿迷茫的时分,当我觉得自己无处可去而又急欲逃离当下之时,我都可以随时打开那扇门。

苏轼被贬黄州时,曾在《赤壁赋》中感叹自身"寄蜉蝣于天地,渺沧海之一粟"。诚然,人来到世上,只有短短几十年。在人生的每一个阶段,我们都只能选择一次,经历一次,活一次,岁月无法回头,人生也不能重来。在这有限的时间里,我们只能走有限的路,见有限的人,看有限的风景。我们不得不承认生命的短暂。

可是读书和创作,却能让有限变作无限。我们在书里看见了一千多年前的春江花月夜,也在书里看见了百年之后幻想中的未来世界。即便我身处狭小幽暗的房间,却透过书籍看见山川和河流、明月和星空,看见王朝的更迭、世事的变迁,看见沧海桑田，看见一切真实与虚空，看见更广阔的世界。即便我一无所有，被困于斗室，我的思想也可以飞到很远很远的地方。

当我拿起一支笔，或者坐在电脑前敲击键盘时，我便又被赋予开拓无限可能的超能力，可以穿越时间，跨越空间，洞见历史，又预见未来，从此不必哀吾生之须臾，羡宇宙之无穷。我们当然会老去，会死亡。但我始终相信文字能够对抗时间，对抗衰老，对抗无可奈何花落去，对抗一切流逝的、难以挽留的。它记录一切，承载一切，所以历史不会消亡；它探索一切，创造一切，所以未知的世界被点亮。

很多个远在异乡、困惑难安的时刻，我读书、写作，在文字里找寻心灵的寄托。这本《临安客》，便是我在香港工作、读书期间写就的。

这大半年，我时常游走在眼下繁华的现实世界与南宋动荡的黑暗年代之间。靖康之变后，北宋山河轰然倒塌，汴京残梦如烟消散。盘踞于中原的金人依旧虎视眈眈，而南宋小朝廷仍是不思北伐，躲在临安做着最后的太平清梦。家国尚且处在风雨飘摇之中，个人的命运又如何能由得自己掌控？

然而就是有这么一群不甘于时运的人，他们偏要挽住日益衰颓的江山，偏要扭转君王的心意。为了重拾破碎的山河，为了实现年少立下的志向，为了守护所珍视的种种，他们或人或心来到临安，又都离开临安。当南宋王朝无法控制地滑向深渊之际，他们还是选择拼尽全力，甚至不惜付出生命的代价，试图力挽狂澜。

偏要知其不可为，而为之。

李清照、岳飞、陆游、辛弃疾、文天祥，这些遥远的古人从时光深处醒来，跃然于纸上。我从他们的生写到他们的死，感受着他们生不逢时的挣扎与痛楚，也感知着他们坚毅的心志与不屈的灵魂。他们虽然只是临安城的过客，却在历史上留下了不可磨灭的痕迹。

他们都在向着一个目的地坚定而执着地前行着。尽管时代的巨大浪潮无数次地将他们击倒，可他们还是一次次不服输地站起来，带着满身伤痕朝着那可望而不可即的理想蹒跚走去。他们的生命旅途，远比你我的更为坎坷。他们面对的是生与死，是国破家亡，是妻离子散，是外敌无情的兵刃和铁骑。

南宋于 1279 年国沉南海，临安客们终究未能如愿。世间美好的祈愿太多，并非所有向往皆能达成。他们不曾抵达心向往之的最终目的地，可他们走过的这趟旅程，本身就是极有意义的。他们或是写下了不朽的诗词，或是留下了流芳千载的事迹。他们努力地活过、存在过，不曾辜负来人间一趟。

当我再次望向"所有目的地"的路牌时，我已不再好奇路的尽头是什么。

我走过的这段旅程，无论是好是坏，都是我生命中独一无二的风景，世间只此一份，不可复制，亦无法重来。

沿途种种，我看过，感受过，体验过，如此足矣。

景步航
2025 年 2 月 13 日于香港

目 录

 宋徽宗（1082—1135）头号玩家　一

 李清照（1084—1155）昨夜雨疏风骤　四七

 岳　飞（1103—1142）十二道金牌的宿命　九五

 陆　游（1125—1210）铁马冰河梦一场　一二九

 辛弃疾（1140—1207）赴青山　一七三

 元好问（1190—1257）生存还是毁灭　二二五

 文天祥（1236—1283）殉道者　二五九

景岁舰

宋徽宗

(1082—1135)

头号玩家

烟雨初霁，万物洁净如新，赵佶独自走在茫茫天地间。一抬头，天际一抹青色，映入眼帘。

该怎么描述这种颜色？蓝与绿恰到好处的调和，又融入了大量的白，再糅进些缥缈的云，最后用雨水一遍遍地冲洗掉杂质，于是便有了它的澄澈、空明、清冷。大自然的巧艺神工，造就了一份世间难得的美。

赵佶不禁目眩神迷，想留住这抹色彩。风骤起，美在消散，一点点隐没在云里、雾里。他努力睁大眼睛，极目远眺。忽然，一道刺眼的白光闪过，他惊醒了。

原来只是一场梦。

赵佶的脑海里不断浮现着梦中天空的颜色。他一定要得到它，不仅要得到，还要它永存。用颜料调制太没挑战性，最好是能制作出这种颜色的瓷器，用来承载他的梦，百年千年地流传下去。

就是这么任性。他可是当朝官家，天下都是他的，要什么得不到？赵佶大笔一挥，为梦中情"色"题了句诗：

雨过天青云破处，这般颜色做将来。

他下了一道旨意，命令四海之内的能工巧匠，烧制出这如梦似幻的天青釉色。

此后的很长一段时间里，全国各地的瓷器工匠都会在雨后不约而同地伸长脖子，久久地仰望天边，如同一群等着天上掉鱼的鹭鸟。陛下的要求有些抽象，这究竟是一种怎样的颜色呢？

任务交代下去，期待着美梦成真的赵佶心情很不错。他接过宫人奉上的茶盏，细细品了一口，顿觉两腋习习清风生。手中的兔毫盏，是他最钟爱的茶具之一。官家把玩着杯盏，欣然自得：朕的品位真不错，待天青烧制成瓷，定要做成杯盏，盛上"龙团胜雪"，想想就美滋滋的呢。

做了梦，品了茶，接下来该处理国事了吧？看看案几上堆成了一座座小山的奏折，赵佶有点烦。不知道百官怎么有这么多话要和他说，是该让蔡京好好筛选一番，挑出重点内容，再由他过目的。

赵佶的时间宝贵极了，每日可谓百事缠身——画画、制茶、赏花、看鸟、作诗词、写书法、举办宴会、收集和鉴赏文玩、编纂医学著作、主持各项建筑工程……一大堆事情忙都忙不过来，哪里有时间操心国事？这不，一看时间，又该去画院指导学生了。

前些天他布置了一项作业，要求画师们绘制出孔雀升墩的情景。这段日子宣和殿前的荔枝树硕果累累，吸引了宫里养的孔雀前来觅食，放眼望去，便是一幅优美的花鸟图。

这位艺术家皇帝每次出题，总是别有深意。画师们不敢怠慢，纷纷各尽其思，画下了一只又一只华彩灿然的鸟儿，其技法之精妙、功力之深厚，实在让人挑不出错来。徽宗背着手一一看过去，像是检阅军队般庄重严肃。然而他的眉头越皱越紧，画师们的心脏随之越跳越快：完蛋，看来陛下又不满意了。

只是无人知晓皇帝为何不满。这一幅幅画，都是根据他的审美意趣所作，既重写实又不失意境，堪称上品。众人感到困惑又委屈，道："请陛下明示。"

赵佶丢下一句话："自己悟去。"画师们愣在原地，一脸茫然。几日后，见众人依旧百思不得其解，皇帝下了道旨，只有轻飘飘的一句话："孔雀登高，必先举左脚。"

画师们齐刷刷地望向自己所作的图画，没有一幅体现出了这处细节，很多人都画成了右脚先抬起。他们又齐刷刷地望向孔雀，果然，这鸟儿每次都是先举起左腿，再慢悠悠地往上攀登的。众人不禁对官家的细致观察佩服得五体投地。

他们同时也不禁暗暗揣测：咱官家是不是每天不干别的，净观察花鸟虫鱼了？

确实如此。作为宫廷书画院的统领者，赵佶十分敬业。他不仅亲自参与管理选拔人才、课程设置、考试晋升等学院事务，还不断提升自身的艺术修养。为了创作出栩栩如生的花鸟图，徽宗日程表里的一个重要安排就是观察飞禽走兽、花花草草，譬如鸟雀栖息枝头时与展翅飞翔时的神态、动作分别是怎样的，月季的花瓣与花叶在一年四季和清晨、黄昏时是如何变化的。

坐拥天下的帝王变作一只小小的蚂蚁，他爬过鸟羽、爬过花叶，在一个微小而繁复的世界里细细探索。他能精确地捕捉到绣眼颈部的一缕绒毛、蜡梅中央的一根花蕊、叶片表面的一丝纹理。

要的就是极致的精巧与传神。当世俗的所有欲望都被满足之后,赵佶开始追求另一个天地里的至善至美。他想要掌控一切,拥有一切,创造一切。而官廷书画院,就是他追求美、培养美、创造美的摇篮。他化身女娲,捏出一个个艺术家,再由这些艺术家将他的审美意趣发扬光大,无限绵延、传承下去。

正如托举着那一抹天青的瓷器,他要它们承载着他的梦,万古常在。

赵官家为自己设置了个性签名——"天下一人"。

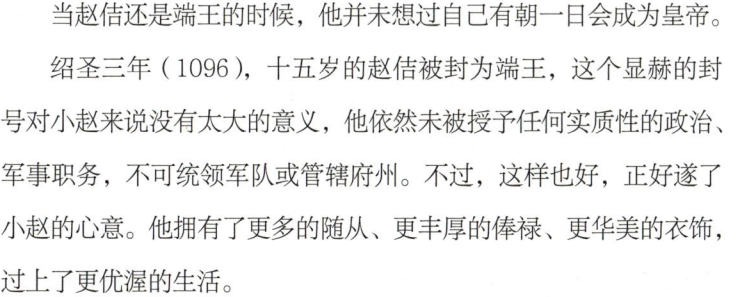

当赵佶还是端王的时候,他并未想过自己有朝一日会成为皇帝。

绍圣三年(1096),十五岁的赵佶被封为端王,这个显赫的封号对小赵来说没有太大的意义,他依然未被授予任何实质性的政治、军事职务,不可统领军队或管辖府州。不过,这样也好,正好遂了小赵的心意。他拥有了更多的随从、更丰厚的俸禄、更华美的衣饰,过上了更优渥的生活。

对当朝官家的弟弟来说,象征性的高等特权远比军政实权来得实惠安全。越是虚头巴脑的权力，用起来越放心。

皇帝的兄弟，这个身份听起来很威风，实际上尴尬又危险。即便他们自己没有谋权篡位的念头，也架不住想要废黜皇帝的臣子主动接近，一次次地抛来诱人的橄榄枝。这样的端倪一旦被皇帝发现，很有可能招致杀身之祸。天子身边最亲近之人，往往也是他内心最为防备之人，所以皇家的兄弟们必须学会明哲保身。

不忘初心，时刻牢记先君臣、后兄弟。

皇子生存法则第一条：珍爱生命，远离雄心勃勃的大臣，远离对文治武功的追求，避免给人留下怀有政治野心的印象。

年少的赵佶很清楚，只要安分守己地当一个无意于帝位的王爷，就可以确保自己的脑袋稳稳当当地架在脖子上。在这种原则性的问题上，小赵同学绝不犯错，他知道逾矩的代价，所以离那条警戒线远远的。

况且，他本身就没什么野心。锦绣堆里长大的小皇子，生来就是享受世界的，何必给自己招来不痛快呢？

小王爷时常骑着马，带着几名侍卫，穿过喧闹的勾栏酒肆、茶坊青楼，一路走走停停。他远远望见宣德楼屋顶上灿烂的琉璃瓦，在阳光下金光闪闪。这座雕龙镂凤的门楼是一道分界线，里头的种种，不是他端王应该染指的。

倒也落得一身轻松。

去玩，去快活，去做一切与皇位、与权力无关的事情，比如蹴鞠、画画、练习书法、遛鸟、听曲。数不尽的美食、美景、美物、美人，被一股脑地送到他的面前，由他随意挑选，用来消磨精力和时间。

这一点，赵佶完成得非常出色。他完美演绎了一个浪荡王爷的形象，尽情地沉醉于声色犬马之中。这样的表现无可非议，甚至不能说他是不务正业。作为皇帝的亲兄弟，吃喝玩乐，就是他的正业。

对于轻佻放荡的小王爷，人们总会表示宽容和理解。只要不是结党营私、谋朝篡位，或是横行霸道、鱼肉百姓，仅仅是轻浮孟浪、爱好花钱、玩世不恭，完全不是什么大问题。

尽管从小时候起，小赵同学的侍读就向他讲授能够从中吸取教训的历史事件，譬如秦始皇穷奢极欲，而使天下离心；隋炀帝挥霍无度，最终身死国灭。以史为鉴，可以知兴替，这是所有皇子的必修课。年幼的赵佶坐在富丽堂皇的宫殿里，静静地听着儒家有关节制、克己的教诲。那些辽远而厚重的故事，却只如同一根羽毛，在他的心上轻轻掠过。

而给赵佶留下深刻印象的，是他的二叔赵颢和四叔赵頵的一言一行。作为上一任皇帝宋神宗的弟弟，两位叔叔无疑为赵佶提供了优秀范例——如何当好一个闲散王爷，如何打发大片的空白时光，如何给自己找乐子，如何在权力旋涡的中心独善其身。

小赵同学在暗中观察——二叔赵颢热爱读书，痴迷佛教，喜好书法与箭术，可谓德、智、体、美全面发展；四叔赵頵沉醉于书画艺术，尤其擅长飞白体、篆书和墨竹画，他还爱好钻研医术，曾亲自编著《普惠集效方》一书，并配制药材救治病人。

总之，只要不碰政治，做什么都可以，皇帝统统予以大力支持。于是各位王爷成了精通多个领域的全能型选手，今天悬壶济世，明天舞文弄墨，后天参禅礼佛，日子过得非常充实，完全没空想着谋夺皇位。如此，自然兄友弟恭，皇室上下，一派融洽的氛围。

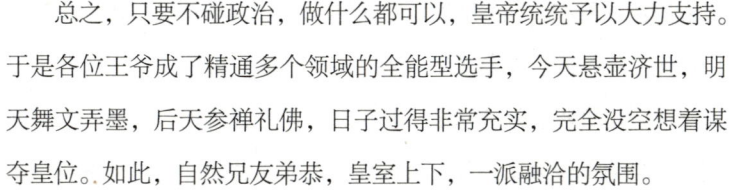

有了叔叔们做榜样，赵佶也在有意无意间培养了许多相似的雅好。后来，小赵搬进了自己官外的府邸，行动更为自由了。有时他会在院中踢球，因蹴鞠结识了高俅；有时他跑去大相国寺"淘宝"，搜罗市场上的珍奇古玩；有时他陪哥哥哲宗去城外游览风景，他们每年都会造访城墙外的金明池。当池畔的红花绿柳摇曳于春风中时，皇家禁军仪仗队的绣旗就会准时飘扬在一池碧水的上方。

赵佶最爱看的，是热闹的水上龙舟比赛。他伴着哲宗坐在绘有游龙戏水图的屏风前，在一片锣鼓喧天的沸腾声中，阵阵平静的喜悦涌上心头。

这样烈火烹油、鲜花着锦的日子多不胜数，当时只道是寻常。

还有很多时候，他与姑父王诜待在一起。在少年小赵的眼里，姑父简直魅力四射，光芒万丈，是他心目中的偶像。

王诜是一位成就斐然的书画家兼收藏家，他本人的山水画极佳，善作晴岚绝涧、寒林幽谷，种种他人难状之景，王诜却能挥笔立就。其画幽雅清润，朦胧绰约，不古不今，自成一家。

年轻的赵佶对其画技心驰神往，尤其是那幅《烟江叠嶂图》，浩渺烟波空灵悠远，迷蒙云雾如梦似幻，青绿设色典雅又富丽。小赵暗暗思忖：什么时候我也能画出这般神妙之作呢？

对喜爱文学艺术的赵佶来说，王诜的另一大魅力点在于：他游历四方，广交苏轼、黄庭坚、秦观、米芾、李公麟等文人雅士，并与他们诗词酬和，往来甚密。这个圈子里的人物都是享誉天下的文化名流，能和他们成为好友，是一件很光荣的事情。

在赵佶平和静好的端王岁月里，那些个性鲜明、才情四溢的文艺界大咖为他带来了一段又一段新奇的人生体验。通过一幅幅山水画，一句句诗词歌赋，小王爷看见了更广阔的天地，他沉浸于其中，心醉神迷。

姑父王诜递来了一把钥匙，赵佶从此打开了新世界的大门。他坚定地踏入艺术的殿堂，一去不回头。

三

当小赵同学全身心地投入文人书画的学习中时，命运之神的目光，却暗中锁定了他。

赵佶的哥哥，哲宗赵煦，在九岁那年登上了皇帝的宝座，因其年幼，便由祖母高太后垂帘听政。朝堂上，赵煦的御座与高太后的座位是相对的，文武百官从来面向高太后奏事，而背对着小皇帝，从不转身向他禀报。在很长一段时间里，赵煦只能看到臣子们的后背和臀部，却不清楚他们长什么样子。

直到元祐八年（1093）九月，高太后崩逝，十七岁的赵煦才开始亲政。这位年轻的帝王和他的父亲神宗一样锐意进取，他召回了王安石变法时的重要人物章惇，继续那场轰轰烈烈的改革。

对内，他针对父皇推行新法时的弊病，对改革措施做了些改进，取其精华，去其糟粕，以便于推行。经过优化后的青苗法、免役法大大减轻了百姓的负担，国势有所起色。对外，他志在重建西北防御体系，多次派兵讨伐西夏，收复了大量失地。最终西夏主动求和，俯首称臣。

他具有如此卓越的执政能力，简直是为帝王之位而生的。然而可叹的是，赵煦的健康状况一直很糟糕，少年时就有咯血的顽疾。元符二年（1099）九月，赵煦唯一的儿子夭折于襁褓中，他悲痛不已，身体每况愈下。次年正月，这位雄韬伟略的皇帝在福宁殿溘然长逝，年仅二十四岁。

哲宗走得突然，没有留下遗诏，也没有留下可以继承大统的后嗣，那么下一任皇帝谁来当？宋朝皇室就这一重大问题召开了紧急会议。

先帝既无子，皇位继承人将在哲宗的兄弟中诞生。神宗有过十四个儿子，活到成年的只有六个，除了哲宗赵煦，还有申王赵佖、端王赵佶、莘王赵俣、简王赵似和睦王赵偲。皇家的孩子难养活，神宗这一批皇子的成活率还算高的，却也不到百分之五十，真是让人头疼。

哲宗的嫡母向太后地位最为尊贵，她主持了这场挑选继承者的大会。宰相章惇率先发言："依照礼法，当立先帝同母胞弟简王赵似。"

向太后不悦道："哀家无子嗣，诸王都是先帝的庶子，人人平等竞争，简王何来的优先权？"

她不赞成简王继位，是存了一份私心的。简王的生母是朱太妃，若他来日登基，以其生母为尊，那么向太后的地位必然不保。所以，要选就得选个没妈的孩子。

章惇复言："既无嫡庶，按长幼应立申王。"

向太后再次表示反对:"老章你糊涂了呀,申王有眼疾,看奏折都费劲,怎能当天子?若按长幼,应当立端王。"

向太后看中了端王赵佶。她认为端王的聪明劲很像其父神宗,最关键的是,赵佶年幼丧母,一直是向太后照拂着他的,来日他若当了皇帝,自然会投桃报李。

章惇听罢急得要跳脚,他厉声道:"端王轻佻,不可以君天下。"向太后变了脸色,心里很不爽:你个老章白混了几十年官场,让你发言是给你面子,你却蹬鼻子上脸,公然反对,不要命了?

章惇还想说话,枢密院大臣曾布连忙撇清关系:"老章的想法从没和众人商量过,我们认为太后您说得非常有道理,臣等谨遵懿旨。"

识时务者为俊杰,领导的意思已经很明确了,何不趁势表忠心?

向太后的心里有了底,乘胜追击道:"先帝曾说端王生有福寿之相,并且十分仁义孝顺,和其他诸王可不一样呢。"

在场官员一致鼓掌通过了向太后的决策,章惇的话淹没在一片赞成声中。

皇位继承之事即将尘埃落定,二府大臣需要以哲宗的名义发布遗诏。他们召来翰林学士蔡京,让他起草立端王赵佶为帝的诏书。谁也没有想到,这位后来在赵佶执政期间叱咤风云的蔡相,竟这么早就参与了徽宗的故事。此刻,他还只是扮演着一个不起眼的小角色。

本以为是跑龙套的,原来是男二号。

这些微妙的细节,像是冥冥之中安排好的。草蛇灰线,伏延千里。命运之神在天上一边看戏，一边编写接下来的剧情。

1100年正月里的这一场会议，彻底改变了赵佶的人生走向。他还沉浸在兄长去世的哀恸里，却被突然告知，他即将继承帝业，接手大宋江山。

人在家中坐，皇位天上来。

本来可以安安心心地当一块历史的边角料，在一方小天地里独自舞蹈，只为自己开心。如今却被推到了历史舞台的中央，炫目的灯光明晃晃地打在脸上，举国上下，千秋万代，无数双眼睛都在等着观看他的表演。

十九岁的赵佶稀里糊涂地登上了宋朝天子的宝座。龙袍已然穿上，坐在高处俯视一众臣子的赵佶有些恍惚，人生前十余年未敢设想过的一条路，如今突然铺在了他的面前，一双双大手不由分说地推着他往前走。

紧张、兴奋、期待、迷茫、担忧、疑虑……种种复杂的情绪占满了少年赵佶的心。扶着冰凉龙椅的手心沁满了冷汗，他按下起伏的心绪，正襟危坐，摆出一副也无风雨也无晴的表情。为人君者，当喜怒不形于色。这点他清楚。

定下神来，再看一众朝臣，再看金碧辉煌的宫殿，再看天与地，赵佶猛然意识到，从此，这一切尽在他的手中。他拥有了无限的权力，同时也必须承担起随之而来的责任。

这个庞大而臃肿的帝国，像一团巨型的毛线球，千头万绪不知从何理起。当赵佶仍在费劲地整理着治国的头绪之时，一大群臣子争先恐后地拥向了他。新君即位，正是大洗牌的时刻，人人都想通过影响这位年轻帝王的作为改变自己的处境，左右王朝的走向。此时嫩瓜秧子一般的小赵同学，急需在迷眼乱花之中找到一个值得信赖的人。

更重要的是，以章惇为首的朝臣并不赞成他的即位，赵佶需要一个强有力的支持者为自己站台。巩固皇权、巩固地位，这是刻在所有帝王基因里的本能。

他的第一反应，就是请求嫡母向太后垂帘听政。皇太后的正统性，可以帮助赵佶更为顺畅地完成他身份的转变——从一个浪荡皇子变为名正言顺的大宋天子。皇太后严选，保证品质，谁敢不服？

同时，这也是他对向太后扶持自己上位的报答。笼络人心是君王必备的技能，聪明的小赵同学迅速地掌握了。

刚当上皇帝的赵佶，很有一番洗心革面的决心，他暂时搁下了自己所痴迷的艺术事业，开始勤勤恳恳地学习如何管理一个国家。端坐于殿堂之上的他望着满朝文武，心中升腾起澎湃而明朗的希望——

朕要当一个好皇帝，带领宋朝做大做强，走向更美好的明天。

四

登基后的赵佶要学的内容非常多，譬如如何为重要的岗位挑选合适的官员，如何处理二府内部微妙的人际关系，如何与相互之间有嫌隙的大臣打交道。

此前，赵佶从未接受过继承皇位的专业培训。即便十几年的宫廷生活，让他很清楚皇帝每天都要做些什么，可是他和那把龙椅之间，终究隔着千山万水。他不曾想过，有朝一日自己会被要求履行皇帝的职责。

刚接触国事的小赵对一切都充满了好奇心与新鲜感。他仔细钻研着官员的任免之道和国家的内外局势，时常向曾布、韩忠彦等有经验的老臣提出各种问题，像极了一个谦逊的好学生——

"老曾，三省与枢密院递上的文书有何不同？"

"老韩，青唐之战的最新进展如何了？"

"老曾，你说台官和谏官的职位最适合谁呢？"

在即位的第一年里，赵佶广纳谏言，认真听取臣子们的建议，恭谨地参与各项重要仪式，妥善办好了哲宗的葬礼。在主业工作完成后，他才去自己感兴趣的艺术世界里走一走。初登皇位的小赵同学虽然还没有显赫的功绩，却是在正轨上一步一个脚印地前进着的。这一年的年终考核，他的表现虽不算优秀，但绝对称得上良好。

十九岁的少年天子赵佶，完全没想过后世会给自己扣上"昏君"的帽子。此时此刻，他是真心希望自己能做好一国之主，清除朝政弊端，创造一个太平盛世。

为了实现以上目标，赵佶给自己定下了首要任务——缓和激烈的派系斗争。新旧党争自神宗朝起，就如一团阴云般笼罩在朝廷上方，挥之不去。如今神宗走了，王安石也走了，可新旧两党的关系非但没有缓和，反而到了水火不容的地步，严重影响了政府的正常运作。

年轻的徽宗信心满满：父皇留下的烂摊子，我一定能收拾好。

他志在终结新旧党争，试图在两党之间谋求平衡，建立联合政府。

即位第二年，徽宗把年号改为"建中靖国"，意为在两党间保持中立，联合双方恢复大宋江山的安定团结。

然而他还是太天真了。新党因王安石变法而生，属于后起之秀，是少数派，反对变法的旧党则人多势众、树大根深，完全不听皇帝的调解，依旧在朝堂上不遗余力地攻击新党，势要与之死磕到底。而新党也不甘示弱：变法是为了国富民强，谁阻拦，谁就是和国家、和人民过不去，我要代表大义消灭你。

两方臣子在皇帝面前针锋相对，吵得天翻地覆。赵佶有些心累，争了那么多年，就不能消停会儿吗？每天都有一箩筐意见相左的奏折呈递上来，他不得不筛选、评估这些相互矛盾的建议，并花费大量的时间调和官员之间的关系。上午哄这头，下午游说那头，简直像个纠纷调解员。

联合政府的愿景是没戏了，赵佶必须做出选择：新党旧党，选谁与他共治天下？

旧党遵循祖宗之法，爱说大话、空话，新党则更有行动力，看重具体事务的落实；旧党仗着资历深厚，喜欢对皇帝指指点点，新党则更依赖皇权，比较听皇帝的话。

赵佶年轻气盛，最烦有人对他管头管脚，权衡之下，他选择了新党做自己的合伙人。

这一番折腾下来，小赵做皇帝的兴致越来越淡。每次看见奏折，他的脑子里就立刻蹦出了无数张一开一合、唠叨个没完的嘴巴。

"陛下，神宗统治时国库都是满的，现在却空了一大半。"

"陛下,西北驻军的物资不足,士兵都快吃不饱饭了。"

"陛下,河北税收不足,无法支付边界十七州的开销了。"

"陛下……"

各方都在向他哭穷,一大堆问题亟待解决。此刻赵佶很想变成一只鸵鸟,把头埋进沙子里,从此不问一切政事。

国事烦扰也就算了,更让他不爽的是,作为天子,自己的行为还要受到官员的监督和评判。

有次赵佶在宫中放风筝,结果风筝意外飘到了宫外。曾布次日上奏:"陛下听说了吗?禁中有只纸鸢落在了民间呢。"小赵一听慌了,以为老曾要借此劝诫自己不要耽于玩乐,于是连忙遮掩道:"哪有这回事,恐怕是误传,朕回头派人好好查问一下。"本以为这样就糊弄过去了,没想到老曾依然有一通说教在等着他:"陛下春秋方壮,即位之初,闲暇时偶以为戏,也不是什么过失。如果为这件事去四处查问,只会使臣下心存忌惮,有损陛下圣德。"

赵佶倒抽一口凉气:一只风筝都能引来臣子的长篇大论,这个皇帝做得也太憋屈了,真想撂挑子。

然而这份职责不是他想放弃就能放弃的。赵佶想起了幕僚曾经的劝诫,统治江山的秘诀在于任用才德兼备的官员,只要安排好适当的人选,就可以垂衣拱手而天下治了。

所以,该找谁帮忙管理国家呢?

赵佶思考着这个重要的问题,心中烦闷,看什么都不顺眼。无意间瞟到了宫殿柱子上的翠金涂饰,他皱了皱眉:如此艳丽,真俗!

小赵的思绪不禁飘向了建筑、图画与美学,脑海里很快设计好了清雅自然的装饰图案。他突然无比想念从前沉浸在艺术之海里的无忧时光。相比之下，当皇帝可太没意思了，大权在握，却只能看不能用，责任倒是有一大堆。无穷无尽的工作铺天盖地而来，盘根错节的人际关系更是让他一个头两个大。世上无难事，只要肯放弃。初登皇位时的一腔热情，被现实的冷水尽数浇灭。

这个破班是一天也上不下去了。赵佶彻底厌倦了临朝问政，他想要过回端王时期尽情享乐的生活。

至于重振朝纲的雄心壮志，有是有，但不多。仅存的一点，也消磨在了臣子没完没了的督导之中。本以为当了一国之君可以为所欲为，没想到有这么多的条条框框，要忍受一切，要严于律己，要学他的老祖宗宋仁宗那样克己节俭，哪怕半夜饿得睡不着都得忍住不喝羊肉汤。

赵佶一点都忍不了。他想玩，想画画，想搜罗天下珍奇。真是心痒难耐。

他任性地推开了宋朝帝国这个巨大的毛线球。管你剪不断、理还乱，朕要去找乐子了，勿扰。

五

倒也还不敢太放肆。赵佶偷偷找来亲信的太监童贯，让他秘密前往江南，给自己找些有趣的玩意回来。童贯便以供奉官的身份，

到三吴访求名家书画与奇巧之物。

而此时,曾负责书写诏命的蔡京,恰好就在杭州。赵佶登基后,蔡京因处事奸猾而屡遭同僚弹劾,先是被贬至江宁,后来干脆被夺去了一切官职,放逐至杭州,在洞霄宫洒扫除尘。困在道观里的蔡京正愁眉苦脸地思索着如何才能咸鱼翻身,当听说官家身边的大太监童贯正在杭州办事时,他一下就来了精神。

救命稻草从天而降,蔡京两眼放光,誓要抓住这一逆风翻盘的绝佳机会。打不死的小强蔡京上线了,他使出浑身解数讨好童贯,很快得知对方此次到江南的主要任务,就是收集各种字画、古玩。

书画艺术,那可是蔡京的拿手好戏。他的书法神采焕然,冠绝一时,早年间仍是端王的赵佶还曾花大价钱收藏过蔡京的作品。后世津津乐道的"宋四家"——"苏、黄、米、蔡",其中"苏"是苏轼,"黄"是黄庭坚,"米"是米芾,"蔡"实际上就是蔡京,只因他的名声太臭,所以后人不提蔡京,而说是蔡襄。

蔡京知道自己的春天就要来了。

他极力搜罗名家精品,同时不遗余力地哄童贯开心。没多久,蔡京的"美名"就通过童贯之口,直达天听。千里之外的赵佶兴致勃勃地把玩着杭州送来的宝贝们,尤其把蔡京的书法作品看了又看,啧啧称叹:"都说字如其人,这老蔡绝对是个人才,朕要尽快把他调回来,好好重用才是。"

此时皇帝的手下有曾布和韩忠彦两位宰辅,这两人面和心不和,都想把对方踢出朝堂。而受到皇帝青睐的蔡京,就成了曾、韩二人争权夺势、掣肘彼此的棋子。

鹬蚌相争,渔翁得利。两位宰辅斗来斗去,最终相继被罢相,接替二人执掌朝政的,正是蔡京。崇宁元年(1102)七月,蔡京升任右相,半年后又升为左相,一路青云直上。

下诏任命这天,徽宗在延和殿亲切接见了蔡京,他郑重说道:"昔神宗创法立制,中道未究,先帝继之,而两遭帘帷变更。朕欲上述父兄之志,今朕相卿,其将何以教之?"大致意思就是表明自己决定继承神宗以来的新法,让蔡京尽快拿出一份切实可行的方案来。

或许徽宗的这番话还有另一层意思:处理国事好烦人,朕不想干了,老蔡你上。

找到合适的人帮自己打理国家,将给赵佶省出大量的时间和精力,让他可以毫无后顾之忧地投身于热爱的文艺事业。选中蔡京,不仅仅因为他的书法甚得圣心,更因为他在行政管理上颇有能力,办事效率极高,总能在一大堆事务中迅速厘清头绪,找出关键问题,并对症下药。

赵佶很确定自己遇上了对的人,他对蔡京寄予了殷切的期望:老蔡,好好干,朕看好你!

皇帝如此信任他,蔡京感动得热泪盈眶,连忙叩头谢恩,表示愿效死力以报陛下。

赵佶很欣慰,他一直认为蔡京是懂他的。当大臣们在皇帝的耳边喋喋不休时,蔡京只是默默地献上了一幅赵佶求了许久的绝世孤品,供他收藏鉴赏。在赵佶看来,这样有能力又谦卑恭谨,能投其所好的臣子,于公,是完美的宰相人选,于私,是自己的知己好友。

徽宗可能不止一次想过——高处不胜寒,朕独自立于无人之巅,是多么寂寞。你们这帮臣子不仅不理解朕,还天天挑朕的刺。看看人家蔡相,不仅能匡君辅国,还精通琴棋书画,更重要的是,他懂得欣赏朕的艺术作品。多好的一个人啊。

赵佶常常与蔡京共谈诗词字画,一同吟风弄月。在宣和年间某个天朗气清的日子,他邀请蔡京和童贯来到御苑,参加一场小型音乐会。这场音乐会的演奏者就是皇帝本人,徽宗亲自抚琴,为两位宠臣弹奏。

这独一份的宠眷,也是君王惯用的笼络人心之术。

赵佶把这件松下抚琴、听琴的雅事画了下来,画中的徽宗身着道服,端坐抚琴,神态悠然自得,两位臣子则穿着朝服,一人仰面,一人垂首,皆是专注聆听的模样。他们三人不像共商国是的君臣,倒像志趣相投的密友、心意相通的知音。蔡京还在画作上题了一首诗:"吟徵调商灶下桐,松间疑有入松风。仰窥低审含情客,似听无弦一弄中。"徽宗用自己独创的瘦金体为此画题名《听琴图》,并盖上了"天下一人"的闲章。

历史上的昏君常常因为任用奸佞而受到后世诟病,然而对身处特定政治环境的君王而言,或许他们并不认为自己所倚重的臣子是奸邪之辈。正如蔡京之于宋徽宗,那可是绝对的良臣贤相——他帮赵佶解决了很多麻烦,还让难掩衰颓的宋朝国势在短期内有了显著的好转迹象。

客观来说,虽然蔡京是世人公认的奸臣典范,但他在担任宰相期间还是做了一些有益于社会发展、百姓安定的事情。比如说,他首先着手改善国家财政,在杭州和明州设置市舶司,将盐业专卖扩大到了东南地区,重新测量土地,恢复了与新政相关的土地税。蔡京担任宰相的第二年,宋朝政府就消灭了财政赤字,甚至开始产生盈余了。他还鼓励寺庙和尼姑庵收养孤儿,推行社会福利制度,并主持"崇宁兴学",在全国普遍设立地方学校,大力发展教育。

很难想象光荣位列"六贼"之首的蔡京,曾实行过这些利国利民的举措,尤其是设立为穷人看病的安济坊、救济鳏寡孤独的居养院,这简直是一代名相才会有的作为。然而比起他后来所做的那些龌龊事,这点光辉事迹也就不值一提了。

蔡京很快开启了他的"主线任务"——疯狂排斥异己,彻底铲除与他政见不一或结有私怨的官员。看谁不爽,就把谁踢出朝廷。并且滥用权力,卖官鬻爵,肆无忌惮地从中牟利。整个朝野,都成了蔡京及其党羽的天下。

宋王朝的管理层,变成了一个巨大的草台班子。蔡京一伙人闹哄哄地在台上指点江山,随意糟蹋着大宋的千秋基业。而这一切的始作俑者赵佶,则躲到了幕后,沉浸在自己喜欢的事情中。朝中有官员看不过眼,上书弹劾蔡京的恶劣行径,冒死进谏:陛下,蔡相把朝廷搞得乌烟瘴气,您作为一国之君,倒是管一管啊。

赵佶却对此视而不见:不好意思,朕很忙,没空当皇帝。

六

赵佶放心地把国家交给了蔡京、童贯这对"卧龙凤雏",然后一头扎进了锦绣罗绮成堆、书画花石遍地的美好世界,专心致志地当起了文艺青年。皇帝的工作糊弄一下也罢，文化事业必须认真搞。

传说当年宋神宗在位时，曾在某个晚上梦见南唐后主李煜前来谒见，甚为惊奇，次日醒来时便找出李煜的画像观摩。正当他专心欣赏时，宫人来报，后宫诞下了一位皇子。这位皇子，正是赵佶。宋徽宗在艺术上的造诣，正如李后主在诗词上的才华。历史竟惊人地相似，这两位君王都对治理国家兴趣寥寥，却在文艺方面取得了杰出的成就。

早在端王时期，赵佶就展露出了超凡的审美意趣与绘画天赋，这些年来他下了很大的功夫钻研书画技艺，即便当了皇帝也没有丝毫的懈怠。臣子在下面汇报着边情战事，赵佶的心却早已飘到了书房，飘入那幅未完成的《竹禽图》中。

对久居深宫的赵佶而言，大宋山河的飞禽走兽、花草树木，是那么遥远和抽象，他看不见也摸不着，可是通过一幅幅图画，他却能将山川河流、花鸟虫鱼尽收眼底。那些飞舞的、游动的、绵延的、荡漾的景物，都被永恒地定格于纸张画绢之上。外面那个无边无际、云水激荡的世界，被一次次地缩小、冷却、凝固，妥善地存放于赵佶触手可及的地方。

他自诩为"天下一人"，自然想要天下尽在掌握之中。

赵佶还想要的，是一份极致的细与真。他命人在宫苑里种了很多花，养了很多鸟，以供他欣赏和观察。他时常全神贯注地端详鸟儿的神态动作、生长规律，不放过每一个细节。比如孔雀登高时是先迈左脚还是右脚，又比如麻雀与鹦鹉脖子上的绒毛有何区别。这就是君王赵佶每日重点关注的内容。

然后他一笔一画地勾勒出花瓣的纹理、禽鸟的翎毛。赵佶笔下

的花鸟,栩栩如生,盛开的白梅静静地散发着幽香,栖息于枝头的鸟雀似乎下一秒就要展翅飞去。如他在诗中所言:

山禽矜逸态,梅粉弄轻柔。
已有丹青约,千秋指白头。

在书法上,徽宗创制了独一无二的瘦金体。其一横一竖,苍劲锋利,如斩金断玉,似凌寒瘦梅。都说字如其人,单看瘦金体,还以为它的创造者本人也颇有风骨。也许赵佶仅有的那点硬气,都悉数献予瘦金体了。

瘦金体是徽宗的骄傲,他用这一字体亲笔题写了"大观通宝""宣和通宝"等铜钱,在全国范围内流通。钱币铸造出来后,赵佶摩挲着上面的刻字,满意地点点头:"不错不错,这下千千万万的百姓,都能有幸观赏到朕的书法作品了。"

赵官家是一个乐于分享的人,他热衷于将自己的墨宝赠予朝中大臣,像蔡京这样的宠臣,收藏了大量皇帝的作品,甚至需要专门修建楼阁来存放。题字铜钱、赏赐墨宝,赵佶犹嫌不够,他还时常以瘦金体为宫廷画师的画作和寺庙道观的匾额题字。

在关乎艺术的事情上,赵官家一贯秉承着严谨认真的态度。刚登基那会儿,他发现宫廷画师的水平太差,完全达不到他想要的标准,于是他正式设立画学,系统性地培养合乎心意的艺术人才,志在将自己的审美意趣发扬光大。

当朝天子亲自执掌翰林图画院,他在画学设置了包括佛道、人物、山水、鸟兽、花竹、屋木在内的六门专业课,同时,他要求学

生们具备一定的文化素养，因此还要求学习《说文》《尔雅》等书目。赵院长信心满满：在朕的带领下，大宋的艺术成就定能再攀高峰，创造辉煌。

在这段时间里，赵佶在画画的学生中发现了一个颇有天赋的小家伙，名唤王希孟，年方十七。他敏锐地发现，同样是临摹一幅古画，或是描绘一朵花、一只鸟，王希孟就是比别的学生多了几分灵气。在皇帝额外的关注与指导下，小王同学进步神速。徽宗笑眯眯地注视着希孟笔下盛开的花，心道：这匹千里马，朕果然没有看错。

让赵佶更为得意的，是自己挑选好苗子的眼光：不愧是朕，真乃世间难得的伯乐。

是时候考验一下千里马的能力了。他给王希孟布置了一项作业——以大宋的锦绣山河为主题，作一幅《千里江山图》。

关于绘画，赵佶有自己独到的见解，他认为既要注重写实，讲究严谨，却也不能流于匠气，还要懂得营造意境，诗画结合，做到画中有诗，诗中有画。他常以古诗词为题，考验画院学生的领悟力。比如"踏花归去马蹄香"，大多数画作皆着意描绘似锦繁花，而夺得魁首的作品，画中不见花卉，但见数只蝴蝶围绕着马蹄翩然翻飞，逐香而去。

赵佶自己也为画作配诗，在《芙蓉锦鸡图》上，他题写道：

秋劲拒霜盛，峨冠锦羽鸡。
已知全五德，安逸胜凫鹥。

他在诗歌里感慨着美好生活，有着对良辰美景的欣赏，以及对宏大宇宙力量的感叹。尽管他的活动范围仅限于皇城之内，可通过绘画与诗歌，他的思想和灵魂能飘到很远很远的地方。

徽宗如同一棵扎根于汴京的大树，而他的思绪，便像无数颗小小的种子，随风而行，风止即落，在任意一片土地生根发芽。诗与画，就是这么一阵阵风，让他不必远行，就能遍览世间好景，就能让宫墙内乏味单调的生活，变得有趣、丰富和愉快。

作为"天下一人"，赵佶希望拥有全天下的珍奇美物，于是他成了一名大收藏家，广收古玩、书画、经籍，并命人编纂了《宣和书谱》《宣和画谱》《宣和博古图》等书。他人生的乐趣之一，就是将自己的藏品拿出来鉴赏把玩。优美的图画、精致的器皿悉数陈列于眼前，书画、器物上积累了一层层岁月的蝉蜕，如水一般从赵佶的指尖缓缓流过，他仿佛同时拥有了过去、当下和将来。

诗、书、画，只是赵佶众多兴趣中的一部分。他喜欢的事情实在太多了，道教、蹴鞠、建筑、园艺、医学……各个领域他都有涉及，真是忙都忙不过来。而且他对自己的要求极高，每一项爱好，皆要做到极致。他酷爱饮茶，于是认真钻研茶道，在大观元年（1107）撰写了一部茶叶专著《大观茶论》。书中不仅谈及茶叶的栽培、采制、烹煮、品鉴，还聊到了点茶的方法、斗茶的风气、喝茶的器具，无所不包。

宋代文艺青年的日常，大概就是《梦粱录》中所说的"文人四艺"："烧香点茶，挂画插花，四般闲事，不宜累家。"对于书画、茶艺这样的风雅之事，赵佶不甘心只做个业余爱好者，他想要成为的，是有所造诣的专业选手。作为大宋天子，他以一己之力，将整个王朝的审美品位与艺术成就带上了前无古人，后也难有来者的巅峰。

世人可以永远相信宋徽宗的审美。

汝州的工匠终于烧制出了赵佶梦中的颜色。色若雨后青天，冰裂莹澈，釉质清润，如同凝脂美玉一般。赵佶对之爱不释手。

张择端完成《清明上河图》后，首先将它呈献给了皇帝。作为这幅传世名作的第一位收藏者，赵佶用自己引以为傲的瘦金体，在画上题写了"清明上河图"五字，并钤上了双龙小印。

汴京城的如梦繁华，是赵佶亲身体验过的，可是皇城之外的大宋山河，却是他不曾踏足的。有时赵佶会陷入困惑：朕的江山，到底是什么样子的？

当看到王希孟的《千里江山图》时，赵佶便有了答案。他走入了画里，一步一步丈量着自己统治的这片疆域。他越过连绵不绝的千山万壑，涉过广袤无垠的江河湖海，经过田野村舍，穿过亭台楼阁。他驻足于一棵苍松之下，似乎能听到微风拂过树梢的沙沙声响。

雄伟壮丽，又静谧安宁。这正是赵佶想象中的宋朝江山。

书画院院长赵佶还有一重身份——道教教主。

宗教，是赵佶探求外界和未知的另一种方式。他狂热地崇信道教，设置道官，建立道学，编写道书，广度道士，甚至想要将整个王朝变成"神霄玉清仙境"。早在建中靖国元年（1101），刚即位的赵佶就下令大修宫观，在修建景灵西宫时，他特意命人到苏州、湖州等地采集太湖石，共计四千六百块，以供建筑之用。

道士说的话，赵佶都奉为真理。据传，他的生日是五月初五，道士表示这个日子不太吉利，最好改为十月十日。赵佶当即大手一挥："改！不就是生日吗？朕便依道长所言，改日出生。"

赵佶坚信，道教可以帮他清除霉运，天上的神仙会为他降下吉兆，让他的国家愈加兴盛。他还意识到，既然自己无法在政治、军事上超越父兄，那么至少可以通过制造祥瑞的表象、举办恢宏的皇家典礼，来营造盛世气象。

没有盛世，那就硬造一个，搞搞形式主义，骗臣民，也是骗自己。

历代君王都十分重视所谓的"吉凶之兆"，这意味着上天在评价他们的治理表现。当统治者对国家管理不善时，就会发生异常事件，如日食、彗星、地震；当君王圣明、江山安定时，上天也会通过一些吉兆表示赞赏，如霞光、甘霖。

许多官员为了迎合当朝官家自我陶醉的心态，时不时就向上奏报种种祥瑞事件，比如在某地的深山里发现了"芝草"，或是天边出现了五彩的祥云。即便这些说法大概率是牵强附会、胡说八道，但赵佶对此深信不疑，他甚至宣召画师绘制图画，记录下千奇百怪的"祥瑞"景象。

赵佶一手翻阅着祥瑞图册，一手捋着胡须，满意地笑了：不错不错，朕果然是治理有方，连上苍都屡次提出表扬。

徽宗登基之初，子嗣并不多，根据道士刘混康的说法，这是因为京城东北方的地势太低了，阴气太盛，才影响了皇室血脉的绵延，解决方法就是修建"艮岳"来抬高地势。赵佶对道士的提议非常赞同，决定亲自主持修建。这位帝王艺术家兼道教教主，在建筑上也颇有研究，他曾埋怨先皇太没品位，把皇宫修建得过于华丽，装饰物太多，反而显得繁杂浮夸。赵佶喜欢的，是低调奢华有内涵，清雅别致自然美。

早在即位初期，他就按照自己的审美主持了一系列的建筑工程。如今的艮岳，是徽宗最为重视的一项，因为它还关乎着皇家子嗣的繁衍。赵佶隐隐有些担忧，兄长哲宗无子的悲剧，可千万不能延续到自己身上啊。

所以，这个艮岳，必须好好修建，不惜一切人力、物力，立即开工！

蔡京不愧是徽宗的头号狗腿子，他设立了负责建造艮岳的机构，还与其下属朱勔成立了苏杭应奉局，专门索求江浙一带的奇花异石，运往汴京。皇帝尤其钟爱江南地区的灵璧石、慈溪石，恨不得把整个江南都搬到汴京来。运送花石的船只每十船编为一纲，从江南沿淮河、汴河北上，舳舻千里，络绎不绝，人称"花石纲"。凡是应奉局看中的石块，无论大小，无论位置，哪怕在断壁绝巘，或在深水激流，都要不计代价地搬运出来。

安徽灵璧县产有一巨石，上千人都搬不动。这块石头形如小山耸立，状若浮云层叠，巍峨又飘逸。朱勔料定了皇帝会喜欢，于是他命人建造了大船，花费数月将其运往京师。抵达后，却发现石头太大，无法进入城门。面对这一难题，聪慧的赵官家灵机一动：把城门拆掉不就好了吗？巨石入城后，赵佶大喜，御笔赐名"卿云万态奇峰"，并悬金带于其上。

太湖所产一石，高六仞，百人不能合抱。费尽周折后，赵佶得到了巨石，他欣喜若狂，当场将这块石头封为"盘固侯"。

一船一船的嶙峋美石，被日夜不休地送往汴京。除了石头，各地的特产也是应奉局搜求强夺的目标，比如两浙的花竹、杂木，福建的荔枝、龙眼，湖湘的木竹、文竹，登州、莱州的各种海产品等。

赵佶的要求很简单：任何地方的好东西，甭管是吃的用的，大的小的，活的死的，全给他搬回来。堂堂大宋天子，想尝尝各地的土特产，这点小要求不过分吧？

赵官家是心满意足了，百姓却倒了大霉。

应奉局的官员以朱勔为首，像蝗虫一样扫荡着民间，只要是他们看上的一花一石、一草一木，便以黄纸封之，直接拿走。由于需大量运输花石，专用的船只不够，朱勔便强行征用漕运的船只和民间商船，关系到国家经济命脉的漕运遭到严重破坏。有些地方为了让船队通过，甚至拆毁桥梁、凿坏城垣。船队所经之处，当地百姓须提供钱谷和民役，被迫服役的民众更是苦不堪言，不得不卖儿鬻女以交免役钱，许多人因此倾家荡产，而蔡京、朱勔一伙人则从中牟利，赚得盆满钵溢。

艮岳这项浩大的工程，开始于政和年间，经六年建成。在赵佶的亲自指导与深切关怀下，艮岳被建造得非常完美，可谓"括天下之美，藏古今之胜"。奇花异草掩映着千姿百态的灵石，珍禽异兽穿梭于葱茏的草木之间，雕梁画栋的楼阁与自然之景相映成趣。徜徉于其中，令人心旷神怡，飘飘乎如羽化登仙，美哉，乐哉！

为了打造如此人间仙境，不知砸进去多少金银钱财、人力物力。这极尽奢华的皇家园林，是以万千百姓的血泪作为肥料的，它诞生的全过程则称为"花石纲之役"。此事件饱受后世诟病，《宋史》称其"流毒州郡者二十年"。

然而从赵佶的角度看，他并不觉得大兴土木是祸国殃民的举动，反而认为是彰显皇家威仪、展示国富民强的重要方式。赵官家对批评花石纲的言论不屑一顾：朕是在大力发展文化工程，能够收集到这些珍奇瑰宝，恰恰说明咱们的国家是如此富裕，朕的治理是如此成功。

赵佶尽情漫游在自己一手编织的盛世美梦里，他在掌灯时分登临城楼，欣赏着汴京城的繁华。夜色里的城市比白天更为璀璨，家家户户点起了灯火，远远望去，像是城中落满了星光。柳陌花衢一片通明，红袖招展于琼楼，笙箫奏响于街市。金翠耀目，罗绮飘香，花光满路，春风十里。赵官家不由得心潮澎湃，他对于自己居住和统治的这座城市十分满意，挥笔立就一曲《小重山》，歌颂祥瑞和太平：

> 罗绮生香娇上春。金莲开陆海，艳都城。宝舆回望翠峰青。东风鼓，吹下半天星。
>
> 万井贺升平。行歌花满路，月随人。龙楼一点玉灯明。箫韶远，高宴在蓬瀛。

赵佶心想：朕坐拥如此太平盛世，奢侈一点也无妨。

赵佶信奉道教，可道教所崇尚的"清心寡欲""无为和静"，他是一点也没听进去。在位期间,他亲小人、远贤臣,尤其对蔡京宠爱有加。在花钱方面,两人可以说是臭味相投。

蔡京的奢侈程度,光从其厨房就能窥见一二。他钟爱的鹌鹑羹,只取鹌鹑的舌头作为食材。每当家宴上有这道菜时,就有三百只鹌鹑魂归离恨天。因为喜欢吃蟹黄包,蔡京还在后厨专门设立了包子组,包子组下又分制馅、制皮、蒸锅等小组,制馅小组内又分配料、调味等组,配料下还分了几个业务,取蟹肉、切葱丝属于不同的业务。

这浩浩荡荡的一群人,分工细致,只为做出一屉蔡相喜爱的蟹黄包。蔡京每次宴请宾客时,单单一道蟹黄包就要花费"钱一千三百余缗",相当于当时五十户寻常人家一整年收入的总和。

朝中如蔡京一样的佞臣遍地横行。君臣二人,再加上蔡京的一众党羽,可劲地糟蹋着大宋的财富,花银子如流水,视生民如草芥。蔡京时常在皇帝的耳边念叨:"现今国家的钱币多达五千万缗,足以供陛下消遣,极视听之娱。陛下花得越多,就越能证明我大宋的实力。况且陛下作为一国之君,已为国事忧虑辛劳,如今想要建造个小花园,又有什么问题呢?陛下的一切要求,臣等当尽全力满足!"

"天下一人"是赵佶心之所向的境界,蔡京非常懂得如何让其拥有天下第一人的感受。不仅蔡京懂赵佶,他的儿子蔡攸也很懂。蔡攸曾向赵官家进言:"所谓人主,当以四海为家,太平为娱。岁月能几何,岂徒自劳苦!"

赵官家对于蔡攸所言深以为然:人生在世,及时行乐,方为正道。他的帝王生活,正如无名氏所作的《南歌子》中所描绘的:

> 风动槐龙舞,花深禁漏传。一竿红日照花砖。走马晨晖门里、快行宣。百五开新火,清明尚禁烟。鱼符不请便朝天。醉里归来疑是、梦游仙。

天家富贵迷人眼,赵佶如坠梦中,快乐似神仙。

当大宋君臣穷奢极欲之时,饱受压迫和摧残的百姓,正集结成群,准备揭竿而起。

大大小小的农民起义,如雨后春笋般在江浙一带兴起。宣和元年(1119),宋江起义于河北路。次年,雇工出身的方腊,率众在睦州青溪县起义,试图推翻当朝官家的腐朽统治。他召集了一大群与他同样处于水深火热之中的农民,几天之内就聚集了数万人。起义军以摧枯拉朽之势,接连攻陷几十座州县,部众发展到近百万。

消息传到京城,朝野震动。赵佶慌忙丢下手中把玩的汝窑梅瓶,下旨撤销苏杭应奉局,停运花石纲,并罢免朱勔父子的官职,以缓住义军的汹涌攻势。他又召来心腹童贯,命其担任江、淮、浙等路宣抚使,率兵镇压义军。宣和三年,义军与宋军展开了殊死搏斗,同年四月,方腊被俘,八月牺牲在汴京。

赵佶长吁了一口气,继续安心地坐拥大宋山河。可他不知道,在遥远的北境,女真人建立的金国,正对宋朝的千里江山虎视眈眈。他们此刻忙于攻打辽国,等大辽一灭,接下来,就是自古群雄逐鹿的中原大地了。

八

赵佶没有想到，金兵的铁骑来得这么快。

明明他与金朝早已缔结盟约，明明说好了一同灭掉辽国，共享胜利果实的。辽亡后，他就可以按照约定，拿回老祖宗们心心念念的燕云十六州，坐享万世功业了。

原本属于中原的燕、云地区，被五代后晋的开国皇帝石敬瑭打包送给了契丹。宋统一天下后，也未能将之收复，于是这块地区就成了历任大宋天子的心病。若是谁能夺回燕云十六州，那么他必定能名垂青史，成为宋王朝的骄傲。

在这一场宋金联手灭辽的大战中，宋军一如既往地疲软，数十万大军不堪一击，还是靠金太祖完颜阿骨打率领的精兵猛将，才击溃了大辽。金灭辽后，把太行山以南的燕京、涿州等地如约归还给了宋朝。刚收回失地的那段日子，赵佶做梦都能笑醒——是谁如此英明神武、雄才大略，想出了联金灭辽这个绝妙的点子？朕可真是太了不起了。

他已经开始幻想：多少年后，当人们评选千古一帝时，自己的名字将会赫然在列。

然而万万没想到，金太宗上位后，秉承着"一寸山河一寸金"的理念，又从宋人手中夺回了燕云十六州，更让人措手不及的是，金兵决定一路南下，攻打中原。金人的胃口，远不是宋廷缴纳的那点岁币就能满足的，他们早就对大宋的锦绣山河垂涎不已：让咱来瞅瞅，柳词中所说的"三秋桂子，十里荷花"是什么样的人间美景。

早在宋真宗年间，辽宋就签订了澶渊之盟，两国已维持了一百多年的和平休战状态，辽国也无形中成为一道保护宋境的屏障，将野心勃勃的金国隔绝于遥远的北方。如今宋朝君臣自作聪明，亲手将屏障粉碎，不知不觉把自己送进了金人的虎口，还仍在扬扬得意。

金太宗眼看着宋廷的愚蠢行为，心中冷笑：哈，宋廷一群糊涂蛋，以为自己捡了个大便宜，还在那里傻乐呢。本以为宋军神勇，原来战斗力不过如此，连我们的手下败将辽国都打不过，看我金兵乘胜追击，把大宋也直接拿下。

金军大举攻宋，开始于宣和七年（1125）十月，由于各级官员的连蒙带混，宋廷在十二月才得到确切的消息。笙箫管弦戛然而止，徽宗两眼一黑，跌坐在龙椅上，心道：救命，说好的一起打天下，怎么变成来打我了呢？

他越想越害怕，惊恐地拉着蔡京之子蔡攸的手，一张清俊的脸皱成了苦瓜，长叹道："想不到金军敢这样长驱直入！"急火攻心之下，他竟然直接晕倒在地。群臣慌得一塌糊涂，手忙脚乱地给皇帝猛灌急救汤药，好不容易才将人救了过来。

醒来后的赵佶恢复了清醒，想到金兵，他"噌"地一下坐起来，立刻索要纸笔，在纸上写下了几个龙飞凤舞的大字："皇太子可即皇帝位。"

如果金兵打过来，必然会先捉拿宋朝皇帝。更关键的是，一旦大宋完蛋，赵佶就成了亡国之君，定会遭后世唾骂。所以，这个皇帝他决定不当了。而接替皇位的倒霉蛋，就是他的皇太子赵桓。

事已至此，赵佶想要成就千秋功业的如意算盘，是彻底落空了。还收复失地呢，能守住汴京就谢天谢地了。其实，当徽宗单方面撕毁澶渊之盟、出兵辽国的那一刻，他就应该料到，狡兔死，走狗烹，辽国既亡，大宋很有可能成为金国的下一个目标。

然而赵佶同志多单纯一个人，一门心思全放在琴棋书画上了，天天阳春白雪、吟风弄月，怎么能理解这些波谲云诡的阴谋算计呢？人家能有收复燕云十六州的雄心壮志，就已经非常不错了。毕竟他的主业是艺术家，业余工作之一，才是皇帝。

所以，一个副业而已，做不做都行。赵佶唤来长子赵桓，语重心长地道："父皇看你生有福寿之相，定能掌管好大宋江山，现在就把皇位禅让于你。"

说罢，赵佶便命令官人将龙袍强行披在了赵桓身上。金军兵临城下，赵桓见父皇选择临阵脱逃，却要让自己肩挑重任，他也死活不肯继承皇位，在老爹面前痛哭流涕，甚至多次"气绝于地"。父子俩的一番对话，言辞都十分委婉，决不承认是自己没有骨气。赵佶道："汝不受，则不孝矣。"赵桓立马回答："臣若受之，是不孝矣。"

面对天下至尊的皇位，这两人却如此谦让，真是一派父慈子孝的感人场面。

在父皇的一再坚持下，赵桓被迫临危受命，极不情愿地接下了这个烫手山芋，史称宋钦宗。钦宗改国号为靖康，取其"安康、安乐"之意。愿望很美好，现实很残酷。宋朝社稷在徽宗君臣坚持不懈的折腾和糟蹋之后，已经到了回天乏术的地步，纵是秦皇、汉武再世，也难以力挽狂澜。

更何况钦宗完美继承了父亲的懦弱无能，父子两人，在治理国家上，一个比一个不中用。

现下这个烂摊子，该怎么收拾呢？赵佶的第一反应就是：求和。

他召来大臣们开会，最后决定派遣陕西转运判官李邺出使金廷，告知对方自己的态度：本人从此不当皇帝了，只当艺术家，尊敬的金国，是否能给个面子，同意议和呢？

李邺带着三万两黄金，启程前往金人的营帐。赵佶这边也没闲着，将皇位禅让给儿子后，他就忙活着收拾东西，准备随时跑路。三十六计，走为上计。而朝中的臣子们，并不都是赵氏父子这样的软骨头，也有不少人属于主战派，正当他们与主和派争论不休时，李邺回来了。他的一番话，让赵佶的心彻底凉了——

"贼人如虎，马如龙，上山如猿，入水如獭，其势如泰山，中国如累卵。"

事到如今，大势已去。也不是无路可逃，还有死路一条。

九

议和失败，金军势如破竹，汹涌而至。靖康元年（1126）闰十一月底，金军在完颜宗望、完颜宗翰的统率下，一举攻破了大宋都城。

汴京城末日来临。城门洞开，金人直捣城池深处。他们疯狂地烧杀掳掠，大肆搜刮着百姓的财物，追逐着四处逃亡的女子，整座城市被悲号和呼救声淹没。赵佶瘫坐在宫殿中，心如死灰，他听见了繁华落幕的轰然声响。红墙外的夜空亮若白昼，赵佶从未见过如此可怖的场面，熊熊的火焰在浓浓的夜色里不知疲倦地燃烧，将皇宫照耀得更加金碧辉煌。

正是寒冬时节，风雪不止，火光不休。曾经生机勃勃的城市，陷入了垂死挣扎。

赵佶不敢面对残酷的现实，躲在深宫噤若寒蝉。钦宗赵桓不得不硬着头皮去面对面目可憎的金人。金国首领狮子大开口，索要金一千万锭，银二千万锭，帛一千万匹。当时的国库已空空如也，根本无法凑齐。吓破了胆的钦宗，只能在屈辱中一再退让，下令在城中继续搜刮金银。他强制要求权贵、富户、商民出资犒军，若有不从者，动辄杖责打骂。对外敌唯唯诺诺，对自己人重拳出击。金人又索要女子一千五百人，钦宗不敢怠慢，甚至双手奉上了自己的妃嫔，许多女子不甘受辱，宁可一死。

人命变得像蝼蚁草芥一般，被逼自尽者不计其数。汴京城被搜刮干净，却仍然满足不了金人的胃口。他们懒得再和钦宗掰扯，直接闯进了皇城。

于是赵佶亲眼看见了自己费尽心血打造的艺术帝国，是如何毁于外敌之手的。一摞一摞的古书字画要么被打包掠走，要么被粗暴地撕毁。那些艺术的碎片变作无数纷飞的蝴蝶，从此无迹可寻。多少山水画、花鸟图在混乱中掉落在地，大宋的良辰美景，被金人碾碎。赵佶爱不释手的汝窑梅瓶，被打翻在地，碎瓷片溅满了他的心，那个天青色的美梦也随之破碎。

而他最为骄傲的皇家园林艮岳，也在刀枪炮火下毁于一旦。巨大的灵璧石、太湖石暴露在外，无处可藏，只能静静地等待金兵的摧残与掠夺。"盘固侯"已惨死,飞溅的尸骨掉落在无人知晓的角落。被赐予金带的巨石亦四分五裂,它布满了伤口的残躯,似乎流露出一种哀切的神情:存世千年的它,见证了又一个帝国的兴盛与衰亡。

就连赵佶常去观赏水上表演的金明池也未能幸免。刚过去的那个春天,他还在这里观看了激动人心的赛船夺标。再回首,数月前的似锦繁花、如烟绿柳,竟如同旧梦一般虚幻缥缈。

对不曾识干戈的赵佶来说,"国破家亡"四个字,此刻有了具象化的体现。

汴京城沦陷了。作为当时世界上规模最大、人口最多、经济最繁荣的都市之一,东京汴梁的毁灭是宏大而悲壮的。

赵佶从前簪花骑马阅尽十里春风的御道,如今已是一片狼藉。凛冬的残阳冷冷地洒在满目疮痍的街道上,青楼画阁失去了颜色,绣户珠帘蒙上了烟尘。商贩们赖以生存的茶坊酒肆被洗劫一空,人们如鸟雀衔枝筑巢般构建起的小小家庭被无情炸毁。亭台楼阁、烟柳画桥,参差十万人家,都成了断壁残垣,成了历史的遗迹,成了王朝覆灭的陪葬品。

多少无辜百姓的生命,结束于这个无尽的寒冬。鹅毛大雪很快掩盖了他们冻僵的身躯,宛如一床厚厚的棉被盖在沉睡之人的身上。在他们的梦里,破碎的山河又变回了张择端笔下的繁华图景——

平凡的日子里,百姓们过着安宁的生活,在春日里买几朵卖花担上的芍药与棣棠,在盛夏里喝一碗消暑解渴的冰雪甘草汤,在秋风里凭栏远望越来越圆的明月,在正月里追随着熙熙攘攘的人流,向着灿烂的花灯奔逐而去。

瑞雪轻轻飘落,带来了丰年的好兆头。

梦中的雪花越来越密,彻骨的寒风陡然四起。再定神,流光溢彩的街市又化为被金人摧毁的家园。

从绚烂到黯然,从鲜活到死亡,仿佛只在刹那间。

城中所有的粮食、家禽、牲口都被送入金人的营帐,百姓无以为食,饥饿迅速蔓延开来。人们将野草、树叶、猫犬吃尽后,就以饿殍为食。死去的人太多了,自尽的、饿死的、被金兵杀害的,尸体凌乱地横陈于街市。瘟疫伴随着饥饿一同肆虐,病死者不计其数。从前繁华如梦的东京汴梁,变成了一座暗无天日的孤城。

人间炼狱,大抵如此。

街道上的一具具残缺不全的尸体,几日前可能还是叫卖茶酒的小贩、酒楼跑堂的伙计、药铺当家的掌柜、瓦子卖唱的歌女。他们曾共同组成了《清明上河图》中的繁华图景。而现在,他们一个接一个地死去了,汴京城也一点一点地死去了。

它渐渐放弃了挣扎,最后彻底失去了生息。

薄暮时分,天空又飘起了雪花。洁净的落雪纷纷而下,这漫天而来的白色铺盖,似乎想要掩饰汴京城里的滔天罪孽。这场惨绝人寰的浩劫,持续了整整四个月,直到将城内洗劫一空,金军才心满意足地准备北返。

靖康二年(1127)三月底,金人将徽宗、钦宗二帝,连同后妃、宗室、百官数千人,以及大批的教坊乐工、技艺工匠、礼器冠服、珍宝文玩、藏书字画等一同押往北方。延续了一百多年的北宋国祚,正式宣告灭亡。

靖康之难,如同锋利的匕首,插在了每一个宋人的心口。

是年，作为死里逃生的皇子，康王赵构在南京应天府称帝，改元建炎，重建宋朝政权，是为宋高宗。畏敌如虎的他，如同丧家之犬般，一路马不停蹄地南下逃亡，经过了扬州、镇江，最终来到临安，建都于此。

未被掳走的王公贵族、文臣武将以及布衣百姓，为避战乱，开始了大规模的南渡，迁往江南地区。

十

春天来了，可人们感受不到丝毫的暖意。靖康元年的隆冬，并不曾过去。

一万四千多名宋俘，被分为七支队伍，由女真骑兵像驱赶牛羊一样往前撵。宋俘中的大部分人都是城市居民，不习惯长途跋涉，跟不上队伍的，就会遭到毒打或杀害。这是一条由灾难和死亡牵引的队列。金人的长鞭一次次落在宋人的身上，一朵朵血肉之花鲜妍绽放。许多老人、孩子及病弱者，倒下之后，就再也没有站起来。

人们冒着风雨跟跄前行，一路留下无数的尸体和迤逦的血迹。

赵佶眼睁睁地看着自己的爱妃王婉容被金将强行索去，他心如刀绞，却不敢吭声。他的大部分嫔妃、亲眷、宫女，都被犒赏给了金人。连他最疼爱的女儿，也沦为了金将手中的玩物。莫大的屈辱填满了赵佶的心,他第一次尝到如此深刻的痛楚。牛车载着他颠簸而行,赵佶望着茫茫的前路,再一次流下了眼泪。

后悔、懊恼、自责,都来得太晚了。他从前种下的"因",现在结出了"果",他理应承受这一切。如果历史能重来,如果赵佶选择当一个励精图治的好皇帝,如果他没有任用奸佞、不理国事,如果他不曾玩物丧志、挥霍成性,如果……

然而陨落的生命与逝去的家国,不会给他辩解的机会。

北方的杏花开得晚了一些。四月,沿途的花树如同一蓬一蓬迷蒙的淡粉色烟雾,悬浮于灰扑扑的宋俘队伍上方。一场急雨倏忽而至,瞬间,落红满地。人群慌乱地散开,四处寻找避雨之处。唯有赵佶纹丝不动,他定定地望着凋落的杏花,口中默默念着李后主的《相见欢》:"林花谢了春红,太匆匆。无奈朝来寒雨,晚来风。"

前半生的欢愉、得意、满足,已为陈迹。国破之后的赵佶,终于尝到了"自是人生长恨水长东"的滋味。他写下了一首《燕山亭》:

裁剪冰绡,打叠数重,冷淡燕脂匀注。新样靓妆,艳溢香融,羞杀蕊珠宫女。易得凋零,更多少、无情风雨。愁苦。闲院落凄凉,几番春暮。

凭寄离恨重重,这双燕,何曾会人言语。天遥地远,万水千山,知他故宫何处。怎不思量,除梦里、有时曾去。无据,和梦也、有时不做。

无论再做多少有关故国的美梦,终究回不去了。

无限江山,无限恨。

南宋建炎二年（1128），宋俘一行人抵达燕京。队伍中的皇族原本有三千多人，这一路被折磨得只剩一千余人了。赵佶曾经饱满的脸颊，在风霜雨雪的洗礼下变得消瘦憔悴。他被关押在了燕京的延寿寺，作为一名"高级战俘"，他受到的待遇竟还算不错，完颜宗望派人每日送去酒肉饭菜，好生相待。

赵佶自然毫无胃口。大多数时候，他都在揣测金人的意图，他担心下一秒自己就会被杀死或受到可怕的处置，仿佛有一把利剑晃晃悠悠地悬在头顶。送来的饭菜是否下了毒？未来还会有怎样的处罚？之后的情况会比现在更糟吗？他如同走在布满异兽的迷雾中，每走一步都提心吊胆，不知何时何地便会突然出现一只巨型利爪或一张深渊巨口，将他拍碎、吞噬。

因为未知，所以更显恐怖。

燕京并不是北行的最终目的地。数月后，赵佶父子与随行人员再次被押往更北的地方。同年八月，他们到达上京，这里是女真人的京城。几天后，赵佶等宋室成员，在此遭受了更大的屈辱。钦宗、徽宗二帝被要求脱去袍服，袒露上身，披着及腰的羊皮，被金人牵着引入幔殿，进行代表投降的"牵羊礼"。

在金人的命令下，这两位曾为九五至尊的大宋天子，不得不跪地俯首，祭拜了金太祖阿骨打的庙宇。从前自诩为"天下一人"的赵佶，如今在敌国的领土上，低眉顺眼地对着敌国首领的牌位俯首称臣。这一刻，宋王室彻底丧失了所有的尊严。赵佶感到五内俱焚，他僵直而机械地低头、弯腰、跪拜、叩首，泪水模糊了他的视线。

他玩了一辈子，自己最终也沦为了他人手中的玩物。

真是生不如死。他想死，又不敢死。赵佶有无数次以身殉国的机会，但他还是选择了在金人无尽的羞辱下苟且偷生。宁为瓦全，不为玉碎。况且，他仍然存了一丝生的希望：也许儿子赵构，很快就会率领大军前来迎回自己。这个希望像是黎明时分熹微的曙光，遥远、微弱、时隐时现，却是他活下去的动力，他坚信，好死不如赖活着。

赵佶父子被逼迫着到乾元殿拜见金太宗完颜晟。陌生的宫殿里，金国统治者高高在上，戏谑地俯视着两位瑟瑟发抖的中原皇帝。完颜晟很不屑：原来宋朝的国君不仅昏庸，还都是软骨头。

金国皇帝并未重责他们，反而赐了他们封号，他封赵佶为昏德公，赵桓为重昏侯。这一举动伤害性不大，侮辱性却极强。正如当年宋太祖灭南唐后，封李煜为违命侯。隔着一百多年的岁月，南唐后主无言垂泪的身影与此刻赵佶缓缓跪下的身影相重叠。历史的悲剧再次上演。

赵佶的身上背负了无数的人命，万千百姓被无辜牵连，他们是这场灾难中最令人痛心的牺牲品。金兵铁蹄踏过之处，生灵涂炭，亡魂万缕。而间接造成这一切的赵佶，却依然苟延残喘地活着。作为宋室子孙，他必定知晓宋朝开国皇帝赵匡胤灭掉南唐、统一中原的壮举，或许年轻时的他，也曾感慨过沉迷于风花雪月、不理朝政的亡国之君李后主是多么的可悲可叹，然而赵佶在有意无意间选择了重蹈覆辙，他任由自己的欲望无限膨胀，最终身死国灭，成了又一个末代帝王。

"后人哀之而不鉴之，亦使后人而复哀后人也。"

到达上京仅仅两个月，金人又将赵氏父子等人迁往了更遥远的北方。赵佶在韩州迎来了他流亡生涯的又一个春日，此时他已身在北境深处，尘沙漫天的茫茫大漠将他重重围困。触目皆为荒芜之景，耳畔尽是羌笛之声。

路边的梅花开了，赵佶不禁想起了汴京的春天。每逢万花烂漫的季节，袭人的香气便盈满京城。牡丹、芍药、海棠、木香，卖花郎铺开一地盛着花朵的竹篮，叫卖之声，清奇可听。百姓们穿梭在浮动的花香里，各自忙碌，经营着和美的日子。那时身为帝王的赵佶，总爱登临雕龙画凤的楼阁，将一城春色尽收眼底。如今，人去城空，年年岁岁花相似，岁岁年年人不同。

昔日的繁华难再得，望家乡，山高路远，归梦难成。赵佶在无限的哀痛中，写下一曲《眼儿媚》：

玉京曾忆昔繁华。万里帝王家。琼林玉殿，朝喧弦管，暮列笙琶。

花城人去今萧索，春梦绕胡沙。家山何处，忍听羌笛，吹彻梅花。

建炎四年（1130）七月，宋朝皇室乘船前往五国城。赵佶就在这个荒凉偏僻的边陲小镇，度过了他人生最后四年的囚禁岁月。

他始终没有等来宋军的营救。

金人特赐恩典，允许赵佶与他的嫔妃、子女住在一起。他仍然可以像从前一样，画画、读书、写书法。他的书法作品依旧很受欢迎，金国皇帝时常会送给赵佶一些小礼物，就是为了获得他亲手写的谢表。

然而一切已非昨日模样。身处简陋屋舍的赵佶，听着窗外的萧萧风声，想起了他曾经住过的、美轮美奂的宫阙楼宇。他清楚地记得，在一个极静的午后，他梦见了天际的一抹淡青。梦醒时分，眼前是层层轻纱罗帐。沉沉的天光从珠帘后面洒进来，殿内极静，窗外亦极静，无风也无雨。

那抹天青化作的名贵汝瓷，如今已归金朝所有。那些破碎的瓷片，像是青白的骸骨，在他的心里堆成了一个小小的坟丘。他钟爱的瓷器、书画，都成了金朝的战利品。想来那幅赐给蔡京的《千里江山图》，此刻也正在金人的府库里静静地躺着吧。画作一路颠沛流离，正如风雨飘摇中的大宋山河。

都不属于他了。

风吹不止，破旧的窗户摇摇晃晃，昏黄的灯光照在赵佶苍白的脸上。他收拢起涣散的思绪，提笔写下一首《在北题壁》：

彻夜西风撼破扉，萧条孤馆一灯微。
家山回首三千里，目断天南无雁飞。

故国不堪回首。当年章惇的那句话，又从时间的深潭里浮上来："端王轻佻，不可以君天下。"的确，赵佶不是一个合格的君主，他犯下的罪过无可饶恕——任用奸佞，奢侈无度，令国势每况愈下，农民起义不断，金人乘虚而入。

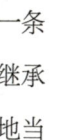

可他无法选择的一些事，也与他一道，共同把故事带上了一条不可回头的道路——他的皇兄在二十四岁早逝，没有留下可以继承大统的后嗣；无意于帝位的他，在向太后的推举下，稀里糊涂地当上了宋朝天子；蔡京超乎常人地长寿，七十多岁还活跃在朝中，拉

着赵佶在错误的道路上一去不返；辽国未能和金国抗衡，成为后者的手下败将，大宋失去了北境的屏障，金人得以长驱直入。

桩桩件件，像是巧合，又像是早已注定的宿命。历史的偶然，也通常伴随着历史的必然。在其位，谋其政。既然赵佶身居皇帝之位，享受着天子的权力，他就必须承担起天子的职责。作为大宋的统治者，国家的兴衰荣辱、百姓的安危生死，都是他肩头沉甸甸的责任。可赵佶任性地将其抛下，转头扎进了自己所热爱的艺术世界。他的所作所为，都毫无疑问地加速了大宋帝国的灭亡。

普通人尚且有自己需要完成的使命，何况是一国之君？

世人欣赏宋徽宗的艺术成就，却不会原谅他的误国伤民之举。

金天会十三年（宋绍兴五年，1135年）四月，赵佶在凄风冷雨之中，死于五国城，享年五十四岁，庙号徽宗。

而远在数千里之外的临安，又迎来了明媚的春天。

花草树木开始了新一季的盛衰枯荣。

李清照

(1084—1155)

昨夜雨疏风骤

官苑中的海棠早早地就不想开了，还很新鲜娇艳的花一簇簇无声落下。一只蝴蝶飞来，停留在落花上，扇动了几下翅膀，又黯然飞去。

这是元丰八年（1085）的春天。空荡荡的福宁殿中，当朝官家赵顼正气息奄奄地躺在龙榻之上。满朝的文武黑压压一片跪在殿外，他们不知道回光返照的这一夜，垂死的天子正在做美梦，他在李成的山水图中漫游。淡墨如雾，石如云动，这是赵顼最爱的画家，仅他的内府就收藏了一百五十九幅李成的作品。

这么多珍爱的宝贝，都带不走了。一同留下的，还有他未竟的理想与受挫的新法。赵顼未满二十岁便与王安石发起了一场轰轰烈烈的变法革新，旨在富国强兵，挽救大宋颓唐的国势。

然而殚精竭虑十八年，终究迎来一场空。

三月初五，年仅三十八岁的赵顼在他如画的梦境中溘然长逝，庙号神宗。

转瞬间，天星散落如雪。

神宗第六子赵煦登上皇位，史称宋哲宗。这时的赵煦，年方九岁，一切国家大事皆由高太皇太后处置。不久，保守派大臣司马光被重新起用，他"举而仰听于太皇太后"，恢复旧制，"凡熙宁以来政事弗便者，次第罢之"。

王安石提出的新法被尽数废去，然而新旧党争却不曾偃息，这颗在神宗时期就埋下的种子，将会很快顶破土壤，在数十年后，以不可名状之力，摇撼大宋的巍巍河山。

汴京城中的一只蝴蝶扇动翅膀，会引起惊天动地的巨浪，而在距离汴京八百里开外的齐州章丘明水镇，蝴蝶便只是蝴蝶，带来春意，带走花香。章丘李家的小院里，一个粉雕玉琢的小女孩正出神地望着海棠花上的蝴蝶，目不转睛。

这是李家刚满两岁的女儿，李清照。

京城的风起云涌，对年幼的小清照来说还太过遥远。然而此时的她，也正在懵懵懂懂地经历人生中的第一场巨变——她的母亲王氏，久病不治，于这年秋末撒手人寰。

母爱就像一只美丽的蝴蝶翩翩而来，只在李清照身边短暂地停留了一下。

李清照的母亲有着显赫的家世，她是当朝宰相王珪的长女。这位千金小姐并未与王公贵族联姻，而是下嫁给了家境平平的李格非。能被名门望族择为夫婿，李格非自身的实力自然不容小觑。他三十岁左右便进士及第，诗文俱工，著作颇丰。老李对于追名逐利没兴趣，只想一心一意搞学术。这些年他一直担任文书类的官职，官不大，却备受人们敬重。

李格非是在四十岁那一年盼来小女儿的。老来得女，他欢喜得不得了，视之为掌上明珠。夫妻俩为孩子取名为"清照"，愿她如玉璧无瑕，似明月清照。可一家三口的幸福日子才过了一年多，王氏便久别于人世。在郓州任教授的李格非匆匆赶回家乡，忍着悲痛为妻子料理后事。打点完一切后，他将李清照托付给了自己的兄嫂，又回到了任上。必须努力工作，才能将女儿好好养大。

李清照在伯父伯母的照顾下度过了她的童年时光。她和堂兄们一同蹴鞠、荡秋千、放风筝、捉迷藏，常常在大太阳底下跑得满头大汗。李家是书香门第，对于后辈的教育十分重视，李清照到了上学的年纪，便跟着哥哥们去学堂念书。李清照天资聪颖，四书五经对她来说都是小菜一碟。除了课上教的儒家经典，她还在课后钻研诗词创作，平平仄仄的清词宛如明珠碎玉一般，轻轻叩击着她幼小心灵的大门。

父亲李格非在家中留下了丰富的藏书，李清照便在日复一日的晨霞夕霏中翻阅古籍，诵读诗赋。那时年幼的李清照没有想到，诗书竟成了她往后萍身无定的岁月里，最重要的慰藉。

李格非十分关心女儿的成长，时常寄来家书询问其近况。在得知女儿聪慧好学、写词作诗如有神助一般后，李格非十分欣慰。他决定等女儿再长大一些，就将她接来京城，以接受更好的教育。

一晃十年过去。这十年间，李格非的仕途起起伏伏。他从地方补官为太学录，来到汴京，在国子监负训导、教学之责。这时他的俸禄依旧微薄，加之为官清廉，只能挤在太学教职工宿舍。三四年后，李格非升为太学正，薪水上涨，他终于有钱在经衢之西租了一间小房子，将其命名为"有竹堂"。元祐六年（1091），李格非再次晋升,当上了太学博士。这一年他因文章受知于大才子苏轼,拜在其门下,名列"苏门后四学士"。高太后眷顾旧党,苏轼尤其被看重,作为其门生,老李官运亨通。他已经在计划,攒钱买一间宽敞些的房子,到时便与女儿有更大的容身之所。

然而朝堂风云变幻莫测,元祐八年(1093),高太后崩逝,哲宗赵煦开始亲政。这位怀着雄心壮志的少年天子,誓要完成父亲神宗的遗愿,他召回变法时的关键人物章惇,重新起用新党。章惇上台后,大力打击旧党,"立局编类元祐诸臣章疏",召李格非为检讨。老李看不惯章惇的为人,拒不就职,因而获罪,被外放为广信军通判。

次年,党争局势变得微妙,李格非又被召回了汴京,担任校书郎,负责史书典籍的修订工作。老李很清楚,此次他虽官晋一阶,却很有可能卷入更大的政治旋涡中。夜晚,月的清辉洒在案几上,老李双眉微蹙,提笔写下了《书洛阳名园记后》:"公卿大夫方进于朝,放乎一己之私以自为之,而忘天下之治忽,欲退享此,得乎?唐之末路是已。"

那么宋之末路呢?李格非感到惶惶不安,虽然此时大宋依旧是海晏河清的模样,可是风暴来袭前的海面,也总是格外平静。

这时的李清照年岁尚小,还不了解爹爹的忧愁。她在明水镇度过了无忧无虑的少女时代,庭前的朝飞暮卷,花开花落,她有些看倦了。小李在书里看到了更广阔的天地与更旖旎的风景,她对之心驰神往。

少女李清照时常托着腮,望着天上飘荡的纸鸢发呆。年少的她认为那是最为自由无拘的存在,御风而行,去往天之高,不畏地之远。可那时的她并不知道,自由的风筝亦有所恃,它的起落、远近、高低,全系于一根细细的丝线之上,为一人之手所控制。

由不得自己。

二

盛夏六月的傍晚,溪亭的荷花、荷叶生长得格外疯狂。挨挨挤挤,层层叠叠,宛如一片粉绿交错的海洋。

一叶小舟停在花叶之间,船头卧着一个眉清目秀的少女。她眯着眼睛,懒洋洋地哼着小曲,时不时浅酌一口壶里的桂花酒。烂漫的霞光透过密密的荷叶洒下来,在她浅碧色的衣裙上开出了一小朵一小朵橘红色的花。

十六岁的李清照又一次溜出家门,载酒泛舟。小李在馥郁的花香里,喝得迷迷糊糊。尽管家中长辈多次在她耳边叮嘱,女孩子家家,怎么能天天喝酒呢?实在不成体统。可小李爱极了这种微醺的感觉。半醉半醒间,她总能迸发出无限的诗情。

醉里看花,看月,看风起云灭。思绪飘去了很远的地方,无拘地流动,荡漾,凝结成优美的词句。再定神,身在舟中,眼前是一片无尽的花海。心无所累,漂于水中,随花香浮动。

真是美滋滋,乐陶陶。

暑热渐渐消散，晚风迎面吹来。李清照慢悠悠地坐起身，拨开片片高过人头的荷叶，才发觉天色将晚。她心下一阵慌：完了，回岸边的路怎么走来着？

顿时酒醒了一大半，她手忙脚乱地拿起木桨，奋力划船，却不想误闯藕花深处。一群栖息于此的鸥鹭受到惊吓，纷纷展翅而飞。最后的晚霞染红了鸥鹭洁白的翅羽，它们搅碎了低垂的暮色，带着一缕花香与一抹霞光翩然而去。

少女呆呆地望着眼前的美景，一曲妙意横生的《如梦令》，从心中喷薄而出：

常记溪亭日暮，沉醉不知归路。
兴尽晚回舟，误入藕花深处。
争渡，争渡，惊起一滩鸥鹭。

像这样外出游玩的日子，在李清照的少女时代还有很多很多。当大部分女孩子被深锁于闺阁中时，小李却能在齐鲁大地的山水之间四处撒欢。齐州章丘的明水镇并不大，街坊邻里相互认识。有看不惯的邻居念念叨叨，李家的女儿真是不像样，又喝酒又乱跑，一点大家闺秀的样子都没有，以后可怎么嫁得出去？

所以大家闺秀，该是怎样的呢？小李有些疑惑。

隔壁家有一个年纪稍长的姐姐，她大门不出，二门不迈。严格的家风将她困在深深的院落里，李清照时常看见她在阁楼低头刺绣的一抹绰约身影。

小李一阵怅然，想必邻家的姐姐也会更喜欢自由自在的生活吧。

李清照知道自己是幸运的，父亲从不要求她学习女红，也不会成天把她关在家里。她可以去读书、写作，去学堂听先生讲课，去领略大自然的美好。一年又一年，她在浩荡的春光里放纸鸢，在习习的夏风中游溪亭，在无边的秋色里踩落叶，在纷飞的冬雪中寻梅香。她奔跑，跳跃，观察万物，体验生命，源源不断地汲取大自然的力量。

百脉泉汩汩而出的水流，将她懵懂的心荡涤得清澈灵动。

童年时的李清照，一定是个健康、活泼、坦荡的女孩。她的肤色没有那么白皙，因为阳光日复一日亲吻着她；她的身姿并不纤细柔弱，因为她常常奔跑于山水之间。她充满着无限的生命力，自由而快乐地做着自己喜欢的事情。

小李这样的性格特点与成长方式，放在她所生活的封建社会，简直是空前绝后般的存在。对古代有一定门第的家庭而言，未出阁的女儿总是会被父母珍藏于深宅大院之中，她们的发丝、眉眼、皓腕，都属于未来的夫君，绝不可轻易示人。她们皮肤雪白，几乎终年不见日光，一份隔绝人世的纯白无瑕是来日最好的嫁妆。

甚至小姐们的一点思想的碎片，也最好不要流出闺门。如果她们的诗文被外人看见，就好像遭到了某种肆意的打量和窥视，所以许多女孩闺中的诗稿，都被故意销毁。宋代另一位才女朱淑真，曾著有《断肠集》，她的家人在她死后将其诗词作品一一焚毁。多少如珠如玉的词句，都化作风中烟尘。

而李清照的父亲李格非，却默许了女儿这般无拘无束的生活方式，他允许她去探索广阔的天地，并且鼓励她读书作词，甚至会自豪地将女儿的诗词与朋友分享。老李心想：果然是我闺女，不仅有才情，还如此有个性。

李格非从不因为李清照是个女孩就忽视她的成长教育，他一直对女儿寄予厚望。老李曾说："中郎有女堪传业。"这表面是在赞许东汉名臣蔡邕的女儿蔡文姬，实际上是在夸自己的女儿李清照：我闺女真棒，可与东汉才女相媲美。

词坛会感谢这位思想超前、观念开明的父亲，正是因为他对李清照的尊重和栽培，才造就了这样一位旷世才女。

李格非在京城安定下来后，续弦了前状元王拱辰的孙女王氏，并且生下了小儿子李迒。家中有了主母，李清照便被接到了京城。小李第一次看见如此繁华的都市，雕车宝马争驰于御路，花光酒香飘洒于天街。她的脸颊因激动而透出了微微的粉红，双眸盛满了憧憬，粲粲如星。

这里，是无数场绮梦开始的地方，一位非典型大家闺秀即将横空出世。

元符三年（1100）正月，二十四岁的哲宗赵煦驾崩于福宁殿。正值壮年，他却因操劳国事而耗尽了最后一口心血。父亲神宗的遗愿，他终究没机会去实现了。

向太后成为前朝与后宫的一把手。哲宗的弟弟，端王赵佶，在向太后的扶持下登上了皇位，史称宋徽宗。宰相章惇的话言犹在耳："端王轻佻，不可以君天下。"然而新君登基大典的礼乐之声，将反对者的声音层层淹没。

大宋依旧一派祥和气象，尤其是处于天子脚下的汴京，还是那么富饶繁盛。

初到京城的李清照好奇地探索着周围的一切，她穿梭在茶坊酒肆,又绕过大货行、小货行、馒头店、香药铺、彩帛铺,然后停在珠子铺前,头了一支并蒂海棠花步摇。她满心喜悦地对镜自照,菱花镜中的脸庞已褪去了稚气,眉目秀美如画。一阵香甜的气息飘来,小李寻香而去,在糖水铺前大快朵颐,吃掉一碗可口的桂花酒酿小圆子。

李清照还在自己的小院中亲手栽种了一棵江梅与几株海棠,很是雅致。她常常坐在窗下的书案前看书写词,在每一个有月光的夜晚,窗纱上便会映出花叶疏落有致的影子,真是花也朦胧,月也朦胧,人也朦胧。

在汴京的日子,李清照开始建立自己的朋友圈。她结识了父亲的好友张耒、晁补之,这两位叔伯皆在诗、文、词方面颇有建树,与黄庭坚、秦观并称为"苏门四学士"。小李时常向他们请教填词作赋,在两位前辈的悉心指导下,她的作词功夫突飞猛进。

小李还认识了一些与她年纪相仿的女孩,她们一同谈诗论赋,清供插花,或是乘着马车结伴外出郊游。大多数时候,李清照还是一个人待在闺房,京中的种种风物人情,令她文思如泉涌,她需要用笔墨将胸中的情思一一倾诉。小李伏案花前,写下了许多有关闺情的词作。

玉炉中的沉水香的轻烟袅袅升起,窗外的海棠正开得烂漫不可方物。花香炉香,融成一片,满院浮动。

三

正值二八年华的小李,生出了一些天真的愁思。这种愁是"少年不识愁滋味"的愁,是诗情画意的少女心事。花瓣无端飘忽而下,李清照伸手接住了落花。她怔怔地自语道:"人间留不住的,又岂止是落花?"

暮春时节的汴京,雨水总是格外充沛。一个潇潇风雨夜,李清照喝了点小酒,次日起床时仍是宿醉未醒。她揉着惺忪睡眼坐在梳妆台前,想到窗外淋了一夜雨的花,连忙询问侍女:"我的海棠怎么样了?"粗心的小侍女答曰:"好着呢,一如昨日。"李清照摇摇头,独自轻叹道:"夜来风雨声,花落知多少啊。"她拿来纸笔,写下了一首《如梦令》:

昨夜雨疏风骤,浓睡不消残酒。

试问卷帘人,却道海棠依旧。

知否,知否?应是绿肥红瘦。

这首词一出世,很快在文人圈中流传开来,文人雅士皆啧啧称赏:老李家的女儿真不得了,填词一绝,才情横溢。年纪轻轻的李清照一时间名动京城。

然而也有贬斥的言论:女儿家闺阁之语,居然到处流传,成何体统?

外界的声音纷纷扰扰,李清照全都置之不理,只一心沉浸在自己的创作世界里。

小李并不只爱风花雪月,她还关注历史与时政。她读了很多遍李格非写的《书洛阳名园记后》,渐渐明白了父亲的忧虑。在十七岁这年,李清照作下了借古讽今的《浯溪中兴颂诗和张文潜二首》,应和前辈张耒的《读中兴颂碑》,再次震动了北宋文坛。

不知负国有奸雄,但说成功尊国老。
谁令妃子天上来,虢秦韩国皆天才。

小李在诗中笔势纵横地评议王朝兴废,反省致乱之源,并毫不留情地批评了一通谄媚误国的臣子,同时也暗暗地告诫当朝官家,"夏商有鉴当深戒,简策汗青今具在"。

一个初涉世事的少女,竟能如此关注国家的兴盛衰亡并发表深刻见解,实在令世人惊叹。

李格非对于女儿的才华自然感到无比骄傲,但他眼看着小李到了婚配的年纪,婚姻大事却还未落定,不免有些头疼:究竟怎样的人家,才能配得上老夫的天才闺女呢?

就在这时,京城赫赫有名的赵家,已请好了媒人,准备上李家提亲。

原来吏部尚书赵挺之的儿子赵明诚,早就对李清照一见钟情。这一年的上元灯会,赵公子在人群中遥遥一见了才貌双全的李小姐,倾心不已。赵明诚也是喜爱文学之人,他把李清照的诗词读了一遍又一遍,心里泛起了层层涟漪:这位姑娘如此有才学,有思想,若能与她终身相伴,夫复何求?

李清照也对赵家公子的才学有所耳闻。赵明诚自小对金石碑刻很感兴趣，他在读过欧阳修的《集古录》后，就立誓要秉承欧公严谨治学的精神，将金石学发扬光大。这些年小赵四处搜集古代青铜器与石刻碑碣，研究其上的文字信息，以证经补史。此时年方二十一的赵明诚，凭借着藏品之丰富、鉴赏眼光之独到，已在京城的文物收藏圈初露头角。

媒人来了一趟李家，躲在屏风后的小李心想：这位赵公子虽出身官宦之家，却并非纨绔子弟，还是有几分真才实学的。若他是个不学无术的草包，本姑娘才不嫁呢。

两人的婚事初步定下后，赵明诚决定亲自上门拜访一下未来的岳父大人。那一日清晨，当小李在院子里荡秋千时，她看见了一个眉目俊朗的年轻人，踏进了李家的大门。

很多年后，李清照还总会想起当日的情景。正是青梅结果的季节，酸甜的气息飘浮在清晨新鲜的空气里。多少情窦初开的少女情怀，都藏在了她那一首《点绛唇》里：

蹴罢秋千，起来慵整纤纤手。露浓花瘦，薄汗轻衣透。
见客入来，袜刬金钗溜。和羞走，倚门回首，却把青梅嗅。

这两个门当户对又互生好感的年轻人，就这么水到渠成地结为秦晋之好。大婚当日的龙凤红烛光耀夺目，似乎永远不会烧尽。

婚后，赵明诚恪守太学规则，平时住校，每月的初一、十五，请假回家与妻子团聚。每次回来，他都带着小李爱吃的鲜果蜜饯。新婚宴尔的两人有说不完的话，她谈起诗词歌赋口若悬河，妙语连珠，赵明诚在一旁听得满脸崇拜；他聊起金石文物如数家珍，滔滔不绝，在李清照的眼中散发着光芒。

十八岁小李初尝爱情的滋味，心里洋溢着满满的甜蜜。她在卖花担上"买得一枝春欲放"，簪在云鬓，一脸娇俏地问小赵："夫君你瞧，是花好看，还是你家娘子更好看？"

在以含蓄、婉约为主流的封建年代，李清照却恣意地倾洒着一份热烈而真挚的情感。

大相国寺是汴京最热闹之所在，"每月五次开放，万姓交易"，"凡商旅交易，皆萃其中"，四海之珍奇，无所不包。每到有集市的日子，小李便对镜细细梳妆，穿上美丽的芍药罗裙，再拉着小赵的手，去大相国寺"淘宝"。李清照夫妇最感兴趣的，就是名人字画、古籍及碑刻器皿。他俩为了省钱购买珍贵的文物以做研究，宁愿节衣缩食，粗茶淡饭。小赵每次放假回家，都要去一趟当铺典当衣物，以换取铜钱，小李甚至忍痛当掉了自己最心爱的并蒂海棠花步摇。夫妇俩虽然出身官宦人家，却清俭得好似寒门之后。

然而李清照觉得这一切都是值得的。古老的碑文蕴藏着珍贵的历史信息，每参透一点，小李夫妇都会觉得无比满足。他们仿佛在与遥远的古人对话，倾听来自千百年前的声音。荆钗布裙的小李笑着对小赵说："咱们俩可真像是葛天氏时代的人呀。"

曾经有人拿来南唐画家徐熙的《牡丹图》，要价二十万。小李和小赵虽是贵家子弟，却也拿不出这许多钱来。他们好不容易借来这幅传世之作，点着蜡烛欣赏研究了一整夜，次日两人又顶着黑眼圈，恋恋不舍地将画还了回去。

这段日子，是李清照一生中最为幸福的时光。生活没有十分富裕，却也算娴雅安宁，最重要的是，她的精神世界是充盈丰富的。夫君不在家的日子，她就一个人读书、作词、养花、品酒、赏玩藏物。有时她邀请女伴来家中，一同欣赏她最爱的梅花。她们温一壶美酒，小李一边小酌，一边悠然写下："共赏金尊沉绿蚁，莫辞醉，此花不与群花比。"

晴帘静院里，梅香阵阵；晓幕高楼外，细雪纷纷。宿酒未醒，好梦初觉。

此时良辰、美景、赏心、乐事四者兼备，人生所求，不过如此。

四

然而好景不常在，动荡不安的朝堂风云，很快惊扰了李清照的好梦。

徽宗继位的第二年，开始重用蔡京，任其为宰相，并且再度推行新法。蔡京专权，誓要一网打尽自己的政敌及反对新法之人，他将元祐、元符年间包括司马光、苏辙、苏轼、黄庭坚、秦观在内的三百零九人列为奸党，将他们的姓名刻于石碑之上，颁布天下，对死者一一追贬，对生者惩处加码，且罪及子孙亲友。

李格非曾受到旧党领袖苏轼的赏识，遂被列入"元祐奸党"名单，遭到罢官。李清照得知消息后，心急如焚，连忙求助夫君。然而赵明诚一脸无奈，支支吾吾地告诉她，他的父亲似乎与苏轼私怨很深，自己曾收藏苏轼、黄庭坚的诗文书法，被父亲发现后，父亲大发雷霆。这件事找他的父亲求情，八成没戏。

李清照心下黯然，夫君靠不住，她只好自己献诗给公公，请求他搭救父亲。这年，赵挺之倒是青云直上，升为尚书右丞，位同副相，与蔡京的权力不相上下。只要他愿意站出来为李格非说两句话，老李的饭碗也就能保住了。

然而赵挺之心里只想着自己的仕途。此时他若伸出援手，无异于忤逆官家之意，很有可能影响自身前程，况且他属于新党人物，又与苏轼早有矛盾，绝不可能为"元祐党人"开口求情。所以赵挺之选择无视儿媳的求助。

李清照眼睁睁地看着身着紫色官袍、腰佩金色鱼袋的公公，骑上高头大马往皇宫的方向绝尘而去。而自己身着布衣的父亲，则在默默地整理行李，准备离开京城，回老家居住。

李清照的心拔凉拔凉的，对于公公的袖手旁观，她心生不快：真是世态炎凉啊，上一秒还是其乐融融的一家人，下一秒就急于撇清关系。她写诗抱怨道："炙手可热心可寒，何况人间父子情。"同时，她对赵明诚的态度也有些不满。本以为自己家遇到困难，丈夫即便没能力出手相救，至少也会积极地帮忙想办法，没想到他一副置身事外的样子。赵家人真是凉薄得令人心寒。

夫妻二人的关系发生了微妙的变化，仿佛有一道无形的屏障横亘于两人之间。从前那种亲密无间，也许再也不会有了。李清照怅然若失。

很快朝廷又下了新政："尚书省勘会党人子弟，不问有官无官，并令在外居住，不得擅自到阙下。""阙下"指的就是京城。偌大的汴京，已无李清照的立锥之地。她不得不只身离京，回到原籍明水镇，去投奔她先行被遣归的娘家人。

汴京城的繁华旧梦，如同桥底流水、过眼云烟般倏忽而去。

小李与小赵虽然有了些嫌隙，可分别的日子里仍是彼此想念的。他们互通书信，以诗词传递情思。闲居家乡的李清照，迎来了又一阶段的创作高峰期。

秋意渐浓，夏日里盛放的荷花，如今已悉数凋谢，小李也没了当年漫溯藕花深处的闲情逸致。失眠的夜里，她愣愣地望着一晚圆过一晚的明月，心道："也不知何时有情人才能如中秋月一般，团团圆圆呢？"她将满腹的相思之情，付与了一首《一剪梅》：

红藕香残玉簟秋，轻解罗裳，独上兰舟。云中谁寄锦书来，雁字回时，月满西楼。

花自飘零水自流，一种相思，两处闲愁。此情无计可消除，才下眉头，却上心头。

一年一度的重阳节悄然而至，在这"每逢佳节倍思亲"的日子里，小李格外想念小赵。她独自待在房间，点上瑞脑香，又温了壶酒，一边喝酒一边作词。小李想到朝堂纷争云谲波诡，父亲与全家人深受其害，自己还与丈夫分隔两地，不得相见，一时间多少幽怀娇恨，涌上心头。第二天，她又寄出了一封给小赵的书信。几日后，赵明诚打开信一看，是一曲情致婉转的《醉花阴》：

薄雾浓云愁永昼，瑞脑消金兽。佳节又重阳，玉枕纱厨，半夜凉初透。

东篱把酒黄昏后，有暗香盈袖。莫道不销魂，帘卷西风，人比黄花瘦。

赵明诚被这首词深深打动了，同时，他也暗忖："我娘子怎么能写出如此绝妙的词作呢？我也来试一试，说不准能与她相媲美。"

于是小赵将自己关在书房中三天三夜，势必要写出与《醉花阴》不相上下的作品。他苦思冥想，拼尽全力写出五十首词，并将妻子的妙句化为己用，掺杂其中。大作完成后，赵明诚十分满意，他兴冲冲地拿给好友陆德夫看，请他点评。陆德夫认认真真地赏读了一遍，然后郑重其事地说："有三句极好。"赵明诚一脸期待地问是哪三句，陆德夫回答："莫道不销魂，帘卷西风，人比黄花瘦。"赵明诚这下彻底服气了："我娘子确实厉害啊！"

然而他的心里划过了一丝异样的感觉。妻子的绝世才华，的确让他自豪，但也让他倍感压力。李清照才名越盛，他越觉出自己的平庸、渺小、无能。他在金石研究上的确做出了几分成绩，可这远远无法与李清照在文学上的造诣相提并论。

崇宁二年（1103），赵明诚结束了求学生涯，出仕为官。有父亲在朝中为他铺路，小赵凭借着荫封的特权，官拜六品鸿胪寺少卿。每日上赶着奉承赵家父子的人络绎不绝，赵府门前车如流水马如龙。而李家曾居住的"有竹堂"，则是大门紧闭，两个石墩子上积起了一层厚厚的灰尘。

两年后，赵挺之除尚书右仆射兼中书侍郎，与蔡京并相。他与蔡京争权，屡次陈述其过失与奸恶，而徽宗此时正被蔡京哄得团团转，视其若心意相通的知己，完全听不进去其他臣子的谏言。赵挺之决定孤注一掷，他上奏道："臣愿辞去相位，以避开蔡京。"徽宗大手一挥："那就如爱卿所愿。"是年六月，赵挺之罢相。

仅仅过了半年多，崇宁五年（1106）正月，夜空突现彗星，徽宗迷信天象，也不禁怀疑彗星的出现是上天对蔡京乱政的警告，于是将蔡京罢免，并废除他定下的各种律令。赵挺之重回朝堂，复授右仆射。同时，徽宗下令销毁《元祐党人碑》，继而大赦天下，解除一切党人之禁。这对李格非一家来说，无疑是个天大的好消息。

终于等到了拨开云雾见月明的这一天。李清照与父母、胞弟喜极而泣。她立即起身返回汴京，与赵明诚团聚。马上就能见到日思夜想的心上人了，这是多么令人欣喜的一件事呀。

可是重回赵府的日子，李清照敏锐地察觉到，小赵待自己不似从前了。他成天忙着与其他官宦子弟喝酒应酬，很少再有时间与她谈天说地、品茗赋诗。如今的李清照总是形单影只，女儿家的闲愁，藏在将尽的春意里，埋在冷却的香灰中，飘在凋零的落花上。她怅然写就一曲《满庭芳》：

小阁藏春，闲窗锁昼，画堂无限深幽。篆香烧尽，日影下帘钩。手种江梅渐好，又何必、临水登楼。无人到，寂寥浑似，何逊在扬州。

从来，知韵胜，难堪雨藉，不耐风揉。更谁家横笛，吹动浓愁。莫恨香消雪减，须信道、扫迹情留。难言处、良宵淡月，疏影尚风流。

她依然喜欢边饮酒边创作。只要杯盏在手,她便如同被点燃的蜡烛一般,迸发出无数灵感的火苗。

在她往后生命中至阴至冷的时刻,仍能凭借这一团火焰,照亮一方小小的天地。

五

对于小赵的疏远,李清照有些失落,不过她并没有纠结于此,而是将更多的注意力放到了诗词创作上。

既然是留不下的、挽不住的,就让它随风而去吧,又何必太过介怀?人生来难免寂寞,还好有文字,有清词,长久地陪伴着她。

尽管李清照很清楚,在她生活的年代,女子写作通常被认为是一件不合礼数的事情,她们舞文弄墨,似乎是在挑战男性和道学家们的权威。尤其是对上流社会而言,为人妻女者,必须谨慎地确保自己的诗作不传出内闱,不留存于世。

程朱理学的奠基者,程颐、程颢两兄弟,有一位出身书香世家的母亲侯氏。这位侯夫人饱读经史,却极少写作,程颐这样评价自己的母亲:"夫人好文,而不为辞章。见世之妇女以文章笔札传于人者,深以为非。平生所为诗,不过三十篇,皆不存。"

闺阁文人从来都是孤独的。而在这样的大环境里,李清照仍然坚守着一份不足为外人道也的创作热情，默默抵抗着外界抱有成见的声音。就算无人与她相互酬和，就算有人说她不守妇道。她想要倾诉，想要表达，想要记录下自己流动不止的心绪。没有人可以阻拦。

李清照俯首写作时低垂的眉眼，在冷冽的月色里透出了一丝坚毅：管他呢，我只走自己的路，让别人说去吧。

黑暗中摸索着前行，且视他人之目光为荧荧鬼火。

那日她独自去了大相国寺，走到卖蜜饯果脯的摊子前，买了一包蜜金橘，吃到口中依然是香甜的味道。不是赵明诚买来的也无妨，她自己也可以把日子过得有滋有味。

就在赵家烈火烹油之际，大观元年（1107）正月，经过蔡京手下一众党羽的不懈努力，蔡京再度拜相，重回一人之下、万人之上的地位。他发誓，这次要彻底击垮赵挺之，不是你死就是我亡。是年三月，赵挺之在这场政治斗争中败下阵来，罢右仆射。朝堂争斗令年近古稀的赵挺之心力交瘁，罢官后五日，他含恨而终。

蔡京以其死无对证，大肆罗织罪名，对赵挺之加以诬陷，赵家的三个儿子不仅因此丢失了荫封之官，甚至还锒铛入狱。李清照心急如焚，可娘家失势的她也对此束手无策。所幸罪名最终并未坐实，赵明诚和哥哥们被释放出狱。接二连三的打击令赵明诚痛苦万分，李清照也不免伤怀，政治斗争变幻莫测，真是"甚霎儿晴，霎儿雨，霎儿风"。

也许真的有一只大手，掌控着世人的命运。它戏谑玩弄人间的种种，使人的爱恨、聚散、悲欢，都和月的阴晴圆缺一样，从来不由己。

京城是待不下去了，是年秋，李清照随赵明诚一家回到了赵家在青州的私第，开始了屏居乡里的生活。赵家从汴京府司巷的御赐高第，变为青州的寻常人家。在李清照看来，丈夫虽然失去了高官厚禄，却也远离了朝堂纷争，这不失为一件幸事。

既有了大把的时间精力，小李夫妇便投入收集整理各种书册古玩的工作之中。他们细心地给众多典籍字画分类登记，并一一编号入库上锁。赵明诚时常外出寻访古迹，他踏遍齐鲁大地，曾收集到《东魏张烈碑》《北齐临淮王像碑》《大云寺禅院碑》等一大批珍贵的石刻资料。他们还去集市搜寻古书，一同订正勘校石碑与古书上的字字句句。每每得到字画、器皿，他们便"摩玩舒卷，指摘疵病，夜尽一烛为率"。

大婚当日的红烛，似乎重新燃烧起来。

在李清照的支持和帮助下，赵明诚开始编著《金石录》。夫妇俩为了节省开支，将银钱用于购置古籍书卷与金石器物，专门做了一份勤俭持家的计划表。膳食方面，只一道荤菜即可；衣饰方面，只预备一件隆重些的就行，不再添置珠宝首饰。"食去重肉，衣去重彩"，一度到了"首无明珠、翡翠之饰，室无涂金、刺绣之具"的地步。

李清照翻出了一条压箱底的水红色芍药罗裙，她轻轻抚摸着柔软的绸缎，回忆起从前在京城簪花戴玉的日子。那仿佛是很久远的事情了，她已永远地告别了无忧无虑的少女时代与蜜里调油的新婚生活。李清照淡然一笑，将裙子细细叠好，决定明日再去当铺一趟。

那时有那时的逍遥，此时也有此时的自在。李清照将一间敞亮的书房命名为"归来堂"，她笑着对丈夫说道："归去来兮，田园将芜胡不归？如今咱们也可做五柳先生了。"

李清照为自己取号为"易安居士"。她坐在临窗的书案前，用飘逸的行书写下了十二个墨汁淋漓的大字——"倚南窗以寄傲，审容膝之易安"。她喃喃自语："陶潜写得真好呀，道出了我的心声。"简单朴素的生活，李清照却过得怡然自得。

虽处忧患困穷，而志不屈。

除了协助赵明诚撰著《金石录》，李清照还完成了一件在词坛上有着里程碑式意义的大事，那就是写出了"别是一家"的《词论》。

李清照在《词论》中火力全开，尖锐地点评了各位词坛大家的优缺点，她说柳永的词虽有音律之美，却俗不可耐；张先、宋祁虽时有妙语传世，却整篇破碎，不足以称为名家；晏殊、欧阳修、苏轼学识超群，填词对他们而言应当轻而易举，可这几位作出的词却不协音律，读都读不通；王安石、曾巩的文章写得还可以，可如果让他们作词，简直让人笑掉大牙；秦观的词虽情致缠绵，却缺少实际内容，如贫家美女，"虽极妍丽丰逸，而终乏富贵态"。黄庭坚的词倒是内容充实，却有很多小问题，"譬如良玉有瑕，价自减半矣"。

简单来说，在座的各位，都不太行。

李清照所言，的确有些辛辣犀利，却也不无道理。她还系统阐述了优秀词作的标准，希望可以救敝补偏，矫正词风。

作为一个女子，李清照不仅公然违反幽居深闺的礼教，任性地闯入了男性掌控的文学领域，还将自己放在了与这些文坛大咖同等的地位，秉承着"语不惊人死不休"的原则，一一指出他们在作词上的毛病。

本姑娘是小女子又怎么了？照样在写词上吊打你们。

且不说《词论》是否足够客观，单是李清照这一突破桎梏的勇敢之举，就足以让世人对她产生敬意。然而在旧时代的文人看来，这无疑是胆大包天、叛逆至极的。文人圈炸开了锅，破防的词评家们一个个跳出来，对李清照发起了人身攻击。有人说她是"蚍蜉撼大树，可笑不自量"，有人说"易安自恃其才，藐视一切，语本不足存；第以一妇人能开此大口，其妄不待言，其狂亦不可及也"。

李清照自然预感到精英文士会被她的《词论》惹恼，但她依然执着地写下了这些惊人之语。同时，她也用才华与佳作，去证明自己是有资格与苏轼、晏殊等人相提并论的。废话不多讲，咱用实力说话。

李清照一心研文治学，忘我地投入写词作赋。彼时的她并不知道，这段隐居青州的日子，是她平生度过的最后一段和美岁月。

六

十余年屏居青州的时光匆匆而过。

随着赵挺之案的沉冤昭雪，他的三个儿子也相继恢复官职，再次踏上宦途。宣和三年（1121），赵明诚出任莱州知州。这一年，李清照三十八岁。人到中年的她很清醒地意识到，丈夫这一走，他们俩的关系很有可能再度疏远。她写下了《凤凰台上忆吹箫》，为赵

明诚送别。许多难言的焦虑、担忧、不舍,都悉数倾入了这曲词里:

香冷金猊,被翻红浪,起来慵自梳头。任宝奁尘满,日上帘钩。生怕离怀别苦,多少事、欲说还休。新来瘦,非干病酒,不是悲秋。

休休,这回去也,千万遍阳关,也则难留。念武陵人远,烟锁秦楼。唯有楼前流水,应念我、终日凝眸。凝眸处,从今又添,一段新愁。

即便李清照生性直率洒脱,恣意地展示着自己的才情,已是难得的女性觉醒之表率,可她也难免受到那个年代夫唱妇随观念的影响。她无力挣脱大环境的束缚,丈夫和家庭,依然是她心里放不下的存在。更何况,二人之间的确有过真挚的感情,他们不仅仅是夫妻,更是志趣相投的知己、风雨同舟的亲人。

这一年的秋天,李清照离开了青州故居,风尘仆仆地赶去与赵明诚相聚。一路上,她都有些惴惴不安。行至途中的昌乐县,李清照下榻当地的驿馆。黄昏时分,天空飘起了细雨,初秋的凉意浸满了狭小的房间。望着窗外无尽的暮色,身心俱疲的李清照陷入了低落的情绪里,她写下了一首《蝶恋花》:

泪湿罗衣脂粉满,四叠阳关,唱到千千遍。人道山长山又断,萧萧微雨闻孤馆。

惜别伤离方寸乱,忘了临行,酒盏深和浅。好把音书凭过雁,东莱不似蓬莱远。

青州到莱州，不过十日左右的路程，可她怎么觉得这条路无比漫长呢？

到达赵明诚的任所后，事情果然如她想象的一样，他整天没完没了地应酬，再也没空翻阅诗书文史，与她谈天说地。受到冷遇的李清照感到很失落，她提笔记录下了眼前令人失望的一幕："独坐一室，平生所见，皆不在目前。"随后又作下了《感怀》一诗：

寒窗败几无书史，公路可怜合至此。
青州从事孔方兄，终日纷纷喜生事。
作诗谢绝聊闭门，燕寝凝香有佳思。
静中我乃得至交，乌有先生子虚子。

李清照在诗里暗暗吐槽了一番赵明诚：这个赵明诚，每次一做官，就是这副德行，成天闹哄哄地奔波于酒宴应酬，醉心于升官发财，真是让人生气。书房里一本书都没有，也不知《金石录》写得如何了。创作肯定需要闭门谢客，焚香静坐才能产生灵感与巧思呀。

作为一个将创作视为生命之火的人，李清照希望自己的丈夫也能秉承一份初心，将编著《金石录》的事业坚持下去。每每看到赵明诚在官场得意忘形，李清照都感到无语至极。这大傻子，又为名利所累，之前受的罪还不够多吗？真是好了伤疤忘了疼。

在李清照的劝说下，赵明诚担任淄州太守期间，继续专注于《金石录》的撰著。淄州历史悠久，文物迭出，赵明诚在公事之余将全部心力都投入碑石的寻觅和修缮上。他为此四处奔走，当得到白居易所书的《楞严经》时,他欣喜不已,立刻骑马回家,迫不及待地要与李清照一同观赏。

赵明诚在《楞严经》上题跋:"因上马疾驱归,与细君共赏。时已二鼓下矣,酒渴甚,烹小龙团,相对展玩,狂喜不支。两见烛跋,犹不欲寐,便下笔为之记。"他们欣赏品鉴到深夜,蜡烛都燃尽了两支,仍旧意犹未尽,不愿入睡。

有了李清照的鼎力相助,赵明诚在淄州任上时,完成了《金石录》的撰写。这是中国最早的研究金石学的专著之一,其中收录了自上古三代至隋唐五代以来的钟鼎碑刻铭文,材料翔实,考证精当,与欧阳修《集古录》齐名,世称"欧赵之学"。

《金石录》的署名是赵明诚,可李清照"亦笔削其间",为之付出了诸多心血。她的身影,在这部传世之作的背后,散发着清寂却不可磨灭的光芒。

靖康元年(1126)的早春,李清照又如往年一样,期待着梅花的盛开。而她所不知道的是,当年她在汴京故居种下的江梅,将会很快见证一场惊世巨变。

当下的东京汴梁,依旧是平和静好的模样。只是每个人的心里,都隐隐感到有一些大变故正在酝酿。整个皇城都笼罩在一种萧瑟的秋意中。宫外瞎了眼睛的算命先生转向北方,喃喃自语道:"要变天了。"

循着算命先生虚无的视线望去,再越过重重的雕梁画栋、千山万水,会看见金人密密麻麻的铁骑,如同铺天盖地的蝗虫一般,以排山倒海之势,向中原侵袭而来。

冬天,金兵攻破京城,在城中大肆劫掠,百姓遭到了惨绝人寰的迫害与屠杀，曾经繁华如梦的东京汴梁一时间满目疮痍。

金军破城的消息传到淄州，李清照的心紧紧揪了起来。汴京城忽然变得近在咫尺，她仿佛能听见城中烧杀抢掠的恐怖声响。金人的凶狠残暴她早有耳闻，多少无辜的生命将会于这个无尽的凛冬戛然而止。想必她从前时常驻足的香药铺、首饰铺、蜜饯铺，已在金人的搜刮下变得一片狼藉，赵家、李家住过的屋舍宅院，恐怕也在连天炮火下变作残垣断壁。记忆中那个美丽的、繁盛的、喧闹的东京汴梁，从此轰然倒塌。想到这里，她的心一阵剧痛。

院子里的海棠与梅花，再也不会绽放了。

金人的炮火惊醒了宋朝皇室的太平清梦，也炸毁了无数百姓的安稳人生。

1127年，金军掳徽宗、钦宗二帝及后妃、宗室等数千人北归。盛极一时的北宋王朝从此落下了沉重的帷幕。时局越来越紧张，金兵还在继续南犯，淄州也不是安全之地了。李清照夫妇准备逃往江南避难，可两人大量珍贵的收藏仍在青州，一时无法带走。屋漏偏逢连夜雨，此时赵明诚又收到其母郭氏在江宁去世的消息，他决定先行离开，赶去处理母亲的丧事。而李清照则孤身回到青州，一个人面对整理搬运成千上万件文物的艰巨任务。

置身于成堆的古籍珍玩之间，李清照感到不知所措：前路凶险，该如何保全它们？

她一介弱质女流，在混乱的时局中自保已是不易，如今还要顾及数量如此庞大的收藏。李清照不禁心下黯然："也许这些宝贝，终究无法属于我们了。"她在《金石录》后序中记录了当时怅惘的心情："闻金寇犯京师，四顾茫然，盈箱溢箧，且恋恋，且怅怅，知其必不为己物矣。"

可即便困难重重，也必须一试。

李清照哪一件藏品也舍不得丢下，便逐一斟酌筛选，又不得不忍痛割爱——"既长物不能尽载，乃先去书之重大印本者，又去画之多幅者，又去古器之无款识者，后又去书之监本者，画之平常者，器之重大者。"

这些凝结着他们大半生心血的藏品，拥有着不可估量的历史价值与艺术价值。更重要的是，每一件收藏，都承载着一个故事，一段回忆。李清照仿佛掉进了时空的隧道，从前的岁月走马灯般从眼前一一闪过。

这年五月初一，宋徽宗第九子康王赵构在南京应天府继承皇位，是为宋高宗。主战派的中流砥柱宗泽入朝相见，提出复兴宋室大计，并请求到前线抗击金兵，他上奏道："臣虽驽怯，当躬冒矢石为诸将先，得捐躯报国恩，足矣。"高宗为其悲壮之语所动容，命宗泽改知青州兼京东路制置使。这一年，宗泽已经六十九岁了。

消息传来，李清照劫后余生般从一片废墟烟尘中抬起头，极目远眺着远方天际的一缕熹微的曙光。也许，大宋还有一线生机？也许，事情还有转圜的余地？两行清泪从她光彩不再的眼睛里流了下来。她用力擦去泪水，又投入浩大的整理工程中。

装完十五车收藏后，李清照将剩下的书册什物锁在青州故第十余间屋子里，打算明年春天从水路运走。一切安排妥当，她独自押运着十五车文物，一路南下，与时任江宁知府的赵明诚会合。

七

1127年，赵构以"巡幸"江宁为名，南下逃难。由于变乱不断，赵构一行只得止步于江北的扬州，暂时将其作为驻跸之地。而留守东京的宗泽一面联结河北义兵抗金，一面递上了二十多道奏章，力陈手下数十万将士愿誓死守卫京城、渡河收复失地的决心，一再请求宋高宗还京抗敌。然而赵构始终置若罔闻，他不愿以身赴险，还于旧都。

是年十二月，青州兵变，郡守遇害，作乱者四处纵火，赵家故第也未能幸免。整整十几屋的古籍书册，尽数化为灰烬。很快青州亦被金兵攻陷，无论如何，都回不去了。赶路途中的李清照听闻噩耗，心如刀绞。

多年心血，付之一炬。然而这只是一切失去的开始。

李清照一路颠沛，"至东海，连舻渡淮"，行至镇江时，恰遭有人趁乱攻陷镇江府，镇江守臣钱伯言弃城而去，城中兵民尽溃，乱作一团。李清照在兵荒马乱之中，护着一车车的书籍器物，疾驰在看不见尽头的大道上。她发丝凌乱，衣衫染尘，如血的残阳照在她不复青春的脸庞上。她紧紧抿着嘴，眼里盛满焦灼，既担心金军追上来，又担心作乱的叛兵与沿路的匪人趁机抢夺文物。

她一个在乱世中身携稀世之宝的女子，若不幸落于歹人之手，后果将不堪设想。

她怕极了，可她依然义无反顾地以命护住这些书籍器物，以大智大勇躲过了刀光剑影，躲过了金兵贼寇。建炎二年（1128）的春天，李清照抵达江宁。

此时，金兵的铁骑仍未踏上江南，这里仍是一片安稳景象。李清照虽已身处安全地带，却时时忧虑北方局势，寝食难安。

家国危急存亡之际，高宗一心只想屈己求和，对于主战派，他表面上以"赐对""赠官"等方式加以笼络，实际上对其抗金主张和措施置之不理。宗泽因而忧愤成疾，背生毒疮。弥留之际的他吟诵着杜甫的诗句道："出师未捷身先死，长使英雄泪满襟。"是年七月，临死的宗泽没有一句话谈及家事，在连呼三声"渡河"后，含恨而终。

李清照为之悲痛不已："只恨我一介蒲柳之质，不可上战场杀敌。"她将一腔热血化作笔下诗词："木兰横戈好女子，老矣谁能志千里，但愿相将过淮水。"

在江宁的冬天，每逢下雪天，李清照便顶笠披蓑，拉着赵明诚一同循城远览，踏雪寻诗。漫天飞雪纷纷扬扬地飘落下来，似乎要将人淹没其中。李清照望着白茫茫一片的千山万水，不由得想到当朝官家拒绝主战派北进中原，一味言和苟安，北方的千里江山，如今已落于金人之手。她愤然吟道："南来尚怯吴江冷，北狩应悲易水寒。"作完诗后，李清照期待着身旁的赵明诚能给出同样慷慨激昂的诗句，与她相互酬和。然而赵明诚愁眉苦脸地支吾了半天，还是一个字都憋不出来。

李清照在心里翻了一个巨大的白眼：真是语不投机半句多。

不知从什么时候起，从前志同道合的两个人，开始渐行渐远了。李清照一心惦念着家国的境况，可对赵明诚而言，他并不关心天下兴亡，只要能守住眼下的安稳，就足够了。富庶繁盛的江南，让他再度迷失其中。

尽管金人步步进逼，赵府上宴会依旧，应酬如常。三月三上巳节，赵明诚邀请金陵的亲朋好友，到家中做客。宴席上宾主觥筹交错，相谈甚欢，似乎仍然是花好月圆人长久的景象。

家宴上一派其乐融融的氛围，李清照的心中却凄凉万分：国已亡，家何在？

她沉默地喝着酒，一杯接一杯。这一路南下，她看见了太多因金兵入侵而流离失所、家破人亡的百姓。国之不存，民将焉附？金人所到之处，生灵涂炭，千千万万的黎民苍生，正在遭受此劫。平和静好的大宋山河，从此只会在梦里出现了。

今年的春色看似和往常一样，可是那个花也朦胧、月也朦胧的美好夜晚，已永远地留在了曾经的东京汴梁，她再也不会拥有那样无忧安宁的时光了。李清照大醉一场，醉梦中她作下了一曲婉转而沉痛的《蝶恋花》：

永夜恹恹欢意少，空梦长安，认取长安道。为报今年春色好，花光月影宜相照。

随意杯盘虽草草，酒美梅酸，恰称人怀抱。醉里插花花莫笑，可怜春似人将老。

年轻时曾在云鬓簪花，"徒要教郎比并看"，那是一段多么快乐无忧的岁月呀。铜镜中笑靥如花的少女，恍然间再抬头，已是红颜不再的中年妇人。

同样是鬓边簪花，终究不复当年心境。

李清照感叹："真是'年年岁岁花相似，岁岁年年人不同'啊！"

自从大将宗泽病卒后,金兵大举南犯,如入无人之境。宋高宗赵构一边忙着南逃,一边继续坚持不懈地向金求和。得知消息的李清照又急又气,作诗斥责以赵构为首的投降派:"南渡衣冠欠王导,北来消息少刘琨。"她希望用这样的诗句去鼓舞士气,更希望身居江宁知府要职的丈夫能够恪尽职守,为抗金大业做出一份贡献。

然而赵明诚又一次让她失望了。

建炎三年(1129)年初,御营统治官王亦意图叛乱,江东转运副使李谟事先察觉,赶紧上报给了赵明诚。然而赵明诚并未将之放在心上,彼时他已接到赴任湖州的调令,懒得再管江宁辖区内的麻烦事,就没有采取任何防御措施。李谟只好自行布阵,以防不测。当晚,王亦果然带着兵卒发动暴乱,幸好李谟早有部署,一举将叛兵击败。

他正准备将捷报告知赵明诚,却怎么都寻不见他的人影。李清照也焦急万分,经过一番搜寻后,众人发现知府赵大人竟然顺着一根绳子从城墙上逃跑了。茫茫夜色里,李清照心凉如水,这一刻她忽然觉得赵明诚无比陌生,危急之际,他不仅抛下妻子,逃之夭夭,还置全城百姓的安危于不顾,真是枉为一城之主。

懦夫,软骨头,胆小鬼。李清照在心里将赵明诚骂了无数遍。事后赵明诚灰溜溜地跑了回来,李清照看着狼狈不堪的丈夫,仿佛在看一个素不相识的人。这就是与她相携走过大半生的男人吗?居然做出了如此令人不齿的事情,良心何在,骨气何在,责任感何在?李清照感到羞愤交加,她不愿再和丈夫多说一句话。

赵明诚很快就被朝廷革去了江宁知府的职位。缒城宵遁的"光辉事迹",像烙印一般刻在了他的身上。赵明诚明显感受到,自己被妻子深深地鄙视了。心怀愧疚的他终日郁郁，身体随之慢慢变差。

早春瑞雪初降，李清照最爱的梅花就要吐蕊了。她从前总喜欢踏雪寻梅，在幽幽梅香中作诗赋词，今年却失去了兴致。元宵佳节的花灯一直亮到了春回大地的时分，可她也没了心情去观赏流连。还记得他们初见时，正值芳华的她在一片流光溢彩的花灯之间，恍若天人。青春岁月一去不复返，除了时间，还有很多东西也不会再回来了。

李清照终日闭门幽居，她将万千心事，付与了一首《临江仙》：

庭院深深深几许？云窗雾阁常扃。柳梢梅萼渐分明。春归秣陵树，人老建康城。

感月吟风多少事，如今老去无成。谁怜憔悴更凋零。试灯无意思，踏雪没心情。

前路茫茫，该如何走下去？

八

赵明诚自罢守江宁知府后，携李清照辗转于芜湖、姑孰等地，夫妻二人打算在赣水一带择居安家。自江宁乘船，行至芜湖时，舟过乌江县的项王庙。李清照不由得想到当年楚霸王项羽垓下战败，自觉无颜面对江东父老而自刎于乌江的壮烈之举，再反观以赵构为首的南宋君臣偏安一隅、苟且偷安的可耻行径，她在愤慨中作下了震烁千古的《夏日绝句》：

生当作人杰，死亦为鬼雄。
至今思项羽，不肯过江东。

同时李清照也借着这首诗对赵明诚发出了灵魂拷问：老赵啊老赵，人得活得有点骨气，可你却不战而退，弃城而逃，你好意思吗？

赵明诚自知理亏，垂着头不敢说话。夫妻两人的关系降至冰点。

是年初夏五月，赵明诚被重新起用，奉旨知湖州。此时高宗的御驾已抵达江宁，赵构将江宁府改为建康府，作为行都。赵明诚需要独自前往建康领旨，入朝拜见官家。

临走之际，李清照乘船相送，一路上两人皆是默默无言，她一直将他送到需要舍舟登岸的那一天。

送君千里，终须一别。

李清照心里仍憋着一口气，如鲠在喉。她淡漠地扫赵明诚一眼，却发现不知从何时起，他的鬓边生出了许多白发，脸上亦是风霜纵横。她心中忽然酸楚难当，泪水盈满眼眶，却忍着不让泪水滑落。

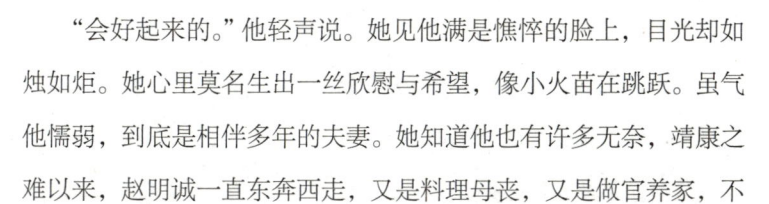

"会好起来的。"他轻声说。她见他满是憔悴的脸上，目光却如烛如炬。她心里莫名生出一丝欣慰与希望，像小火苗在跳跃。虽气他懦弱，到底是相伴多年的夫妻。她知道他也有许多无奈，靖康之难以来，赵明诚一直东奔西走，又是料理母丧，又是做官养家，不得片刻喘息。心力交瘁之下,他的健康状况令人担忧。

算了算了,再苛责又有什么意义?乱世之中,自保已是不易。她叹了一口气。这次赴任湖州,那是一处富裕之地,一切都会好起来的吧。他瘦弱多病的身体,她惴惴难安的心,他们几近崩裂的感情。家国虽不在,到底世间还有这一丝牵挂与温情。

望着他远去的身影,她的泪水终于簌簌而下。

怎么都没想到,此去建康,竟成了永别。

赵明诚一路上冒着炎暑不停地奔驰,刚抵达便患上疟疾,一病不起。李清照收到消息后又惊又怕,她知道丈夫素来性急,既然他患的是热疟,就必然会服寒药压制,这样一来病症只会更严重。于是她当日便坐上船直奔建康,一昼夜赶了三百里。

她不敢想,若失去他,该如何度过余生。

到达建康以后,李清照发现赵明诚果然服用了大量的柴胡、黄芩等凉药,疟疾加上痢疾,病入膏肓,危在旦夕。她五内俱焚,忍着悲痛日夜不休地悉心照料,又请来最好的大夫加以诊治,可终究回天乏术。李清照只能眼睁睁地看着赵明诚一天比一天虚弱,直至灯尽油枯,而守在一旁的她却无能为力。是年八月十八日,赵明诚取笔作诗,绝笔而终。

李清照痛不欲生。这一切的一切,都发生得太快了。她仍清晰地记得,赵明诚赶去赴任那天的模样,"葛衣岸巾,精神如虎,目光烂烂射人"。

本来还以为,一切都会好起来的。然而只是短短两个多月,他便身患重病,永远地离开了她。

终究来不及好好告别。

从汹涌的泪水中抬起头,李清照仿佛大梦初醒。曾经初见他的宅院,已在烽火中化为废墟,不再有青梅的香气。而那个眉目俊朗的公子,如今也已驾鹤西去。

"昔人已乘黄鹤去,此地空余黄鹤楼。"

她也病倒了。强撑着病体为他料理完丧事,静下来的时候,往日与他相处的一幕幕景象在眼前交错而过。

住在归来堂时,夫妻二人每天吃完饭,都会玩上一会儿"以茶赌书"的游戏——一人随意说出某个典故,然后看谁能说出该典故在哪本书的第几卷、第几页、第几行,谁说得准便为赢者,可举杯饮茶作为奖励。这场比拼记忆力的游戏,老赵每次都输,总也喝不到茶,一脸无奈的样子让李清照乐得前仰后合,手中的茶都泼到了衣裙上。

那样美好的日子,早已一去不返。赌书消得泼茶香,当时只道是寻常。

玩乐过后,他们便一同勘校古书,整集签题。每每得到书画器皿,便相对欣赏品鉴,指摘疵病。相同的爱好让他们的心紧紧拴在一起,"意会心谋,目往神授,乐在声色狗马之上"。

纵使他们之间也有过龃龉,纵使他也有过让她伤心失望的举动,因着他的永远离去,从前所有的不满都被淡化了。生者总可以原谅死者的过失。何况哪有完美无瑕的婚姻?更何况,那些快乐的时光,都曾真真实实地存在过。

她病得迷迷糊糊,脑海中不时闪过一些断断续续却清晰无比的画面:他太学放假回家时,从怀里摸出一包她最爱的蜜饯;相偕游于大相国寺时,他们的目光同时落在藏在角落里的那幅字帖上;他们一整夜不睡觉，秉烛而观借来的牡丹图，天光渐亮时两人满脸疲惫地相视一笑；他在外游历时得来珍贵的字画，第一时间骑马驱驰，赶回家与她一同品鉴……

缠绵病榻的李清照靠着往日的回忆吊着一口气。赵明诚奔赴湖州为官前交代她的话，又在耳边响起："必不得已，先弃辎重，次衣被，次书册卷轴，次古器，独所谓宗器者，可自负抱，与身俱存亡，勿忘也。"

他已不在了，她更得坚强地活下去，完成他们共同的心愿，将那些凝结着夫妇二人大半生心血的文物，好好地珍藏、保护、传承下去。

李清照大病初愈，又清瘦了许多，整个人像被剐去了一层血肉。然而她并未倒下，柔弱的身躯下是越发凸显的铮铮风骨。她站在无边的秋色里，望着疏落梧桐掩映下的薄暮烟光，眼神决绝又坚毅。

她轻轻念着一首《忆秦娥》：

临高阁，乱山平野烟光薄。烟光薄，栖鸦归后，暮天闻角。
断香残酒情怀恶，西风催衬梧桐落。梧桐落，又还秋色，又还寂寞。

从此，这条艰险万分的路，她必须一个人走下去了。

九

金军步步进逼，完颜宗弼亲率主力军队追击高宗小朝廷。建炎三年（1129），高宗赵构继续仓皇南逃，置行宫于杭州，升其为临安府。赵构一边将临安当作暂时的安乐窝，一边不遗余力地一再乞和，国书极尽卑躬屈膝之能事："惟冀阁下之见哀而赦已。故前者连奉书，愿削去旧号，是天地之间皆大金之国，而尊无二上，亦何必劳师远涉而后为快哉。"——拜托您了，可怜可怜我吧，求饶恕，求放过。我愿削去国号，以大金国为尊，就不劳驾您派遣军队来抓我了。

完颜宗弼才不吃赵构卖惨装可怜这一套，集中火力进攻长江防线。时局越发紧张，建康城危在旦夕。朝廷已将后宫嫔妃遣散到别处，传言长江很快就要禁止航渡。李清照没时间再沉浸于丧夫之痛，她思考着一个又一个紧迫的问题：下一步，该去往何处？那么多的文物，又该如何带走？

大难在即，根本来不及伤心。还有更重要的事情等着她去做。

然而在乱世之中保全这一大批文物谈何容易？李赵二人丰厚的收藏很快引来了各方的觊觎，就在赵明诚去世后一个月，尸骨未寒之际，高宗的御医王继先乘人之危，欲以黄金三百两强行购买李清照手上价值连城的古器物。李清照又急又气，断然拒绝，却阻止不了这个奸黠之人的多番骚扰。王继先仗着高宗的宠信，锲而不舍地一再求购。李清照只能终日紧闭大门，守着藏品，寸步不离。心中太多委屈无处倾诉，她在暗夜里咬紧牙关，一次次擦去泪水；任凭谁来，都休想带走她与老赵半生的心血。

此时多亏了赵明诚的姨表兄、兵部尚书谢克家报请朝廷加以制止，最终王继先才未能得逞。

经此波折，李清照更加迫切地需要将文物转移到相对安全的地方。她想起赵明诚有位担任兵部侍郎的妹婿李擢，此刻正作为后宫的护卫，停驻于洪州（今江西南昌）。眼下，或许可以去投奔李擢，求得庇护。当时李清照身边有书二万卷，金石拓本二千卷，还有大量的钟鼎器皿。

李清照立刻派两个老管家，将文物分批送到李擢那里，她则留下来继续整理剩余的物件。她早已将这些文物看作比她自己的生命更为珍贵的存在，一己之安危，何足挂齿？这些承载着文化与历史的金石书册，才是她拼尽全力想要守护的东西。

远去的马车载着成千上万的书册，也载着李清照的期盼——但愿一路顺利，平安抵达洪州。皇家女眷所在之地，大概是安全的吧。她极目远眺，直到望着马车在茫茫尘烟里逐渐变成一个个小黑点，一颗高高悬起的心才暂时放了下来。

建康城即将沦陷，离开这里，总归是多了几分希望。

谁知到了这年十一月，金人又攻下洪州，李清照派人运送的文物，在战火中尽数丢失。一船又一船运过长江的书籍，如同云烟般消散无踪。得知消息的李清照肝肠寸断，不久前升腾起的希望又瞬间破灭。如今，只剩下少数分量轻、体积小的卷轴书帖，以及李白、杜甫、韩愈、柳宗元的诗文集，汉、唐石刻副本数十轴，夏商周三代的立国重器十余件，南唐写本书数箱。

这些，是她最后的所有。李清照将仅剩的文物搬到了自己的卧室，近身收藏。她摩挲着留存的书籍，翻开其中一本，那上面还有赵明诚在世时写下的题跋与校注。笔迹犹新，而斯人已逝。

看着老赵留下的字迹，好像他依然在自己身边一样。念及于此，李清照不禁掩卷而泣。

冬雪纷飞，又到了一年踏雪寻梅的季节。从前有赵明诚陪她赏雪观花，今年却只有她一人。

从此，也都只有她一人了。

雪连着下了三天，再次病倒的她在卧室昏睡了三天。打开门窗，满目白色，仿佛天地之间，只剩下了茫然无措的她。李清照想起了年轻时在汴京的庭院中，她与女伴对雪赋诗，饮酒赏梅的情景。那时的她青春年少，意气风发，作下了"共赏金尊沉绿蚁，莫辞醉，此花不与群花比"的昂扬之语。

那样好的时光，再也不会回来了。

这一年，李清照独自在异乡的冬天，努力想找回当年的雅兴，却一再失败。满心凄凉的她写下了一曲无限伤感的《清平乐》：

年年雪里，常插梅花醉。挼尽梅花无好意，赢得满衣清泪。
今年海角天涯，萧萧两鬓生华。看取晚来风势，故应难看梅花。

这时传来消息，长江上游敌势叵测，无法前往，李清照无奈之下只好去投奔时任敕局删定官的弟弟李迒。李迒跟随御驾行动，一路逃亡的高宗像躲着猫的老鼠，练就了十分敏捷的逃窜能力。李清照追随御驾的步伐，好不容易赶到台州、嵊县、黄岩、章安等地，却都扑了空。

就在这时，李清照听到一个可怕的谣言，说赵明诚在世时曾以玉壶投献金人，贿赂通敌。她忽然想起赵明诚病重之际，曾有一个叫张飞卿的学士带着一把玉壶前来探望，当时李清照便一眼看出，这所谓玉壶并非珍宝，不过是石头仿制的罢了。此人来路不明，奇怪的举动不是没有引起李清照的猜疑，只是当时她的全部心力都在垂危的赵明诚身上，并未深究这人上门拜访的意图。现在想来，恐怕这一切都是早有人暗中谋算好的，目的就是以欲加之罪逼她将宝物悉数拱手让人。

有太多双不怀好意的眼睛，从四面八方投来，贪婪地盯着李清照手中的藏品。金兵、军阀、地方豪强，还有皇帝身边的亲信，皆对之虎视眈眈。对不知何人捏造出的"颁金"谣言，李清照又惊惶又愤然：人心竟坏到了这般田地，对于一个流寓中的嫠妇，居然要以这样恶毒的谣言去诋毁。

到底该怎么办才好？李清照在江南初春的细雨里长久地驻足，雨水打湿了她斑白散乱的鬓发。她无助地仰望苍穹，想求得一个出路，一个答案。然而眼前只有一片无边的迷蒙与混沌。

为什么偏偏是这样一个谣言？她明明那么痛心于国土的沦丧，她恨极了金人，不愿沾染其分毫。更重要的是，叛国行径乃是重罪，这样莫须有的罪名，很有可能牵连李、赵两家仍在世的亲眷，黄泉之下的赵明诚，亦不得安宁。李清照听闻有人在朝中上疏弹劾此事，皇帝已下令展开了秘密调查。

欲加之罪，何患无辞？这些珍贵的收藏，恐怕终究难以属于他们夫妇二人了。李清照心一横，做出了一个痛苦万分又无可奈何的决定：将剩余的所有收藏，悉数捐献给朝廷。

不想再失去,可她又被迫接受这接二连三的失去。上交国家,总好过落入金人或歹人手中,也能还赵、李两家一个清白。

可是高宗实在逃跑得太快,她该如何才能护着文物赶上御驾?

回望北方,金军的旗帜已飘摇在大宋的千里江山之上,可一心求和苟安的高宗,却不战而退,只顾着自己逃亡。

她多想再回汴京看一看,看看当时她与赵明诚初见时的宅院,看看自己生活了那么多年的地方。也许只有在酒醉之际,才能于梦中重返故土吧。

故乡何处是,忘了除非醉。沉水卧时烧,香消酒未消。

十

当李清照赶到越州(今浙江绍兴)时,高宗已跑到了明州(今浙江宁波)。她实在无力再一一搬运那些沉重的铜器,只能暂时将其与大部分手抄本一同寄存在她自以为安全的剡县,然而一支朝廷军队在平定了当地的兵乱后,为首的将领将李清照放在此地的收藏全部拿走,占为己有。

这样一次次沉痛的打击,并未让李清照倒下,她依旧一边追寻着御驾的脚步,一边为自己找一处安身立命的所在。

在这战火纷飞的乱世之中,死是解脱,也是逃避,而坚强地活下去，则是比死更需要勇气的事情。即便失去了家人，失去了夫君，失去了家国，失去了安稳的生活，失去了珍藏的金石玉器，还好，她还有自己。

建炎三年（1129）十二月，高宗入海避敌，李清照亦乘船渡海。完颜宗弼率领的队伍在途中遇上大风暴，被宋军水师击败，退回明州。南下金军的势力已被消磨大半，后方空虚，战线漫长，屡遭宋朝军队的袭击。听闻这个消息，飘摇于汹涌波涛之间的李清照瞬间被激起了无限斗志，一首气势磅礴的《渔家傲》已在胸中写就：

天接云涛连晓雾，星河欲转千帆舞。仿佛梦魂归帝所。闻天语，殷勤问我归何处。

我报路长嗟日暮，学诗谩有惊人句。九万里风鹏正举。风休住，蓬舟吹取三山去！

一路颠沛流离的李清照，终究没有赶上高宗的御驾。直到绍兴二年（1132）春，高宗临时定都临安，李清照这才停住了赶路的步伐。

这时的她，已年近半百了。连年的奔波令她再次陷入了病痛之中。弟弟李迒虽能给予一些照顾，可他自己也有妻儿要养活，无法担负起赡养姐姐的重任。就在李清照卧床不起的日子里，一个名叫张汝舟的男人出现了。他看起来是那么忠厚诚恳，对李清照关怀备至，病中孤苦无依的她感受到了久违的温暖，便答应了与张汝舟成婚。

寡妇改嫁，这在李清照所生活的年代并不罕见。然而不同社会阶层对于此事的容忍度是不一样的，社会下层群体对此较为宽容，而精英士大夫阶级在儒家男权价值观的影响下，对女子改嫁持有强烈的批判态度。曾有人问理学家程颐："或有孤孀贫穷无托者，可再嫁否？"程颐答曰："只是后世怕寒饿死，故有是说。然饿死事极小，失节事极大。"

言下之意为：对失去了依靠和经济来源的寡妇来说，饿死是小事，改嫁他人、失去贞节才是了不得的大事。

而李清照作为出身书香门第的女子，也作为在当时声名远播的才女，她的再嫁无疑狠狠打了那些精英人士的脸面。可李清照不知道的是，张汝舟并非善类，他求娶李清照的目的只有一个，那就是将她珍贵的收藏占为己有。

婚后张汝舟发现李清照家中并无多少财物，便露出真实面目，对她不断谩骂，甚至拳脚相加。这般野蛮行径，使李清照难以容忍。她还发现张汝舟隐瞒了真实身份，冒充官职，于是当即报官将其告发，并再次做出了一个在当时的人看来石破天惊的举动：要求离婚。

欺骗，家暴，绝不能忍。李清照对张汝舟的厌恶达到了极点，她满心决绝，眼神坚定，尽管她心里很清楚，提出离婚将会让她付出怎样沉重的代价。根据宋代法律，妻子状告丈夫，无论过错在谁，女方都要受到两年的拘禁处罚。而李清照宁愿蹲大牢，宁愿背负世人的非议，也要与张汝舟一刀两断。

五十岁的李清照，铁了心要离婚，九头牛都拉不回。

经查属实，张汝舟被罢去官职。李清照虽被获准离婚，但按当朝法例，她亦身陷囹圄。好在赵明诚的亲戚綦崇礼恰巧在这时升任翰林学士，他说服朝廷对李清照法外开恩，使其在被关押九日后，便重获自由。

这一场再嫁风波,让当朝及后世的士人夫对李清照掷来了无数的嘲弄与诋毁。同时代官至奉议郎的胡仔提及李清照改嫁之事,说"传者无不笑之";宋代诗人王灼评价李清照为"晚节流荡无归";晁补之的后人晁公武说她"然无检操,晚节流落江湖间以卒"。即便李清照才华盖世,可她再嫁离异之事,在这些文人看来,是她人生中令其才女光辉都黯然失色的巨大污点。

也许是她的才华让他们自惭形秽,才使他们抓住她所谓道德上的"劣迹"而大做文章;也许是因为她公然闯入了古代男性文人主导的文学领域并大放异彩,而令他们心生不快;也许是因为她前所未有地挑战了社会秩序,而让他们感到自己的权威受到了质疑。批评家们似乎有意针对这位天赋异禀的千古第一才女,他们拿着放大镜寻求一个攻击她的借口。他们终于等来了时机——李易安改嫁离异,真是不知羞耻。有才而无德,不配与我们文人相提并论。

晚年的李清照,何尝不知道人们对她的纷纷议论?她隔绝了外界的一切声音,全心投入到了诗词文章的创作之中。她早已习惯了一个人。长久的一生,从抵抗孤独,忍受孤独,到接受孤独,习惯孤独,品尝孤独。

她独自回忆着往日那些美好的岁月,书写下生命落幕前的绝妙篇章。

还记得某一年的元宵佳节,那时她正年轻,穿着鲜妍的衣裙,梳着时兴的发髻,与女伴们一同游览汴京盛景。那是多好的时光呀,李清照慢慢地想,慢慢地写,时间都好像凝滞了一般——

落日熔金，暮云合璧，人在何处。染柳烟浓，吹梅笛怨，春意知几许。元宵佳节，融和天气，次第岂无风雨。来相召、香车宝马，谢他酒朋诗侣。

　　中州盛日，闺门多暇，记得偏重三五。铺翠冠儿，撚金雪柳，簇带争济楚。如今憔悴，风鬟霜鬓，怕见夜间出去。不如向、帘儿底下，听人笑语。

　　绍兴三年（1133），李清照听闻枢密院副长官韩肖胄奉命出使金朝，去探望被俘在金的宋徽宗赵佶和宋钦宗赵桓。韩肖胄的曾祖韩琦在仁宗、英宗、神宗三朝为相，李清照的祖父和父亲便皆出于韩公门下。她心中感慨万分，写下了一首《上枢密韩公诗》，她在诗中慷慨激昂道："欲将血泪寄山河，去洒东山一抔土。"

　　次年，进攻临安的金兵撤退。这一年，李清照开始为亡夫所作的《金石录》撰写后序。她翻阅着自己和赵明诚编纂的两千卷书，想到当年他们从各处搜集来这些书卷，为其一一题跋，经过装裱后又用淡青色的丝带束十卷成一帙，多少心血，都付其中。数年后重睹此书，她仿佛仍能感觉到他的温度，听到他的声音，他伏案校勘书卷时的场景，历历在目。然而如今，他坟前的树木已有两手合围之粗。

　　若再遇《牡丹图》，恐怕还是只能借来观赏一番而已。

　　开春了，这一日李清照泛舟湖上，她想起了自己曾经漫溯藕花深处的无忧时光。她多想重拾那时的少女情怀，可这大半生走过，已物是人非，再难寻当年心境。李清照轻轻吟着一曲《武陵春》：

风住尘香花已尽,日晚倦梳头。物是人非事事休,欲语泪先流。闻说双溪春尚好,也拟泛轻舟。只恐双溪舴艋舟,载不动、许多愁。

昨夜雨疏风骤,今朝落红无数。轻舟逐水而去,她的身影渐渐消失在了纷纷落花之中。

岳飞

(1103—1142)

十二道金牌的宿命

一

　　宽阔的官道上，一人一马，绝尘而去。

　　这是临安城中最矫健、最耐久、最善于奔跑的骏马之一。它来如疾风，去似闪电，马蹄几乎凌虚而起，踏起烟尘无数。马背上的驿使犹嫌它不够快，一次次扬起手中的长鞭，催促马跑快些，再快些。

　　他负责传递一等一的急令，途中如有延误，必受严惩。轻则丢官，重则流放边陲。

　　一路鸣铃飞驰，行至闹市，过往的车、马、人纷纷自动让出了一条道。人人都看见了驿使腰间那块金灿灿的牌子。这是当朝天子亲自下发的金字牌，其上涂有朱漆，刻着八个醒目的金字，"御前文字，不得入铺"。金字牌"急脚递"在驿传中位列最高等级，常用于传递军令，一日疾行四百里。人们望着犹未落定的尘埃，窃窃私语道："听说岳家军在前线捷报频传，想必这是官家大行封赏的诏令。只是为何传得这样急？"

骏马在交错而过的昼夜间驰骋不息，迎来晨曦，送走晚霞。暗夜里，金牌依旧光耀炫目，过如飞电。马几近跑至虚脱，就在它耗尽最后一丝气力之际，终于行至驿站。负责接应的马匹与驿使早就等在那里，他们极有默契地在马背上完成了金字牌的交接和传递。崭新的、精力充沛的一人一马，没有片刻耽搁，立即启程。

一驿过一驿，驿骑如星流。行过了江南的十里荷花，又踏上了中原的千山万水。金字牌由数匹上乘的千里马依次递送，从南宋的都城临安，一路奔至两千里地之外的朱仙镇。

此刻，金銮殿中的宋高宗赵构正焦灼不安地踱着步，宫人如雕塑般侍立在侧，屏息凝神，不敢言语。空荡荡的大殿里静若无人，唯有赵构来来回回的脚步声与他腰带上所系玉佩和绸缎的摩挲之声。窸窸窣窣，宛如午夜梦呓。

自从岳飞北伐以来，赵构就开始惶恐，担心大败，更担心大胜。眼见着岳家军近日接连攻克郾城、颍昌，收复了黄河南北大片失地，他开始坐不住了，太阳穴成日突突地跳。绝不能再胜下去。撤军，必须撤军。

无论怎样，也要把岳飞召回来。

数日前，赵构先是发了一道撤兵的圣旨，为了防止岳飞不听从命令，又在一日内连发了十二道金字牌，用的都是层级最高的"急脚递"。诏令越写越急，最后一道圣旨发出去，赵构的手心都沁出了一层细密的冷汗。整整几日过去了，也不知圣旨与金字牌传到何处了。若无意外，也该到了吧？

可是，万一他不肯回来怎么办？万一他就地造反怎么办？万一胜局已定，他执意把兄长迎回，又该怎么办？

想到岳飞手握兵权，又是人心所向，赵构倒抽一口凉气。他忽然停住脚步，大袖一挥道："岳鹏举若敢抗旨，必诛之！"

大殿中还立有一人。他低眉垂首，举止恭谨，神色却悠然自若，不时用余光瞥一眼如同上了发条般走个不停的皇帝。这是赵构最为青睐的爱卿秦桧，他在阴影里流露出一丝不易察觉的笑意。如秦桧所愿，十二块金字牌被流水般地送往朱仙镇。秦桧有把握，岳飞这样忠心耿耿的臣子，不敢不从君命。

任你征战在外，所向披靡，军权在手，从者千万，一旦天子发话，还是得乖乖回家。

他算准了岳飞不会抗旨，更不会造反。只要他班师回朝，就有机会置其于死地。秦桧缓缓开口道："岳飞若抗旨，则为乱臣贼子。人人都知，岳将军乃忠臣良将，所守者社稷，所忠者朝廷。陛下多虑了。"

赵构紧绷的神经暂时松了下来，他长舒一口气道："爱卿深得朕心。"

重重山水之外，纵马疾驰的驿使即将抵达终点。他并不知密诏中是何命令，只是听来自京城的同僚说，朝廷又打算与金国议和。官家对于北伐抗金之事表现得反复无常，君心难测，断不是他一个小小驿使可以贸然揣测的。

可是他能猜到，这道圣旨一定不是鼓舞三军、振奋士气的，否则也不必如传羽檄般十万火急。想到岳将军在前线奋勇杀敌，即将扫尽胡尘，而偏安一隅的朝廷却再度决定停战求和，小驿使不禁心酸万分。他曾经的家就在汴京。他一直期待着岳家军能够收复中原，让他有朝一日再回家看看。

这条北上之路，明明是他的归家之途。可圣旨每近一步，他就离回乡又远了一程。

泪水糊了满眼，又被迎面而来的疾风吹散。他希望这条路无限延长，希望身下的千里马跑不到终点，希望自己的使命永远无法完成。

可他只是一个卑微的小驿使。没有办法，他必须将圣旨带到前线。金字牌自御前发下，不容一丝闪失。

二

入夜时分，岳家军的旌旗飘拂在朱仙镇静谧的月色之下。军营里刚刚结束了一场庆功宴，千灯连绵，篝火燃得正旺，喜悦的气氛洋溢在夏夜凉爽的空气中。将士们纷纷准备歇下，营帐挨个灭了灯，声响渐悄。除了巡逻与放哨的士兵仍在执勤，整个军营都进入了梦乡。

经过连日的苦战，大伙都精疲力竭。今夜，终于能好好歇一歇了。

中军帐内，岳飞仍未眠。他正挑灯案几前，聚精会神地研究着军事图。灯火照亮了他风霜纵横的脸庞。他的额头、脸颊、下颌，仍未愈合的伤口清晰可见，须髯也许久不曾清理了，更显出几分沧桑。可他双眸明亮，眼中尽是奕奕神采。

连日的胜仗，怎能不叫人心潮澎湃？郾城、颍昌之战，岳家军取得了空前大捷。岳飞乘胜追击，领兵攻至朱仙镇，此地距离汴京方才四十五里。

这一次北伐，岳家军可谓赢得酣畅淋漓。岳飞仍然清晰地记得，两军初战那日的情景。晨雾之间，黑压压一片的女真族大军排山倒海而来，重装骑兵每前行一步，便发出震颤山河的轰然声响。冰冷青黑的盔甲将人身马身遮得严严实实，不见体肤，但见狠戾决绝的双目。远远望去，仿佛一群可怖的异兽，欲将宋军的肉体凡胎吞入口中。

金军统领完颜宗弼（兀术）对岳家军的威名早有耳闻，他不敢轻敌，率领手下的大军迎战，又派出精锐的"铁浮图"五千名、"拐子马"一万五千名。铁浮图乃兀术亲兵，人、马皆披重铠，每三匹马以皮索串联，一字排阵，如墙垣横行，向宋军发起正面冲击。"拐子马"则是两翼轻骑，负责迂回侧击。

面对来势凶猛的"铁浮图"和"拐子马"，岳飞早就想好了应对之策。他命精壮步军手持麻扎刀、长柄利斧冲入敌阵，专劈马腿。"铁浮图"互相连缀，只要一匹马倒地，另外两匹马便无法奔驰，只能坐以待毙。一时间，"铁浮图"人仰马翻，方寸大乱。同时，岳飞又派出岳家军的中流砥柱背嵬军，专攻金军的"拐子马"。背嵬军骑兵骁勇敏捷，忽而从左进攻，忽而从右突袭，"拐子马"军顾此失彼，逐渐乱了阵脚。

完颜兀术见颓势初现，眼中透出从未有过的惊慌失措与不可思议。没想到，宋军居然如此善战。自从南征以来，兀术率大军一路攻掠城池，战无不胜，军功赫赫，怎能料到今日之狼狈？

兀术的心悬了起来，他在一片混乱中迅速判断当前形势，紧急排兵布阵。金军重又稍稍振作，勉强抵抗住岳家军的攻势。

两军鏖战正酣之际，忽见一员大将跃马扬鞭冲到阵前，其身后紧随数名精锐骑兵。他挽雕弓如满月，朝金军阵营连射数箭，无一虚发。此人正是岳飞。其部下霍坚生怕统帅身陷险境，以致群龙无首，急忙上前拉住马绳劝道："将军为国之重臣，安危所系，万不可轻敌！"岳飞淡然一笑道："无妨！"说罢纵马深入敌阵，生生杀出一条血路。

敌军不断冲上来，又在岳飞的马前倒下。将士们看到统帅亲自出马，军心大振，更加全力以赴，誓与敌军决一死战。郾城之战，岳家军大获全胜，金兵死伤无数。

完颜兀术只觉眼前一片尸山血海，手下的士卒一个个倒下，而岳家军则如潮水般一拨接一拨涌上前来。他来不及多想，拖着一群残兵败将仓皇奔逃，直至回到金军营地，兀术才冷静下来，仰天长叹道："自海上起兵，皆以此胜，今已矣！"

作为金国最杰出的统帅，完颜兀术到底不甘心以惨败收场。他又集结三万骑兵和十万步兵，列阵于颍昌城西的舞阳桥以南。金国大军绵延十多里，旌旗蔽日，战鼓震天，准备向颍昌发起进攻。

相较于金军庞大的军力，颍昌守军只有不到三万人，守将王贵紧急求援。这一次，岳飞派出了自己的长子岳云迎战。二十二岁的岳云仅率背嵬军骑兵八百冲锋在前，与金军主力军苦战数十回合，他前后多次深入敌阵，身受百余处创伤。

鲜血覆盖了岳云的每一寸皮肤，血与汗流进了他的双目，眼前种种皆被镀上了一层迷蒙的猩红。他来不及感知疼痛,密密麻麻的敌军令他无暇顾及浑身大大小小的伤口。只要心脏仍在跳动,只要他仍能拿得起刀枪,就绝不会停止战斗。

寒光照铁骑,血染满征衣。

岳家军在数量上远不敌金军,眼看就要落了下风,千钧一发之际,守城的两位大将亲率踏白军和选锋军出城增援,战局很快扭转。这支金国最具战斗力的军队,在宋军阵前败了个落花流水。颍昌之战中,金军阵亡五千余人,被俘二千多人、马三千多匹,完颜兀术的女婿夏金吾及副统帅,皆战死沙场。

兀术又输了。他不可置信地望着满地金兵的尸首,心下惊异:"南宋一向兵力疲软,岳家军何以这般勇猛?"来不及多想,他领着余部狼狈逃窜。岳飞则率军紧追不舍,如同猎犬撵野兔般,一路追至距汴京仅四十五里处的朱仙镇。

完颜兀术仍不甘心,他再次集结十万金军列阵阻抗。岳飞一面同金军正面对峙,一面分兵抢占黄河渡口,从侧翼夹击敌军。经过前两次战败,金军早已士气衰颓,十万大军竟难敌岳飞所率的五百背嵬精锐。节节败退的金军一路撤回汴京,准备取路北逃。

跋扈中原二十余年,金人终于迎来了一次彻底的惨败。他们并未想到,一向懦弱求和的南宋也会有如此硬气的一天。

撼山易,撼岳家军难。

宋军阵营中,将士们举办了一场简单的庆功宴。岳飞不胜欣喜,直言自己欲破酒戒,与将士们喝个尽兴:"直抵黄龙府,当与诸君痛饮尔!"

距离重拾旧山河,仅一步之遥。

三

夜更深了。万籁俱寂,唯有此起彼伏的蛙声虫鸣,连成一片。

岳飞还是不觉困倦,他一再想起这段时日的三场胜仗,激动的心情久久难以平复。军事图上又被标记了一处地点,那是此行的最终目的地——汴京城。若能夺回北宋旧都,一雪靖康之耻,那该是多么畅快的一件事啊!想到这儿,岳飞几乎热泪盈眶。

金军大举攻宋那年,岳飞才二十三岁。他仍然记得金人在他的家乡相州城中大肆屠戮的恐怖情景。惨死于金兵刀下的父老乡亲不计其数,无辜百姓的鲜血流了遍地。恨意在岳飞年少的心里迅速蔓延,他望着满目疮痍的故乡,狠狠攥紧了拳头。他要他们,血债血偿。岳飞拜别母亲,再次投身军营,岳飞的母亲在他背上刺下了"尽忠报国"四个大字,也是那一年,他正式投身于抗金前线。

作为一个小地方出身、毫无家世背景的年轻人,岳飞在短短数年间,从一介默默无闻的小卒,成为位极人臣的正一品大员兼手握军权的统兵大将。然而他想要的,并非这些功名权势。岳飞只有一个愿望——收复故土,恢复河山。

他和千千万万的将士,以及无数南宋子民一样,都在等待天明。

这一夜,他通宵未眠。夜色逐渐消散,天际泛着微光,东方透出鱼肚白。岳飞心下平静而喜悦,他坚信,长夜将尽,他们终将迎来黎明的曙光。

和衣而眠两个时辰后,岳飞精神抖擞地踏出营帐,明亮的日光倾洒而下。盛夏时节的中原,草木蓬勃生长,连绵不断的群峰托举着一个又一个晴空万里的艳阳天。湿润的江南不会这般炙热。这是原本属于大宋的千里江山，这是岳飞的故土，是他记忆里不可战胜的夏天。

岳飞想起少年时，也是在这样的艳阳下，他日复一日地练习骑射，学习刀枪之法。经年累月的风吹日晒，满手拉弓握刀的老茧，无数次被汗水浸透的衣衫，都挡不住少年坚定不移的决心。那些日光晃眼的岁月，他终究没有辜负。

距离靖康之变已经二十三年了。山河依旧，而家国已面目全非。还好，一切都还来得及，他终于带着浩浩荡荡的军队杀回来了。几场酣战下来，岳飞负伤累累，却不觉疼痛。熟悉的青山在拥抱他，微风在安抚他，流水在迎接他。

从此，故国不在昨夜的黯淡月色中，而在触手可及的咫尺之间、豁然明朗的白昼之下。

毕生理想，很快便可以实现了。这是多么振奋人心的一件事呀！

就在岳飞眺望远景之时，传令的部下匆匆而来："报！岳统领，圣旨到！"岳飞大步流星地向辕门走去，心道："大约是陛下已收到连日大捷的喜讯，下诏令鼓舞三军吧。算算日子，这圣旨来得可真快。"

远远地，便望见一人一马等在那里，驿使手中持有一物，似有金光闪耀。岳飞心下一凛："难道是金字牌？若非军中急令，绝不会用到此等信物。"他快步上前，垂首跪接诏令。

驿使面色凝重，沉声宣读起圣旨："见此金字牌，如见朕面。今宋金议和，边境无事，尔等即刻回京，不容延误。"

即刻回京？岳飞瞬间如坠冰窖，他不可置信地抬起头，眼里满是震惊。他看到驿使手中拿着的，正是官家发出的金字牌，光灿夺目。岳飞很清楚，金字牌代表着不可违抗的命令，是不容任何辩驳的。看来，朝廷是铁了心要撤军议和了。

前些日子，胜局未定之际，岳飞曾收到一道班师诏，诏令中的言辞客气而委婉，只说是体恤将士不易，回朝后三军俱有封赏。那时他还以为官家不清楚前线的局势，毕竟临安距离此地两千余里，恐怕朝廷收到的消息多有延迟。于是岳飞急忙写下奏疏，先是汇报了连日的大捷，又说明了当下两军的情况，力劝高宗深思熟虑后再下决定：

"契勘金虏重兵尽聚东京，屡经败衄，锐气沮丧，内外震骇。闻之谍者，虏欲弃其辎重，疾走渡河。况今豪杰向风，士卒用命，天时人事，强弱已见，功及垂成，时不再来，机难轻失。臣日夜料之熟矣，唯陛下图之。"

他以为自己在奏明缘由后，陛下便会回心转意，撤销让岳家军班师回朝的荒唐决定。没想到，官家不仅无视了他之前的上奏，还下发了紧急撤军的金字牌。

疑惑、惊异、愤怒、辛酸，种种情绪在岳飞的内心翻涌不息。

如今宋军士气高涨，屡战屡胜，而金军畏敌如虎，企图北逃，胜负几乎已成定局。只要再加一把火，旧都汴京便唾手可得，夺回大宋失去的半壁江山。正值毕其功于一役的紧要时刻，本该一鼓作气收复故都，然而在这个节骨眼上，朝廷居然又想议和，简直是个天大的笑话。

若此刻撤军，无疑会给金军一个重整旗鼓的机会，试问将来何时才能再次兵临汴京城下？

他太不甘心了。从前议和，是不得已之举，打不过金国就只能求和、求苟安。可今时不同往日，他岳飞，还有他手下的岳家军，无数次出生入死，大破金军，立下了赫赫战功。他们距离收复旧都就只差一步了。

那个近在眼前的梦想，转瞬间又远在天涯。

四

岳飞一时无语凝噎，他微颤着双手，接过了金牌。见岳飞仍然跪在地上，神色落寞，驿使连忙将他扶起，哽咽道："早听闻岳将军威名，今日终得一见。"

岳飞无奈地苦笑道："十余年的努力，恐怕就要废于今朝。"

"小人也在盼着收复中原的那一日，眼看即将大功告成，谁承想……"小驿使低下头，眼圈一红。他对着岳飞深深拜了下去："我的使命已经完成，请岳将军务必保重自身。"而后转身上马，绝尘而去。

就在这匹传递金字牌的骏马离开朱仙镇之际，四十五里外，完颜兀术的战马也正准备离开汴京。金军一连三次战败，完颜兀术大为受挫，他知道岳家军正驻扎在不远处的朱仙镇，很快就会攻入东京汴梁。他深感此地不宜久留，决定渡过黄河北撤。

他垂头丧气地骑上马，带着残余的部下踏上了北上之旅。正要启程时，一个书生冲出来，拦住了他的马，高声道："太子请留步！岳少保马上就会撤兵，汴京城定能保全。"

完颜兀术大为惊异，半信半疑道："岳家军以五百精锐打败我方十万大军，百姓日夜盼着他们打过来，东京如何守得住？你可不要胡说八道。"

书生一副稳操胜券的模样，不慌不忙地说："自古以来，朝中若有权臣当道，大将想要在外立功，是绝无可能的。依我所见，岳飞早已自身难保，又谈何建功立业？"

完颜兀术听罢恍然大悟，心中暗忖："宋朝皇帝最怕武将拥兵自重，更何况，还有秦相公襄助我大金，他如何能容许岳飞顺利北伐？"想到这儿，他再次打量眼前的书生，总觉得此人面熟，问道："你是何人？"

书生也不回答，只是笑着说："秦主公特命我来告知太子，不必为战事忧心。召回岳少保的十二道金牌，想必此刻已抵达宋军大营。太子且等着看好戏上演吧，小人先行告退。"说罢，书生转身离去。

完颜兀术的嘴角露出了得意的笑。他即刻掉转马头，带兵返回汴京，准备伺机而动。

这个书生，正是秦桧的贴身侍从。当高宗发出金字牌时，秦桧便立即派侍从快马加鞭，向完颜兀术通风报信。他与金国暗通款曲，早就不是一天两天的事了。秦桧想要的，不仅仅是岳家军班师回朝，宋金议和，更是消灭所有主战派，置岳飞于死地。

恐怕秦桧自己都忘了，在靖康之变发生前，他还是个不折不扣的主战派。靖康元年（1126），当金军兵临汴京城下，提出要宋廷割让河北三镇时，宋廷分为两派，以谏议大夫范宗尹为首的七十人，强烈主张割地求和，而包括秦桧在内的三十六人则坚决反对，力主抗金到底。

当被钦宗委任为河北割地使张邦昌的属官时，秦桧三上奏折请求辞去此事："是行专为割地，与臣初议矛盾，失臣本心。"

那时的他，仍是个一心主战的热血青年。

次年（1127），金军攻破汴京，时任御史中丞的秦桧随徽宗、钦宗二帝一同被掳去北方。被金兵俘虏的三年，秦桧的立场发生了翻天覆地的变化。他想要活下去，更想要坐拥荣华富贵活下去。几乎没有经过太多挣扎，秦桧就理所当然地变节了。他想得很简单："人不为己，天诛地灭。谁让我过得好，我就为谁卖命。什么气节，什么忠义，能当饭吃吗？能当钱花吗？"

金国一向善待降臣，秦桧本就有几分才能，倒戈后的他很快受到了金人的赏识，获得了优厚待遇。金军主将完颜宗翰赐他钱万贯、绢万匹，完颜兀术特地宴请他，"左右侍酒者，皆中都贵戚王公之姬妾"。作为金国高层的座上宾，秦桧与女真贵族打成了一片，十分亲切友爱。

金太宗将他赐给了金朝将领完颜挞懒，秦桧在其麾下得到重用被任命为军事参谋。挞懒主张与宋朝签订和平协议，因此秦桧在金期间，还代替金人向被围困的楚州军民写过劝降书。

从一个惨兮兮的俘虏，摇身一变，成了金人的好帮手兼好朋友。

在金国混吃混喝三年后，秦桧带着妻子王氏和众多财宝顺利南归。对于三年的金国岁月，秦桧始终讳莫如深，他一口咬定，自己是杀死金兵守卫后，才得到机会南逃的。

朝臣对此说法，大多秉持怀疑态度："你秦桧一介手无缚鸡之力的文官，居然能制服金兵？既然是逃难，何以还能大摇大摆地携带一堆金银财物，安然无恙地归宋？"

然而天子赵构并未追究秦桧是否有过通敌降金之举。秦桧在初次返朝入对时，就以"南自南，北自北"的方略，俘获了赵构的圣心。

金銮殿上，秦桧不紧不慢地开口道："北方既已沦于金人之手，不如就让北方百姓接受金朝统治。若要强行夺回失地，必然带来诸多麻烦，恐怕宋金战事至此无法休止。作为此番让步的交换，金人不可再发兵南下，扰我大宋。两国和平共处，方为长久之计。如此一来，陛下自可高枕无忧了。"

这一提议，简直说到了赵构的心坎上。他只想当个偏安一隅的小皇帝，尽情享受江南的安稳和富庶。只要金兵不再发起攻击，之前丢失的中原地区，要不要回来都无所谓。赵构对这个馊主意非常赞同，连声叫好："妙极妙极，秦卿家之策，可谓双赢！"

秦桧心中暗笑："早就猜到官家也不想北伐，如此，正合金人之意。"促成宋金和谈，正是秦桧南归的任务。他做出一副恭谨的模样，呈上了早已拟好的和议书。赵构阅毕，满意得不得了，直言："秦卿家忠心可嘉，朕就许你礼部尚书一职！"

归宋后的第二年，秦桧便升任参知政事。出走金国三年，归来仍是赵家天子的贤臣良相。

把金朝和宋朝都哄得开开心心，从两方获取私利，这就是秦桧为自己谋划的青云之路。让他没料到的是，半路杀出一个岳飞，又是煽动朝廷抗金，又是领兵北伐，屡屡击退金兵。高宗数次提拔岳飞，还亲自召见他，当面给予赏赐。

秦桧恨得牙痒痒："好你个岳飞，竟敢坏了我的议和大计，你小子给我等着！"

五

岳飞握着金字牌，如同握着一块烫手的山芋，拿也不是，丢也不是。他想不通，为何官家在北伐这件事上，态度转变得如此突然。他回忆起七年前，自己赴临安面见天颜时，被赐予了铠甲、弓箭等物。官家还亲手书写下"精忠岳飞"四个大字，命人制成岳家军的旗帜。这是何等的荣耀啊！

每每看见飘扬在风中的御书，岳飞都会有些动容。那时的他，是皇帝最为倚重的臣子，君臣二人之间往来的密信数量众多。

绍兴七年（1137），岳飞上书高宗，建议兴兵北伐。赵构此前还许诺，将前任将领刘光世部下王德、郦琼所率的五万余人，悉数拨给岳飞管辖。皇帝诏谕王、郦二人曰："听飞号令，如朕亲行。"得君王如此宠遇，谋划北伐多年的岳飞备受鼓舞，作《乞出师札》详细陈述了作战方略，他认为快则一年，慢则至多三年，便可"尽复故地"。赵构回曰："有臣如此，故复何忧，进止之机，朕不中制。"

有你这样的忠臣良将,朕还有什么可担心的?无论进军或驻守,朕都绝不干预。然后又召岳飞至寝宫,当面说:"中兴之事,一以委卿。"复兴大宋之事,朕就托付给你了。

岳飞不是不知道君心难测,伴君如伴虎。可是在过往每一个君臣相对的时刻,他都曾真切地体会到被信任、被欣赏、被器重的感觉。

数日前,他收到了来自天子的御札:"大帅身先士卒,忠义许国,深所嘉叹。……大军进退之宜,轻重缓急,尽以委卿,朕不从中御也。"

言下之意依然是:北伐之事,悉数交与爱卿,朕绝不干涉。

都说君无戏言,可如今命令撤军的金字牌一骑绝尘而来,从前的许诺便都不作数了。到底是天子的心意变得太快,还是朝廷从未想过他岳飞会一胜再胜,也从未想过要继续打下去,彻底夺回失去的山河?

君无戏言是假,君心难测却是真。

曾经的岳飞并不知道,天子嘉许的言辞之下,是反复无常的君心。对于北伐一事,赵构犹豫过很久。倘若大败,被惹恼的金人必然继续挥师南下,那么他很有可能同父兄一样,沦为阶下囚,欲苟活于临安而不可得。听说父兄在北地备受金人折辱,父亲赵佶已于病痛中离世,兄长赵桓仍在苟延残喘,活得像只蝼蚁。至于一同被掳走的宋室女眷,则是遭受了非人的摧残凌虐。被折磨致死之人,不计其数。

想到这,赵构不禁打了个寒战。正是初夏时节,他却感到周身一阵寒意,仿佛坠入了北境的五国城,从此要在无尽的凛冬里度过残生。

他绝不要过那种生不如死的日子。

赵构怕极了，怕宋军兵败如山倒，怕金人攻破临安城，更怕保不住眼下这般苟且偷安的日子。

其实自绍兴元年（1131）以来，宋军在与金兵的对峙中，曾屡次获胜。可这并不能消除赵构的恐敌顽疾。他始终过分高估敌方的力量，而对宋军缺乏必要的信心。赵构曾在手诏中再三叮嘱岳飞，切记避免与金军进行大规模正面冲突，要以"占稳自固""必保万全"为作战宗旨，不可打无把握之战。

高宗仍在进退之间徘徊不定，而秦桧则是铁了心想要岳飞撤军。他深知岳飞的抗金之心百折不挠，绝不会轻易班师回朝，于是他计上心头，请求高宗，令张俊和杨沂中两部宋军先行撤回，从而切断岳飞军的两支臂援。此后，秦桧又勾结御史台的党羽，进谏高宗："我方兵微将少，民困国乏，岳飞孤军深入敌方，岂不危也？愿陛下降诏，且令班师。"

赵构下发了一道班师诏，而此时岳家军正占据上风，以破竹之势，打得金军节节败退。岳飞自然不愿意放弃这个伐金的大好机会，他极力劝说官家，机不可失，时不再来：

"此正是陛下中兴之机，乃金贼必亡之日，若不乘势殄灭，恐贻后患。伏望速降指挥，令诸路之兵火急并进，庶几早见成功。"

当岳飞攻克郾城、颍昌的捷报传来时，赵构并未表露出欣喜的神色，虽然他一如既往地下发了赞许岳家军神勇善战的御札，可实际上，深宫中的天子正惶惶不可终日。忌惮、忧惧、怀疑，在赵构的心里迅速蔓延。秦桧深知皇帝的担忧，一语点破道："岳飞接连得胜，必然功高震主，不可不防。一旦他拥兵自重，后果不堪设想！"

"倘若岳飞迎回二圣，陛下该如何自处？"

字字句句，像细细密密的银针一样，日夜刺着赵构那颗脆弱不堪的心。他越来越不安，怕输，更怕赢。这段时间，赵构总做噩梦。十一年前的那个火光冲天的夜晚，一次次在他的梦里重现。建炎三年（1129），南宋将领苗傅和刘正彦发动了一场兵变，他们率部下闯入皇宫，诛杀宋高宗宠幸的权臣及宦官，以清君侧，并逼迫赵构将皇位禅让给赵旉。

兵乱终被平定，可赵构的心里至此埋下了一颗对武将怀疑忌惮的种子。赵宋王朝一向在军事上保守怯懦，防范武将是宋太祖赵匡胤定下的家规。而"苗刘之变"的发生，令赵构对这件事更加敏感多疑。

败也不行，胜也不行，那就只有撤军议和一条路。

赵构下了决心：必须将岳飞召回。

六

收到金字牌后，岳飞即刻召来各位将领，聚集于中军营议事。众人惊疑未定，正在商议着应对之策，却不想第二道、第三道诏书接踵而至。飞奔而来的马，一次次扬起辕门前的尘土。不可违抗的君命，如同一座座从天而降的大山，压得岳飞难以喘息。

短短一日内，军营收到了共计十二道金字牌。诏书用不容置疑的语气，命令岳家军立刻班师回鄂州，岳飞本人则要前往临安府朝见皇帝。

是走还是留？岳飞如同滚油煎心。

这一步之遥的距离，竟是如此漫长，可望而不可即。

三年前，伪齐刘豫被金国所废后，岳飞曾向朝廷提出请求增兵，以便伺机收复中原。然而那时的高宗一心与金国谈判议和，岳飞的请求未被采纳，他只能奉命率军驻屯于鄂州。登临黄鹤楼，遥望汴京城的方向，似乎能看见北宋旧都的玉楼金阙，正在无声召唤着他。

岳飞不曾见过汴京的如梦繁华。生于农家的他，只在年幼时，听长辈们谈起过那个全天下最富有、最热闹、最美丽的城市。那里，有盛开不尽的繁花、彻夜不灭的灯烛、连绵不绝的笙歌。

然而这些都只是他的想象而已。岳飞一路北上时，触目所及的，是战火焚烧后寥落的村庄，和生活于水深火热之中的百姓。不知那些滞留于汴京城中的宋朝子民，正在金人的统治下遭受着怎样的折磨。凭栏而望远处的山川河流，似乎依旧是往昔的模样，青山不改，绿水长流。可是对宋人而言，一切都不一样了。

那一年的岳飞，在苍茫的暮色里写下了一曲《满江红》：

遥望中原，荒烟外、许多城郭。想当年、花遮柳护，凤楼龙阁。万岁山前珠翠绕，蓬壶殿里笙歌作。到而今、铁骑满郊畿，风尘恶。

兵安在？膏锋锷。民安在？填沟壑。叹江山如故，千村寥落。

何日请缨提锐旅，一鞭直渡清河洛。却归来、再续汉阳游，骑黄鹤。

他为北伐争取多年，而今终于"请缨提锐旅"。岳飞本以为，想象中的汴京胜景会很快变作现实。没想到终究是镜花水月，一枕黄粱。

"马蹀阏氏血，旗袅可汗头。归来报明主，恢复旧神州。"刚到而立之年的岳飞曾写下这样慷慨激昂的诗句。然而从前有多少热忱，如今就有多少落寞；从前有多少期待，如今就有多少遗恨。当朝官家，称得上是明主吗？若是明主，何以在这关键时刻做出如此荒唐的决定？若非明主，那从前的君臣恩义又算什么？难道他岳飞，这大半生都效忠错了人？

不。他所效忠的，并非一个人，一个政权，一个王朝，而是他这么多年来心中的夙愿，为了那些被践踏过的土地能够重现生机，为了那些备受压迫的百姓能够安居乐业。他给岳家军定下了一条铁律——"冻死不拆屋，饿死不掳掠"。再难再苦，绝不给百姓添堵。

岳飞扪心自问，自己和岳家军，绝没有做过任何对不起朝廷和大宋子民的事情。可他很清楚，这一连串的金字牌，传达的不仅仅是班师的诏令，更是天子隐忍多时的不满与质疑。官家到底在想什么？岳飞心似乱麻，如坐针毡，尽管他竭力保持着一脸镇定，众将还是看出了他眉宇间紧锁的深深忧虑。已是深夜，中军帐内却依旧烛火通明。

众将见主帅不发话，也跟着沉默良久。终于，岳飞的爱将张宪忍不住开口道："元帅，将在外，君命有所不受。眼看咱们就要直捣黄龙，绝不可轻易放弃啊！"

"定是朝中有小人作祟，恐怕就是秦桧那个只想屈膝求和的厌包从中捣鬼，否则陛下怎会突然改变心意？"另一位将领愤然道，胸中的怒火似乎已憋了许久。

"许是大捷的消息还未传至临安？如果陛下知道咱们离攻退金兵仅差一步之遥，收复旧都指日可待，必然不会下此命令。"众人纷纷议论起来。

"撤军之事，还望元帅三思。"

部将们在等待着一个决定，满座的灼灼目光皆投向了垂首不语的岳飞。岳飞抬起头，眼前是一张张风霜纵横的脸庞。这些年跟着自己征战在外，部下们的面孔上或多或少都留下了些伤痕。他艰涩地从嘴边吐出两个字："撤军。"

灯烛明亮的军营仿佛瞬间黯淡下来，一片沉寂。没有人说话，可岳飞分明听见了无数愤懑、惊疑、不甘的声音。

"传令下去，明日一早，全军撤回。"岳飞的声音嘶哑而沉重，似乎一下苍老了十岁。

这催命符一般的十二道金牌已容不得他多想。张俊和杨沂中提前撤军，岳家军孤立无援。郾城、颍昌之战的胜利，已是将士们拼死换来的结果，若一直等不来支援，再打下去很有可能耗尽兵力，白白送了将士们的性命。更关键的是，官家已起疑心，若公然抗旨继续进军，无论最后是胜是负，定会拖累一众将士。到时朝中奸佞借题发挥，给岳家军安上个谋逆之罪，岂非要置同生共死的兄弟于不义之地？

岳飞熬了好几宿的双目通红，悲切的泪水在心底肆意流淌。部将们都听出元帅言语间不容置疑的决绝与无可奈何的酸楚。众人不再言语,纷纷退出了军营,唯有张宪留在原地。他哽咽着开口道:"元帅,你真的甘心吗?"

张宪跟了岳飞十多年,每一场战役,他都陪他生死与共。岳飞没有回答,只是转过身,缓缓闭上了双眼,他极力压抑着内心翻涌不息的痛。甘心?他怎会甘心!这一撤,不仅意味着前功尽弃,将士们的鲜血都白流了,更意味着中原百姓的希望又一次破灭了。

长夜漫漫,属于南宋的黎明,或许永远不会来临了。

七

这一晚,无人入眠。将士们默默收拾着行装,不解与愤懑的情绪,蔓延在整个军营。

岳飞移步至帐外,且散愁情。月色清明如水,将他的心浸得冰凉潮湿。一天内抵达军营的十二道金牌,大约是官家在一日内下发的吧?君心说变就变,原来大宋的国运,以及无数人的命运,都牵系在君王的一念之间。

他突然清醒过来,当朝天子从来就不是与他心意相通之人。岳飞忽然感到了自己的渺小、无力和悲哀。岳家军有撼山之势,能够击退敌军十万人,却无力动摇那一两个人的心意。

数年前,还是康王的赵构在应天府即位,接过了大宋残破的半壁江山。他虽任用主战派大臣李纲为左相,却采用投降派避战南迁的建议,欲退避到长安、襄阳、扬州等地。那年二十五岁的岳飞,还是个在军队中默默无闻的小将。年轻气盛的他在得知官家决定南渡的消息后,不顾自己官卑职低,向赵构"上书数千言":"陛下已登大宝,社稷有主,已足伐敌之谋。而勤王之师日集,彼方谓吾素弱,宜乘其怠击之。……臣愿陛下乘敌穴未固,亲率六军北渡,则将士作气,中原可复。"

赵构对岳飞的提议十分不满:"哪里来的毛头小子,居然敢对朕指手画脚?"他大笔一挥,在奏折上批复了"小臣越职,非所宜言"八个字,并将岳飞革除军职,逐出军营。

受挫的岳飞并未灰心丧气,他重又奔赴抗金前线,归于大将宗泽麾下。数年间,岳飞立下了赫赫战功。他收复建康,平定游寇,夺回襄阳六郡,功震朝野,名扬四方,天子为之惊叹不已。从被无视、被贬斥,到被重用、被欣赏,岳飞一次次用实力向高宗证明:自己年轻时的上书,并非纸上谈兵。

他还以为,自己离恢复山河的梦想越来越近了。怎料到,戎马半生,无数次舍命相拼,到头迎来一场空。

我本将心向明月,奈何明月照沟渠。

原来陛下和秦桧试图与金国谈判议和的想法,从未休止。尽管他岳飞将金人打得节节败退,却始终无法改变天子的心意,亦无法改变大宋王朝的宿命。

几年前他写下的那曲《小重山》,于此刻再度浮上心头:

昨夜寒蛩不住鸣。惊回千里梦,已三更。起来独自绕阶行。人悄悄，帘外月胧明。

　　白首为功名。旧山松竹老，阻归程。欲将心事付瑶琴。知音少，弦断有谁听？

　　又是一个难眠的月夜。这条抗金之路，他走得多么寂寞。想到自己在敌军阵前打了那么多场胜仗，最后却败给了自己人，败在了那些看不见的刀光剑影之下，岳飞怅然长叹。无人愿意聆听他的琴音，高山流水，至此绝弦。

　　翌日清晨，岳家军拔营而起，缓缓向南行进。附近闻讯的百姓震惊不已，纷纷聚集于街头，人们无言立在街道两侧，如同进行某种哀悼仪式。岳飞不敢去看那些写满失落与忧伤的脸庞，他深深垂着头，内心酸楚难当。行至人群密集处，忽然拥出一群百姓，他们拦住岳飞的马，痛哭道："金人早已知道我们顶香盆，运粮草，迎接官军。如今岳将军要回去，我等恐怕只有死路一条了。"

　　岳飞抬起头，他看见了一张张或苍老或年轻的面孔，眼巴巴地望着自己，像溺水之人望着救命稻草一般。岳飞只得取来诏书向众人出示，含泪道："朝廷有诏，吾不得擅留！"

　　百姓们见留不住岳飞，皆放声痛哭。哀恸的哭声在岳飞的心头挥之不去，南归的马蹄踏着一路泪水，踩碎了无数中原百姓恢复旧山河的希望。

　　大军撤至蔡州时，又有成百上千的百姓拥至军营前，一名进士率众人向岳飞叩首道："我等沦陷胡人之手，已逾十二年。听闻岳将军整军北来，志在恢复，百姓们终日期盼车马之音，以日为岁。今先声所至，故疆渐复，金人奔逃，百姓相庆。忽闻岳家军即将班师，实在始料未及。将军纵不以中原赤子为心,又怎忍放弃垂成之功?"说到最后,他已是涕泗横流。

岳飞也是心痛万分,却又无可奈何,他再次将班师诏取出,众人明白了岳将军亦是身不由己,撤军之事终究难以转圜,不禁纷纷失声痛哭。岳飞很清楚,这次撤军后,金兵必然会卷土重来,施加更多磨难于中原百姓。他思前想后,做出了一个决定:暂缓五天撤兵,掩护当地百姓迁移襄汉,让愿意跟随军队撤走之人,一同南归。

尽管金字牌催得那样急,刻不容缓,可岳飞实在放心不下身处于水深火热之中的大宋子民。五天后,岳家军撤兵之际,百姓们成群结队地随军南迁。这支队伍浩浩荡荡,却走得悄无声息。

此去,再无归期。

八

大军班师鄂州,岳飞则前往临安朝见皇帝。南归途中,岳飞一次次回望北方,那片他曾誓死捍卫的土地,此刻正在渐渐远去。日光晃眼,模糊了他的视线。家乡、理想、团圆,这些美好的字眼,都在迅速消散。

"元帅,前方就是黄河了。"张宪低声提醒。岳飞怔怔地望着远处奔腾不息的流水,沉默着点了点头。

当岳飞准备南渡黄河时，完颜兀术率领金军回到了汴京。北方的忠义军孤掌难鸣，再也无力抵抗重整旗鼓的敌军。金人又攻取了被宋军收复的中原地区，那些岳家军曾经拼死夺回的疆土，又落入胡尘之手。

噩耗传到岳飞耳中，他不由勒马而立，仰天悲叹道："十年之功，废于一旦。所得诸郡，一旦都休。社稷江山，难以中兴。乾坤世界，无由再复！"悲愤的泪水盈满眼眶，岳飞心痛得无以复加。从前征战沙场的一幕幕情景，如走马灯般从眼前倏忽而过。

无数心血，一朝尽毁。

岳飞不知道该如何面对那些战死的英魂。很多个午夜梦回的时分，他都听见曾经并肩作战的将士们不甘心的疑问："为何元帅丢下已经收复的山河？为何要听命于那个懦弱无能的皇帝？我们为之付出性命的半壁江山，就这样白白断送了吗？"

岳飞无言以对。江山未固，万骨已枯。

他一路疾驰南归，身后是越来越远的汴京城。马蹄终于在临安皇城前停下。正是黄昏时分，如血残阳映照在巍峨的朱红宫墙之上，重重宫门金光璀璨，深处却昏暗不可测，像是隐藏着一个巨大的陷阱。岳飞深深地吸了一口气，他决绝地走入这条冗长不见尽头的甬道，一扇扇宫门在他的身后沉重而滞缓地关上。多少风起云涌、豪情壮志，都被锁在了这个精巧的巨型匣子之外。

岳飞回到行朝，不再像从前那样慷慨陈词，极力争取北伐，他只是再三恳请朝廷解除其军职，让他解甲归田，隐居山林。心如已灰之木，身却难如不系之舟。高宗以"未有息戈之期"为由，不许。

这一次的觐见，岳飞久久端详着天颜，这么多年过去了，他似乎第一次看清了官家的真正面目。皇帝身旁的秦桧，则是一脸藏不住的得意，岳飞厌恶地移开了目光。而他所不知道的是，让岳家军退兵，只是秦桧诸多谋算中的第一步。

完颜兀术在给秦桧的书信中说："尔朝夕以和请，而岳飞方为河北图，且杀吾婿，不可以不报。必杀岳飞，而后和可成也。"兀术对于多次大败和女婿之死耿耿于怀，他要借宋廷之手除掉岳飞，以解心头之恨。

秦桧几乎没花费多少精力，就轻易离间了赵构与岳飞这对君臣的关系。皇帝早就对武将有所忌惮，为了与大金国和平共处，他甚至开始主动打压手握重兵的将领，尤其是坚持抗金的岳飞、韩世忠二人。绍兴十一年（1141），岳飞接到了朝廷的诏令，他被调离军队，转而供职于枢密院，任枢密副使一职。

岳飞对于这样的结果，并不觉得意外。他只是感到深深的无力和悲哀，这就是他为之挥洒热血的朝廷，多么可笑。他没有申辩、挣扎，就顺从地交出了兵权。也罢！山河难复，手握重兵又如何？他年少时所受的教导与天生刻在骨子里的忠义，不容许他成为一个不遵皇命、拥兵自重的乱臣贼子。然而皇命是这般荒谬，令人失望至极。

他不能违抗君命，又不能违抗本心；他未逢明君贤主，却想做一个忠臣良将；他为江山的子民而战，却为江山的统治者所疑。重重桎梏，牢牢困住了岳飞，是进也不得，退也不得。

从前驰骋沙场的岳将军，如今却像一只困于笼中的苍鹰，一点点被削去羽翼。那些翱翔天际的日子，再也不会回来了。

曾与岳飞并肩作战的韩世忠，亦是秦桧的眼中钉、肉中刺。宋廷决定议和后，韩世忠也被召回了临安。而同为抗金将帅的张俊，则是暗中投靠了秦桧一党。张俊和岳飞巡视韩世忠的军队时，试图挑唆岳飞，一同分解此军。岳飞看出张俊居心叵测，拒绝与其狼狈为奸。秦桧又欲借军吏耿著之事陷害韩世忠，岳飞得知后，赶忙修书一封及时通报，再次保全了韩世忠。

　　他已失去了太多与他出生入死的兄弟。当明枪暗箭齐刷刷地对准主战派时，岳飞毅然站了出来。他想要保全的，不仅仅是一位挚友，更是这个王朝不愿屈服的一股力量。然而他终究低估了秦桧一伙人的阴狠程度。

　　秦桧党羽万俟卨、罗汝楫等人粉墨登场，开始上演一出大戏。他们共同弹劾岳飞，诬蔑其援助淮西之战时"蕲而不进"、主张弃守楚州，要求免除岳飞枢密副使之职。是年八月，岳飞被罢官，充"万寿观使"的闲职。秦桧的嘴角露出得逞的笑意：如今岳飞无权无势，是时候将他彻底扳倒了。

　　岳飞早已察觉到朝堂中的云谲波诡，他自知无力改变，便再次自请回到江州庐山旧居赋闲。上一次回庐山，还是在四年前。绍兴五年（1135），宋徽宗赵佶在五国城崩逝。父皇身死异国他乡，赵构悲恸欲绝。情绪激动之下，他决意起兵北伐。赵构将刚刚收复荆襄六郡不久的岳飞召到自己的跟前，表示欲将刘光世所部五万余人，悉数划归岳飞统率。岳飞欣喜万分，手下兵力增强，就意味着北伐的成功率又增加了许多。

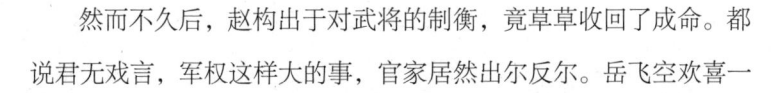

　　然而不久后，赵构出于对武将的制衡，竟草草收回了成命。都说君无戏言，军权这样大的事，官家居然出尔反尔。岳飞空欢喜一

场，胸中愤懑不已，他向赵构上了一道乞罢军职、为母守孝的奏折，而后不等批复就离开了军营，回庐山守孝。赵构屡次派人请他下山，岳飞皆婉言拒绝。那时赵构就开始怀疑，岳飞是难以控驭之人，恐怕终有一日养虎为患。而岳飞素来生性耿直，他只是单纯地对于天子言而无信之事表示不满，却并未想到自己负气上庐山之举，竟在皇帝的心底埋下了一颗疑虑的种子。

如今回想当年行径，实在太过意气用事。天子最怕皇权受到威胁，更何况赵构一向胆小多疑，怎能容忍身旁有一个手握重兵又桀骜不驯的武将呢？罢了罢了，既然朝廷不信任他，不如明哲保身，隐居深山，从此牵云挽月，醉倒在松下溪边。

予虽江上老，心羡白云还。

九

然而秦桧并不打算放过岳飞。

岳飞的心腹张宪是最先被逮捕的。张俊在秦桧的授意下，威逼利诱岳飞的部将王贵，命他出面诬告岳飞谋反，并谎称岳云曾写信给张宪，让张宪向朝廷假报金人入寇，以助岳飞夺回兵权。秦桧还收买了张宪的副统制王俊，让其出面诬陷张宪谋反，从而牵连岳飞。

张俊将早已准备好的告首状递给王贵、王俊，半是威胁，半是笼络道："岳飞伙同部下张宪谋逆，举报者有功，陛下自然不会亏待。若是知情不报，后果尔等可曾想过？"

王贵、王俊两人迫于秦桧一党的威势，只得屈从。张俊凭借这份并无任何根据的罪状，便将张宪逮捕。他私设公堂，对其严刑拷打，逼迫张宪根据他们编造的谎言，诬陷岳飞父子。

张宪备受酷刑，浑身上下布满了大大小小的伤口。与敌军厮杀时都不曾伤得这般重，没想到如今却折损在自己人手中。他始终不肯妥协，岳飞是他敬重的元帅，更是他生死与共的战友，即便经受再多折磨，张宪也不愿出卖岳飞。

张俊决定自己动手，他捏造出了一份毫无凭据的供词。斯时岳飞已离开临安，在江州居留。他再次接到了朝廷命令他回朝的诏令。岳飞心里隐隐有了不好的预感，此去恐怕凶多吉少。然而他还是决定立刻启程，返回临安。岳飞想得很清楚：若要有什么不测，那便都冲他一人来吧。

马蹄踏着簌簌作响的落叶一路疾驰。岳飞抵达临安后，早已投靠秦桧的杨沂中便带着一队人马闯入岳府中，他似笑非笑地开口道："岳少保，秦相有请。"岳飞虽早知来者不善，但还是毅然随之而往。

十月十三日，他被秦桧一党投入大理寺狱中，其长子岳云亦被逮捕入狱。岳飞在狱中看见了被折磨得奄奄一息的张宪，他心如刀绞，愤怒的火焰在眼中燃烧。"张副将何罪之有，要遭受这般折辱？"秦桧的党羽万俟卨在黑暗里露出了阴冷的笑意，他将一纸供状掷于岳飞面前："岳少保，你若肯认下这'拥兵自重，意图谋逆'的罪名，或可免去皮肉之苦。否则，下场便同张副将一样！"

岳飞脊背挺直如松，目光灼灼似火："我一生精忠报国，天日昭昭！尔等构陷之辞，纵使刻于铁石，也难掩天下悠悠众口！"言罢，他提笔在供状上挥就八个遒劲大字——"天日昭昭！天日昭昭！"万俟卨冷哼一声，拂袖而去。

临安的深秋，寒风如刀，铁窗外的月光冷冽如霜。牢狱深处，岳飞望着掌心层层叠叠的老茧与手上的一道道伤痕，恍惚间又见郾城大战那日，岳家军直杀得人为血人，马为血马。那样拼死奋战，却终究没能夺回失去的故土。想到卷土重来的金军此刻又占据了岳家军曾经收复的土地，岳飞长叹一声。他红着眼，低声吟诵起昔日作下的那首《满江红》，字字如泣：

怒发冲冠，凭栏处、潇潇雨歇。抬望眼，仰天长啸，壮怀激烈。三十功名尘与土，八千里路云和月。莫等闲，白了少年头，空悲切！

靖康耻，犹未雪。臣子恨，何时灭！驾长车，踏破贺兰山缺。壮志饥餐胡虏肉，笑谈渴饮匈奴血。待从头、收拾旧山河，朝天阙。

臣子恨，何时灭？他恨的不仅仅是侵占中原、践踏大宋子民的金贼，更恨的是软弱无能的朝廷、阴险狡诈的奸臣。至于皇帝，他恨吗？他可以恨吗？岳飞内心矛盾不已。母亲要他尽忠报国，国之主，正是皇帝。他曾决心誓死效忠陛下，可赵构一次次地怀疑他，背叛他，如今还亲手将他推向万劫不复的深渊。这就是他曾经所珍视的君臣之义吗？多么可笑。

岳飞正回忆着往昔种种，身旁的岳云扑跪在地，嘶声道："父亲！你我对大宋之心天日可鉴，为何不向官家陈情？"岳飞抚着儿子肩头的伤痕，悲怆一笑："孩儿，弦已断，琴安在？官家忌惮武将，恐怕早就起了杀心。今日局面，早已注定。"

动静闹得这样大，皇帝不可能对此事不知情。只有一种可能，赵构默认了秦桧党羽的所作所为。在被赵构利用完后，岳飞的满腔忠心换来的是被毫不留情地一脚踹开。

绍兴十一年十二月二十九（1142年1月27日），值守夜班的狱卒隗顺被一阵急促的脚步声惊醒。

"奉圣谕，岳飞赐死，岳云、张宪腰斩于市！"

除夕夜，临安城点起了万家灯火，仿佛星落人间。花市灯如昼，一夜鱼龙舞，人们在爆竹声中迎来了新年。而在大理寺阴暗的角落里，正静静地躺着岳飞早已失去声息的躯体。他是被两根大铁棒夹碎胸膛而死的，刽子手着急回家过年，便将尸体随意丢弃在墙角。

那个纵横沙场、打得金人落花流水的一代英豪岳鹏举，再也不会醒来了。

狱卒隗顺一向仰慕岳飞，他望着岳元帅死后无人收尸的凄凉之景，流下了悲痛的泪水。隗顺趁着夜色，将岳飞的尸体连夜背出城，安葬在郊外的九曲丛祠旁。为了日后辨识，隗顺在岳飞坟前栽了两棵橘树，又将其身上佩戴过的玉环系在遗体腰下。做完这一切后，他放声悲泣："元帅且看，这两株橘树为记。待来日山河光复之日，必有人为您昭雪冤案，重立碑碣！"

千里外的汴京城内，完颜兀术正举杯痛饮。金军铁蹄再度踏上中原，当年传递金牌的小驿使，只能依旧望着万水千山之外的故乡，无言叹息。

临安宫中，绍兴和议的墨迹犹未干。赵构倚在龙椅上，听着更漏声声。恍惚间，他望见殿外飘进一片带血的战甲，甲胄上"精忠岳飞"四字赫然如新。"陛下——"虚空中传来一声长叹，惊得赵构打翻了手中的琉璃盏。

二十年后，宋孝宗赵昚即位，准备北伐，为顺应民意，特降旨为岳飞沉冤昭雪，并以五百贯白银的高价征寻岳飞的遗体。隗顺之子将其父藏尸的真相告知官府，官兵连夜循迹找寻，他们在一片荒草丛中发现了两株虬枝如铁的橘树。拨开荆棘，只见有一方无名石碑，其上苔痕斑驳，泥尘累累。

风中依稀传来嗒嗒的马蹄声，混杂着不知何人的低语——

"经年尘土满征衣，特特寻芳上翠微。好水好山看不足，马蹄催趁月明归。"

陆游

(1125—1210)

铁马冰河梦一场

陆游养了一只猫。没错,就是那个素有"上马击狂胡"武功之威、"下马草军书"文治之才的陆放翁。他这辈子没做成多大的官,却是一个实打实的"铲屎官"。

猫是陆游用一包盐"聘"来的。宋人养猫,需要经过"聘"的仪式。选一个良辰吉日,再准备一份"聘礼",这份礼品通常是一包红糖,或是一袋茶叶,或是用柳条穿起的一串小鱼。陆游则是"盐裹聘狸奴",他为爱宠买了猫薄荷,还在小猫抓到老鼠后,为它烹饪丰盛的鱼虾大餐作为奖励。作为一个十足的"猫奴",陆游为这只小猫写了很多首诗。他给它起名为"小老虎","仍当立名字,唤作小於菟"。

退休那年,陆游带着猫回到了家乡山阴。一人一猫,相依为命,过着简单而安宁的生活。

风雨大作的日子里,陆游就与猫窝在家中,裹上毛毡,围着柴火取暖。柴火是小小的一堆,却烧得很旺,发出噼里啪啦、令人舒适的声响。在风雨中战栗的茅屋愈加暖和起来,小火堆抵挡住了窗外侵袭而来的冰冷暮色。

这荒远山村里隔绝人世的一隅,简陋却也不失温馨。陆游竟突然觉得,似乎天下依然太平,似乎金兵从未发起进攻,似乎大宋的家国,依然繁盛、安泰、完好如昨日。

小猫很乖,温顺地趴在他的身边。陆游有时想,不如就这样安度晚年吧。他还有几年能活?大半辈子都过去了,他穷尽半生追寻的理想终究不尽如人意,之后又还能有什么柳暗花明的转折呢?不如就这样抱着毛茸茸的小猫,烤着暖暖的柴火,让剩下的时光,缓缓流过。

算啦,老啦,不折腾啦。

"溪柴火软蛮毡暖,我与狸奴不出门。"

六十七岁的老陆风霜纵横的面孔在跳跃的火光里时明时暗。一会儿布满落寞,一会儿又挂上不甘。两种情绪在暗暗较劲。

隆兴北伐失败后,宋孝宗被迫与金议和。战争的硝烟是暂时消散了,可宋朝的半壁江山,仍然落在金人手中。朝中主和派一味言和休战,不思收复中原,只是守着富庶繁华的江南偏安一隅。若能以北方的国土换来一时苟安,他们巴不得将千里江山双手奉上。

陆游不由得想起了那帮主和派的嘴脸:不劳您尊贵的大金国亲自来取了,何必调兵打仗呢?多伤和气啊。大宋的疆域,咱们一人一半,好不?这仗,就别打了吧?

想到这里,他平静的内心又开始翻江倒海。愤怒、沉痛、意难平,种种情绪一起涌上心头。他少年时极为仰慕抗金大将岳飞,誓要与他一样奋勇抵抗外敌,为大宋鞠躬尽瘁,死而后已。

可朝廷始终没有给陆游这个机会。他等了一辈子，从意气风发的少年，等成了白发苍苍的老者。直到孤居山村的这个夜晚，他胸中燃烧的火焰仍然不曾熄灭，在潇潇风雨中顽强地散发着光和亮。

身旁的小猫伸了个懒腰，蜷缩成一团，打起了盹儿。暮色将尽，又是一个漫漫长夜。陆游迷迷糊糊地睡着了。睡梦中，风雨之声排山倒海而来，他梦见自己身骑战马，一路疾驰，跨过冰封的河流，穿过烽火狼烟，出征北方疆场。他似乎又回到了年轻时的模样，臂膀刚劲有力，浑身充满力量，眼中是不破金兵终不还的决绝与坚毅。

一声雷响，陆游从梦中惊醒。周遭依旧是冷寂的长夜，狭小的茅屋。柴火变得有些微弱了，他为熟睡的小猫盖上毛毯，然后来到破旧的书案前，提笔记录下是夜涌动的心绪：

僵卧孤村不自哀，尚思为国戍轮台。
夜阑卧听风吹雨，铁马冰河入梦来。

年近七十的老陆依然没有放弃等待。他知道自己已无力再冲锋前线，都是半只脚踏进棺材的人了，连筷子都拿不稳，怎么可能再披甲上马呢？可他仍旧在期盼，在等待，他等着宋军击退金兵、北定中原的那一日，等着毕生理想实现的那一日。

陆游将为之努力地活下去，将垂暮的生命延长再延长。这一生的遗憾已太多，他希望这个最重要的愿望，不要再落空。

他的时间不多了。

睡醒的猫跳上他的书案，老陆撸着小猫毛茸茸的脑袋，怔怔地望着风雨渐息的窗外，慢慢回忆起了自己的一生。

二

陆游的大半生，都贯串着一个信念——北伐。

这个信念，是从什么时候开始有的？

或许，是在初入仕途的那一年；又或许，再早一些，是在他因战乱随着家人颠沛流离，目睹金人祸乱中原的少年时代。

陆游从未见过长辈们口中繁华如梦的汴京城。他出生的那一年冬天，金兵气势汹汹地踏上了南下攻宋的征程。他两岁那年，汴京城破，徽宗、钦宗二帝被掳至金国，北宋正式宣告灭亡。至此，金军长驱直入，一路烧杀劫掠，无恶不作，北方百姓惨遭屠戮。"自京师至黄河数百里间，井里萧然，无复烟爨，尸骸之属，不可胜数。"多地守军畏敌如虎，皆弃城而逃。外敌进攻之际，各地兵乱四起，盗贼横行，人性之恶在乱世中被无限放大。

如果生在和平年代，陆游将会拥有美好而闲适的一生。陆家世代为官，乃江南的名门望族。小陆的爷爷陆佃，师从王安石，仕途顺遂，官至尚书左丞。这样显赫的家世原能保全陆游一辈子的荣华富贵。若无金军，他小陆公子当临风窗下，吟咏他本该惬意安稳的人生。

而今，耳畔尽是大宋山河寸寸断裂的轰然之声。孩童时期的陆游目光所及之处，皆是奔逃的百姓、纷飞的战火、横陈的尸体、淋漓的鲜血。

父亲陆宰捂住了小陆初次见到金兵残杀百姓时布满惊恐的双眼。他脏兮兮的小脸上流下了两行清泪，喉咙中呼之欲出的尖叫声被及时咽下。他早就被一次次告诫，不可高声语，连哭泣都得是悄无声息的。金兵就在附近，陆游一家人怀揣着干粮，已在荒草丛中躲了数日。

有时在深夜听见金军战马的嘶鸣，便要立刻起身逃难。无休无止的流亡，时刻绷紧的神经，疲惫不堪的身体，共同占据了陆游大部分的童年记忆。这段"儿时万死避胡兵"的艰险经历，深深烙刻在了他幼小的心灵之上。

小陆咬紧了牙关，恨意在胸中涌动：难道家国就要毁于胡虏之手了吗？可不可以再等一等，等他长大，等他考取功名，等他拿得动兵器，等他拥有保家卫国的能力？

这些年，在岳飞、韩世忠等主战派的坚决抵抗下，江南得到了暂时的安定，陆游一家终于得以返回故乡绍兴。对陆家来说，时局动荡，晚辈读书这件重要的事却千万不能落下。在家学渊源的影响下，天资聪颖的小陆同学在十岁出头的年纪，便能写文作赋。他还开始研读兵书，练剑习武。啸然剑气之间，少年小陆的目光越发坚定：来日定要驰骋沙场，抗击金兵，驱散胡尘，杀他个落花流水，片甲不留。

在日复一日的读书习武中，陆游成长为一个心怀报国理想的有志青年。他十七岁时，抗金大将岳飞被秦桧以莫须有之罪，杀害于大理寺狱中。陆家父辈谈及此事，无不愤慨，外有金兵，内有奸臣，如今岳鹏举一死，极大地削弱了抗金力量。重振大宋江山的愿望，似乎成了遥不可及的一个梦。

得知岳飞死讯的小陆眼眶通红，握紧了拳头。本以为岳家军冲锋陷阵，收复中原指日可待。没想到英雄末路，为奸人所害。金人仍在祸害着无辜百姓，而躲在临安的南宋君臣，却只求苟且偷安，在温暖的熏风里纵情声色，醉生梦死。

陆游暗暗立志，当继承岳飞抗金北伐的遗愿，收拾旧山河，一雪靖康耻。

古人讲究先成家，再立业。在二十岁这一年，陆游与青梅竹马的表妹唐琬成婚，一支家传凤钗便是二人的定亲信物。大婚当日，陆游小心翼翼地为妻子簪上了凤钗。唐琬娇美的容颜在红烛的映衬下，越发明艳动人。

作为出身于书香世家的女孩，唐琬也是才女一枚。婚后志趣相投的两人时常吟诗作对，恩爱非常。然而陆游的母亲却渐渐生出了不满："这个儿媳妇怎么天天拉着我儿子谈情说爱，吟风弄月？这不是耽误我儿的大好前程吗？"

让陆母更不高兴的是，进门一年后的唐琬仍未有身孕，期待抱孙子的陆母憋了一肚子的火，命令儿子写下一纸休书，将唐琬逐出陆家。

陆游自然百般不愿意与爱人分开，他与母亲争辩："报国之心，儿子从未忘却，不过是在等待良机。至于生子，此事亦看机缘，我与琬儿不过才成婚一年，母亲何必着急？"

陆母却不依不饶:"不孝有三,无后为大。看来我儿是铁了心要做不孝子了。"此时陆游陷入一种两难的境地里:如何才能不负孝道不负卿?

以现代的眼光来看,若陆游盲目听从他母亲的话,那他无疑是个"妈宝男",是个无情无义的负心人。然而评判一个历史人物,必得结合他所处的时代背景来看。在孝道大过天的封建社会,父母之命不可违,尤其是儿女的婚姻,必须由双亲做主。陆游的内心经历了一番苦苦挣扎,无奈之下,只得忍痛与妻子分手。

他并未就此弃唐琬于不顾,而是另筑别苑将她妥善安置,一得空便去看望。陆母察觉后,气得无法容忍:"好个红颜祸水!我儿都敢为她忤逆母命了。"她当即命令陆游另娶一位王氏女为妻,而唐琬也在其家人的安排下,嫁给了皇家后裔同郡士人赵士程。

陆游痛苦不已,他只能将这份情思埋藏于心底。尚有家国之事,需要他为之努力奋斗。读书、习剑、关注战事,构成了他生活的全部。岳飞离世后,宋金达成和议,东以淮水、西以大散关为界,一度形成对峙局面。

然而金人吞并南宋之心,并不曾泯灭。

数年后的一个春日,陆游独自在家乡城南的沈园散心,却偶遇了多年不见的故人——唐琬。陪伴在唐琬身边的,正是她现在的丈夫赵士程。相顾无言的瞬间,多少岁月就这么悄然流过了。想到当初他们两情相悦却被迫分离,如今他有了新的家庭,她也早已嫁作他人妇,陆游满怀酸楚,落寞地转身而去。

是他对不住她。这份遗憾,终究难以弥补了。伤感之下,陆游在园壁上题下了一首《钗头凤》:

> 红酥手，黄縢酒，满城春色宫墙柳。东风恶，欢情薄，一怀愁绪，几年离索。错，错，错。
>
> 春如旧，人空瘦，泪痕红浥鲛绡透。桃花落，闲池阁，山盟虽在，锦书难托。莫，莫，莫。

此生还有相见之日吗？陆游在前往临安参加锁厅试之前，眼前再次浮现出唐琬哀伤的面容。乱世中的匆匆一瞥，也许就是无声的诀别。

眼下，顾不得这许多儿女情长了，他就要踏上追寻理想的道路。绍兴二十三年（1153），怀抱着为国为民的鸿鹄之志，二十八岁的陆游离开家乡山阴，来到了都城临安。

三

驻足于喧闹的市井街头，陆游有些恍惚：或许二十六年前的汴京城，也同今日的临安一般繁华吧。

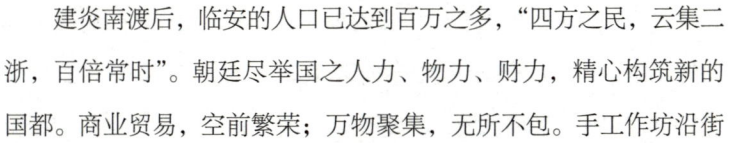

建炎南渡后，临安的人口已达到百万之多，"四方之民，云集二浙，百倍常时"。朝廷尽举国之人力、物力、财力，精心构筑新的国都。商业贸易，空前繁荣；万物聚集，无所不包。手工作坊沿街林立，酒肆茶楼星罗棋布。陆游穿行在药市、花市、珠子市、米市、菜市之间。无数店家叫卖着各色吃食,羊脂韭饼、七色烧饼、豉汤、水晶脍、玉屑糕、糖脆梅、荔枝膏、澄沙团子、酪面、玉消膏、琥珀饧、蜜果……

人们在琳琅满目的商品与食物氤氲的香气之间走走停停。忙得团团转的伙计,懒懒地嗑瓜子的老板,挎着菜篮子讨价还价的妇人,捧着麻团啃得满脸是油的小童。生活看上去是那么安稳、欢快、烟火气十足。

可是金兵就盘踞在淮水之北虎视眈眈,北方的大片疆土仍落于外敌之手,二十六年前的东京汴梁也是这般活色生香的美好模样。

年幼时经历的兵荒马乱的一幕幕,在陆游的脑海中交错而过。他的心紧紧揪了起来:靖康之变的悲剧,随时可能再次上演。

不少人是从北方逃至临安的,这繁华如梦的江南,是他们在乱世里安身立命的春天。百姓们不是不清楚家国正遭受着劫难,可身若微尘的他们又能怎么办?日子总要过下去,活一天,算一天,今日填饱肚子,总好过发生变故时不明不白地做了饿死鬼。对抗外敌这样大的事情,自有朝廷里那些呼风唤雨的大人物去操心和盘算。

只是百姓们并不知道,当权者心里想的都是,守住这半壁江山就好了,既然金人同意议和,一切就万事大吉。管他呢,大不了金军打进来的那天,再往南逃呗。

瓦子勾栏中的丝竹管弦之声还是会准时响起,翩翩舞影粉饰着惊变之下伤痕累累的大宋山河。西湖秀美如画,山光水色引得游人络绎不绝,仿佛依旧是清平盛世下的良辰好景。入夜时分,香尘暗陌,华灯明昼,烛影纵横,终夜不息。

陆游多想长久地留住这样繁盛的景象。

只要考中进士,步入朝廷,就有机会建功立业,实现心中所愿。陆游年轻的脸上张扬着对未来的憧憬,他胸有成竹地踏进了考场。然而这一年,秦桧的孙子秦埙也参加了考试。秦桧在开考前就把主考官陈之茂请到宰相府,暗促促地向他表示:"老夫的孙子也在考生之列,陈大人你懂的,记得关照一下啊。"陈之茂一向为人正直,他看着秦桧奸猾的嘴脸,表面上不动声色,内心却一阵鄙视:懂你个大头鬼,我老陈自要秉公办理。

考试结束后,陈大人翻阅考卷,发现有一份试卷上的文章文采斐然,且颇有见解,这正是陆游的试卷。国家正是用人之际,如此才子,绝不能被埋没。陈之茂毫不犹豫地将陆游取为第一名,秦埙则排在其后。秦桧得知此事后勃然大怒:"我的宝贝孙子怎能屈居于人?陆游这小子完蛋了,往后都甭想踏上仕途。"

秦桧利用他的宰相职权,降罪于陈之茂,并黜落了陆游,还命令新的主考官以后都不得录取此人。陆游心中愤然:"秦桧这糟老头子坏得很,朝中有此人作乱,大宋如何才能再度崛起?"然而面对位高权重的宰相,一介布衣的陆游也无能为力。他将愤怒与委屈囫囵吞下,无可奈何地回到了家乡。

陆游呆呆地望着远处的天空,那里只有凝滞的白云。他等风,可风迟迟不来,只能默默蛰伏,以待来日。

绍兴二十五年(1155),一代奸相秦桧病卒。陆游得知这个消息后,长长地舒了一口气:这两年屡遭秦桧打压,如今终于迎来了希望的曙光。他不由得心潮澎湃。然而次年,陆游收到了一个噩耗——他曾经的结发妻子唐琬,因病离世。

原来那年沈园一别后,唐琬又独自故地重游,她瞥见陆游在墙壁上的题词，不由得悲从中来。她叹恨这凉薄的人世，当年被逼与陆游分开后，她是多么委屈、难堪、心如刀绞。自己并未做错什么，却为陆母所厌恶。唐琬还想起了与陆游一同度过的那些美好却短暂的时光，一时间多少酸楚涌上心头，她在墙上和了一首字字泣血的《钗头凤》：

世情薄，人情恶，雨送黄昏花易落。晓风干，泪痕残，欲笺心事，独语斜阑。难，难，难。

人成各，今非昨，病魂尝似秋千索。角声寒，夜阑珊，怕人寻问，咽泪装欢。瞒，瞒，瞒！

至此，唐琬一病不起。绍兴二十六年，她郁郁而终。

陆游的心都碎了。想想真是可笑，留住她和放下她，自己都做不到。他只能在往后几十年的岁月里，一次次地想起她，怀念她，追忆她。

两年后，陆游正式踏入仕途，他被任命为福州宁德县主簿。虽只是九品芝麻小官，到底让他离梦想更近了一步。陆游因为工作兢兢业业，政绩颇丰，不久后便被调入京师，任敕令所删定官，负责编纂整理各种行政命令。这几年间，陆游的仕途渐渐顺遂起来，很快他又升为大理司直，兼宗正簿。

然而这些文书类的工作，并不能让陆游实现他抗金北伐的志向。于是他在皇帝面前主动请缨："陛下，请允许微臣披甲上阵，击退金军，夺回大宋的半壁江山！"

高宗心想，你个小陆真是没事找事，给你一份轻松的工作还不满足,偏要跑到沙场去送死。他清清嗓子装模作样道:"哎呀呀,爱卿拳拳报国之心,实在令朕感动。不过何必打打杀杀呢?宋金之间不是和平休战了吗?现在这样,朕觉得挺好。"

陆游慷慨激昂道:"金人狼子野心,一时的议和绝非长久之计。况且靖康之耻犹在昨日,多少无辜百姓深受其害,难道陛下都忘了吗?家国已到危急存亡之际,不得不拼死一战!"说到激动处,陆游涕泗横流,一大把泪水差点溅到皇帝身上。

即便他这般一腔热血,言辞恳切,高宗还是没有批准他的请求。自秦桧死后,宋高宗仍然委任主和派执政,他们坚持丧权辱国的和议条款,能花钱解决的事就决不打仗。为了讨好金人,宋廷不惜一切代价。每年除贡纳银二十五万两、绢二十五万匹外,还会在金国统治者生辰之时送去数以万计的礼物。不管金国皇帝想要什么奇珍异宝,赵构立刻会派人四处去搜罗。

陆游的心拔凉拔凉的,他准备等待时机,再次游说圣上。北伐之志,绝不轻易放弃。

四

绍兴三十二年(1162),宋孝宗赵昚即位,他赏识陆游的才学与抱负,任命他为枢密院编修官,又赐他进士出身。

又升官了，却还是文书类的官职，这不是陆游想要的。于是他再次向皇帝表明心迹："陛下，微臣愿北上出征，万死莫辞。"为证明自己并非莽撞行事，他在《代乞分兵取山东札子》中详细陈述了北伐之计：主力军队当固守江淮，再遣调小批精锐之师，时不时突击金军，拉长战线，以徐图中原。

然而孝宗那时正在宫中与臣子宴饮，并未将陆游的献策放在心上。陆游不由得心生愤慨，国破家亡之际，陛下怎么还有心情喝酒寻开心呢？他将此事告知了参知政事张焘，希望这位资历深厚的老臣能够劝诫新君。次日，张焘入宫质问皇帝："陛下刚刚即位，怎么就饮酒作乐，耽于享受呢？"孝宗有些羞愧，心虚地问："爱卿是听谁说的？"张焘实话实说道："臣得之陆游。"孝宗不高兴了：好你个陆务观，朕刚升了你的职，你就去告朕的状，真是胆大包天！

其实孝宗并非昏庸之辈，相反，他被认为是南宋最有作为、最贤明的皇帝。生于靖康之变那年的赵昚胸怀抗金之志，他即位后锐意进取，支持主战派，还为当年含冤而死的岳飞平反，旨在收复中原失地。

只是陆游太心急又太耿直，一番操作直接惹毛了皇帝。

不久后，陆游被贬为镇江府通判。离开临安那天，他并未灰心丧气。在得知当朝官家决意北伐后，他曾经渐冷的心重新沸腾起来。只要皇帝有此信念，陆游相信自己终有一日会有用武之地。

"我一定会回来的。"他默默想道。

隆兴元年（1163）四月，孝宗任命张浚为枢密使，都督江淮军马，展开"隆兴北伐"。远在镇江的陆游虽未被允准参与其中，但为之操碎了心。他写信给张浚，建议其定下长远之计，切勿因一时心急而轻率出兵,"岂无必取之长算,要在熟讲而缓行"。

然而陆游小小一介地方官,说的话无人在意。况且北伐军队声势浩大,已是箭在弦上,不得不发。宋军在张浚的指挥下,接连收复灵壁、虹县等地。初战告捷,全军士气大增。张浚决定,再接再厉,乘胜追击。然而半个月后,宋军就在宿州的"符离之战"中全面溃退,败得很彻底。

雄赳赳而来,灰溜溜而去。

"符离之败"狠狠打击了孝宗的北伐信心,他开始在开战与求和之间摇摆不定。朝臣汤思退人如其名,一个劲地劝说皇帝退兵求和。孝宗最终决定,罢黜张浚,任用汤思退等主和派,并下令撤军,派遣使者与金议和:尊敬的大金,你攻击我毫无意义,因为我毫无还手之力。我们两国不如继续保持和平关系,你要多少钱、多少地,咱都好商量。

费劲折腾一大圈,一夜回到解放前。隆兴二年(1164)十二月,宋朝签下了隆兴和议。赔钱又割地,孝宗表面上还不得不强颜欢笑,与金国皇帝以叔侄相称,简直憋屈到了极点。

陆游眼睁睁地看着理想又一次破灭,却无可奈何。他扼腕长叹,懊恼于自己不能为国效力。次年春天,陆游结识了被贬为江淮宣抚使的张浚,同样是主战派的两人一拍即合。陆游献上出师北伐之策,张浚听得连连点头:"你志在恢复中原,是好样的!"

斯时年近古稀的张浚仍未放弃北伐之志,他"遍行两淮,筑治城垒",积极部署抗金事宜。陆游受到鼓舞,向朝廷进言道:"临安形势不固,易受意外袭击,应当迁都于建康,才是长久之计。"可他人微言轻,此番谏言再度被无视。隆兴和议后,宋金之间的战事暂时休止。大多臣子苟安于繁盛的江南，沉醉于歌舞声色之中。

而陆游却像逆流而上的一尾鱼，固执而努力地向与鱼群相反的方向游去。他一次次地被激流冲回原点，又一次次地拼尽全力，重新启程。

既然北伐大计暂时无法实现，那么不如先着手整顿内部吏治。陆游发现，朝中臣子曾觌、龙大渊等人滥用职权，结党营私，而这帮人把皇帝哄得很高兴，深得圣上欢心。陆游生性疾恶如仇，自然忍不了佞臣作祟。只是他知道，自己在皇帝面前说不上话，便又找到参知政事张焘，请求他提醒陛下，切莫为小人所迷惑。张焘亦是正气凛然之辈，他立刻将此事向朝廷奏报。可孝宗一听到陆游的名字，当即大怒："这家伙怎么总来管朕？上次告状朕与臣子宴饮，这次又说朕为奸人所蒙蔽，朕堂堂一国之君，不要面子的吗？"

于是轻飘飘一纸诏令下去，陆游再次被贬。这一次，他得罪的不仅仅是皇帝。陆游坚持不懈的抗金之心令主和派十分不满，他们对陆游群起而攻之："这位朋友，我们忍你很久了。陛下已经决定议和，你就消停会儿吧。"

很快，有官员上疏弹劾他"交结台谏，鼓唱是非，力说张浚用兵"，在偏安之论甚嚣尘上的政治氛围里，朝廷罢免了陆游的一切官职：惹恼圣上，又与主和派对着干，你就哪儿凉快哪儿待着去吧。

陆游心灰意冷，背起行囊准备回家乡山阴。被现实毒打一番后，他再次回望歌舞不休的临安城，忽然感到了自己的渺小与无力。山外青山楼外楼，那样一个庞大而繁杂的世界，不是自己仅凭着一颗纯粹的赤子之心就能改变的。

四十一岁的陆游踏上了归乡的路途。他有些惶惑：自己一心为国，为什么不得重用？

新君上台之初，陆游明明是受到赏识的。他有才能，有志向，有忠心，是个不折不扣的贤臣。可官场从来就不是单纯的就事论事，非黑即白。陆游凭着一股刚直的劲，不顾一切地往前闯，只知要尽心尽职，言人所不敢言、不便言，却不知物过刚则易折。

他一心追寻北定中原的梦想，却不知议和之大势所趋，他一人终究难以力挽狂澜。

十年漫漫官场路，到头迎来一场空。

五

回到家乡，陆游陷入巨大的失落里。仕途，走得一塌糊涂；北伐，变得遥不可及。人到中年，一事无成。

当初那个意气风发的青年，在离开家乡时，发誓要拼出一番事业。他一路摸爬滚打，得到过，也失去过。如今年过不惑，又两手空空地回来了。

困惑、无奈、激愤，种种情绪像乌云一般笼罩心头。既然赋闲在家无事可做，那就出去散散心吧。陆游漫无目的地在山间行走，幽深而浓绿的林木宛如湖水一般将他淹没。有时他抬起头，会看见丝丝缕缕的日光从繁密的枝叶间洒下来，微尘在光束里起舞。四周寂寥无人，头顶的树叶在风中发出沙沙的轻响，脚下的土地沉沉睡去。时间变得很慢很慢，山中一日，人间仿佛已是百年。

层叠的山峦连绵起伏，似乎没有尽头。葱茏的草木愈加茂密，蜿蜒的山径也愈加曲折幽深。陆游走得有些累了，他无奈苦笑：这难以寻到出路的重重山野，多像他的人生啊。

"再往前走走吧，也许出路就在前方不远处。"有个声音在心底响起。

复行数十步，忽然望见前路栽有几株红花绿柳，疏落的花木之间，隐约可见一片农家茅舍。日光倾泻而下，照在陆游的身上，也照在了他阴云密布的心上。

陆游的心情在一瞬间明朗起来，他大步走进灿烂的阳光里。正是午饭时间，阵阵夹杂着饭菜香的炊烟飘进了陆游的鼻子里。跋山涉水了大半天，这会儿还真有些饿了。热情淳朴的村民邀请陆游到家中做客，以自酿的美酒和农家的小菜招待他。这是丰收的一年，家家户户鸡肥仓满，充盈着喜悦的气息。陆游被这样的氛围所感染，写下了一首《游山西村》：

> 莫笑农家腊酒浑，丰年留客足鸡豚。
> 山重水复疑无路，柳暗花明又一村。
> 箫鼓追随春社近，衣冠简朴古风存。
> 从今若许闲乘月，拄杖无时夜叩门。

何必作穷途之哭？就算眼前山无穷、水无尽，似乎难觅出路，但只要不言放弃，继续坚定地走下去，总会有峰回路转的那一日。

不必怕长夜难明。若感到黑夜难以熬过，不如外出闲游，寻一缕月色。让自己那颗久困于樊笼的心，御风乘月而去。

拨开内心的层层云雾，见自己，见天地，见众生。

虽然仍未被重新起用，陆游的心态却渐渐好了起来。他依然没有忘记最初的梦想，那份热忱的报国之情，被他存放于心底。既然眼下时机未到，那便安静等待。宏大的理想固然重要，可人生中还有无数小小的、平凡的瞬间，总要用世俗的快乐，去填满那些缝隙。

比如，去朋友家蹭一顿香喷喷的饭菜，摸一摸路边毛茸茸的小猫，和农夫聊聊今年的收成，在春社日饮社酒，观社戏，与追逐社火的人流，一同在箫鼓之声中许下美好的愿望。

闲居山阴的日子里，陆游还时常去街市沽酒，载酒泛舟而行。他自己家中就有一条小船，可以自由往来于湖面，一文钱也不用花。躺在小舟里，悠悠飘摇于水面，满目皆是无尽的湖光山色。渴了，便喝点小酒，醉眼蒙眬中，仿佛群山在行走，水从天上来；饿了，便随手摘下湖里的红菱，剥去外壳丢进嘴里，满口的清甜爽脆；累了，便披上蓑衣，听着连绵不绝的雨声，枕一缕月光而眠。

半醉半醒的陆游拿出随身携带的笔墨，用龙飞凤舞的字迹写下了一首《鹧鸪天》：

插脚红尘已是颠，更求平地上青天。新来有个生涯别，买断烟波不用钱。

沽酒市，采菱船，醉听风雨拥蓑眠。三山老子真堪笑，见事迟来四十年。

有时想想，人生在世本就很艰难了，居然还要苦苦追求功名利禄，真是太癫、太可笑了。清风朗月不用一钱买，何不好好享受？就这样画船听雨，逐水而去，也挺好。有些事，只能随缘等待啦。

风起风落终有时，它来，我便随风而起；它不来，我便拥衾而眠。

好好睡一觉，这也很重要。

这阵风在三年后吹来了。乾道五年（1169）十二月，朝廷征召陆游，任其为夔州通判。终于等到了柳暗花明的这一天，陆游满心喜悦，于次年携家眷赶赴夔州（今重庆奉节东）。他在途中一边游览山水，一边记录下所见所闻，编成《入蜀记》一文。

一路上，陆游的心情都很不错。行至杨罗洑，他见此地的鱼十分便宜，便产生了养猫的念头，"欲觅小鱼饲猫"。乘船行至荆州时，正逢重阳节，他便张罗着买酒买羊，与同行的旅人分而食之。陆游还在江畔的人家那里求了几株菊花，甚是芳香可爱，他一高兴便喝多了酒，醉得不省人事。

乾道八年（1172），陆游迎来了他人生中最重要的一次机遇——时任四川宣抚使的王炎欣赏陆游的才华和抱负，特邀他前来幕府，协助其处理军务。王炎，字公明，心怀恢复中原之志。彼时他驻守南郑，正在为北伐做准备。受到召唤的陆游同志激动不已，泪水盈满了眼眶。"平生万里心，执戈王前驱。"十多年前夜读兵书时写下的诗句，如今终于要变成现实了。这一刻，他等了太久太久。

胡子花白的陆游像孩子一样蹦起来。"取我的剑来！"他高声吩咐家丁。陆游的眼神变得十分明亮，蛰伏已久的心瞬间苏醒，一跃三尺高。

四十七岁，正是拼搏的年纪。

南郑位于汉中，其北边的大散关就是宋金对峙的前线。陆游策马扬鞭，赶往南郑，一路心潮澎湃。此时年近半百的他，觉得自己仿佛回到了血气方刚的二十来岁。到达汉中时，正值阳春三月，万物复苏。眼前，是无垠的平川沃野，陆游疾驰在辽阔的天地之间，耳畔尽是呼啸而过的风声。荞麦青青，桑柳郁郁，满目欣欣向荣之景。

东望中原，似乎山川尚如故。

春风吹拂着陆游斑白的须发，他勒住马儿的缰绳，极目远眺，天空澄净清朗，流云舒卷不息，正如他此刻的心。

风起云涌，豪情万丈。

六

到达南郑的办公地点后，陆游在王炎的委托下，草拟了一份驱逐金人、收复中原的战略计划——《平戎策》。他还辅佐王炎训练军队，招揽士兵，广纳人才，掌控前线军事布防。

公事之余，陆游便跟随上司王炎一同游于南郑城西。王炎最爱洁白的梨花，而三月的南郑，梨花开得最盛。他们骑着马，一前一后走在笔直的大道上，两人皆默然不语，静静欣赏着眼前旖旎的美景。路边梨花初开，如团团素锦，又似纷纷落雪。

他们在梨花树下饮酒赏花，畅谈理想。"老夫人半辈子为抗金事业呕心沥血，总盼着在有生之年，能看见胡尘尽灭，中原回归的那一幕。"王炎虽年近花甲，但依旧目光炯炯，充满炽热之情。

"我亦如此，欲倾天上河汉水，净洗关中胡虏尘！"陆游一脸激愤。顿了顿，他又神色黯然道："可惜朝廷沉醉温柔乡，不思收复失地，只一味屈膝议和。"他长叹一声，饮尽了杯中酒。

"陆兄弟才志兼备，有你辅佐老夫的抗金大业，何愁没有北定中原的那一日？要知道，星星之火，亦可燎原。"

"公明兄知遇之恩，务观不胜感激。我当为之尽心尽力，以实现北伐大计。"陆游被王炎的话所感染，重又振作精神。

春风吹过，花瓣簌簌而落，他们醉袖迎风雪，恍若梦中人。

驻军南郑的日子，陆游多次亲临前线，考察地形，巡查战略要塞。他发现宋军每次从江淮发兵北伐中原，皆遭受挫败，不如另辟蹊径，以南郑为根据地出师关中，再由关中东行。陆游挥毫写道："国家四纪失中原，师出江淮未易吞。会看金鼓从天下，却用关中作本根。"

深秋的汉中朔风猎猎，陆游仍不懈地四处巡视，以完善北伐作战计划。他身着戎装，驰骋在汉江两岸，时常往返于大散关、两当、凤州、骆谷和褒谷之间。经过考察后，陆游向王炎献策："经略中原，必自长安始；取长安，必自陇右始。当积粟练兵，有衅则攻，无则守。"

有一日，陆游忽遇猛虎拦路。斯时他身骑战马，就在老虎扑向他的千钧一发之际，陆游毫无惧色，迅速翻身下马，拔出腰间长剑，将凌空而起的猛虎一剑击毙。一套动作如行云流水。那么多年的剑术，可不是白练的。

不会打虎的诗人不是一名合格的抗金战士。

看上去一身书卷气的陆游，实际从未懈怠过练习武艺剑术。他时刻为上马杀敌做好准备，旨在驱逐胡尘，夺回失地。手中的刀剑已磨得无比锋利，只待出鞘的那一日。陆游作的《金错刀行》气势磅礴：

黄金错刀白玉装，夜穿窗扉出光芒。
丈夫五十功未立，提刀独立顾八荒。
京华结交尽奇士，意气相期共生死。
千年史策耻无名，一片丹心报天子。
尔来从军天汉滨，南山晓雪玉嶙峋。
呜呼！楚虽三户能亡秦，岂有堂堂中国空无人！

北地的风霜将陆游的脸庞雕刻得沟壑纵横，他的鬓发又白了许多，双眸却炽热如火。一颗心像迎风招展的旗帜，那么昂扬、振奋、充满斗志。这是陆游一生中的高光时刻，他几乎都能想象北定中原后百姓欢呼雀跃的场景。

然而这一段激情燃烧的军旅岁月，却终止于是年冬天。自议和后，南宋朝廷躲在临安歌舞升平，那份收复故土的豪情壮志，全然消融在西湖荡漾的碧波里。孝宗不仅没有采纳陆游的《平戎策》，还将王炎召回临安，南郑幕府随之解散。朝廷对于王炎在西北招兵买马、部署军事力量的举动很不高兴：何必大动干戈，守着半壁江山不也过得挺舒服吗？

出师北伐的计划，从此化为泡影。

正值初冬，细雨连绵，汉中湿冷的气息浸满了陆游的心。他慢吞吞地收拾着行李，一抬头，只见铜镜中的自己已然鬓发斑白，满面沧桑。

朱颜渐改功名晚，击筑悲歌一再行。

明明作战计划都已部署好了，明明抗金力量正在一步步壮大，明明半生理想终于近在咫尺，将得以实现。

没想到转瞬间又远在天涯，触手难及。

陆游怅然不已：大概此生终不复得这般戎马倥偬的峥嵘岁月。那些与志同道合之士在军营中一起痛快饮酒的日子，犹在眼前，如今大家却风流云散，一别如雨。还与公明兄说好了每个春日都要一同观赏梨花，可他们还能再见吗？一树梨花一溪月，不知明朝属何人。

是年十一月，陆游被任为成都府路安抚使司参议官，这是个清闲的官职，看来朝廷铁了心要断绝他抗金杀敌的念想。满心落寞的陆游骑着一头瘦驴，在漫天细雨中向成都府缓缓前行。他低吟着一首即兴而作的诗歌：

衣上征尘杂酒痕，远游无处不消魂。
此身合是诗人未？细雨骑驴入剑门。

征尘满身，酒痕在衣，皆成往日陈迹。这辈子，大约就只能做个诗人了。他一天比一天老了，却仍然功名未就，壮志难酬。该争取的已争取了,可依旧两手空空。该努力的也努力了,可他的理想与朝廷的偏安之策背道而驰,再加上性格太过耿直,皇帝早就烦透了他。孝宗能让陆游重新回到仕途做个小官,已经算是皇恩浩荡了:你就老老实实在蜀地待着,别在朕的面前瞎晃悠。

在时局的巨大风波之下,陆游渺小得像一颗沙砾,跌入浪涛中便没了踪影。

真是遗憾啊,为理想忙活了半生,付出了不知多少心血,到头来却像水中捞月般徒劳无功。读书三万卷,仕宦皆束阁;学剑四十年,虏血未染锷。

陆游忽然意识到,遗憾与不得,不过是人生的常态罢了。无论是他与初恋唐琬的旧日鸳梦,还是他的抗金之志、建功立业之心,都一再落空。他不得不一次次直面残酷的现实,一次次看着自己所坚持的事情,逐渐黯然、破碎,直至灰飞烟灭。

他用笔墨书写下内心无限的伤怀:"功名梦断,却泛扁舟吴楚。漫悲歌,伤怀吊古。烟波无际,望秦关何处。叹流年,又成虚度。"

已经度过了"不合时宜"的前半生,接下来的路,是不是还要继续跟自己的理想死磕到底?

或许,这世上之事,并不是努力争取就一定会有结果的。如若一辈子都困于不可得之事中,任由抑郁失落填满自己的心,那么此生来世间走一遭的意义又何在呢?

风停了,是时候歇一歇了。

七

初到成都，恰逢元宵灯会，熙熙攘攘的人群似乎有享受不尽的欢乐。可热闹属于他们，陆游只觉得自己是个局外人。他茫然地望着车水马龙、亮若白昼的灯市，一时间不知今夕身在何处。

作客他乡，满身风尘的他与繁花似锦的锦官城格格不入。

陆游还在回味那八个月的戎马生涯。会挽雕弓，剑击猛虎，多么豪迈畅快。华灯纵博，雕鞍驰射，谁记当年豪举？他与志同道合之士在营帐中部署战局，共议北伐大计。这是陆游离梦想最近的一次，每每回忆起这段激情燃烧的岁月，他都止不住地热血沸腾。想关河，雁门西，青海际。有谁知，鬓虽残，心未死。

可惜如今，志士凄凉闲处老，名花零落雨中看。

既然回不去了，那就用诗词将这珍贵的记忆永留于心间吧！他挥毫写下一曲《汉宫春》：

羽箭雕弓，忆呼鹰古垒，截虎平川。吹笳暮归，野帐雪压青毡。淋漓醉墨，看龙蛇、飞落蛮笺。人误许、诗情将略，一时才气超然。

何事又作南来，看重阳药市，元夕灯山。花时万人乐处，欹帽垂鞭。闻歌感旧，尚时时、流涕尊前。君记取，封侯事在，功名不信由天。

他还是不甘心。总有苍凉的胡笳之声，在心头挥之不去。陆游独自走入古木参天的山林，他想要静一静。还记得数年前在家乡山阴,他也是这样在山里走了许久,在筋疲力尽之际,蓦然望见了前方的小村庄。

山重水复疑无路,柳暗花明又一村。

他的心头闪过一丝光亮。"无论如何,希望之火不可灭。"陆游默默对自己说。

他深深地吸了一口气,好像要将这山间的清风都吸入肺腑之中。他又长长地吐出一口气,似乎要将平生所有的不快都倾吐出去,只觉一阵神清气爽。

林间隐约传来清脆的鸟鸣声,琤琮溪流声,风吹叶落声,声声入耳,他的心一点一点地安静下来。

既然理想一时无法实现,那不如暂且将情志寄托在别处。陆游打算做点自己喜欢的事情,比如写诗。这么多年来,无论失意或得意,他总会提笔蘸墨,将一瞬间的情感凝结于纸上,以诗词言志。若是报国无门,衷情难诉,那便将胸中块垒,尽化作淋漓笔墨吧!

做个诗人,也挺好。

在蜀地为官的日子是悠闲的,公务之余,陆游便四处闲逛,考察当地的风土民情,并寻找作诗灵感。在走进蜀地的山水后,他渐渐喜欢上了这里如画的景致与淳朴的民风。

春日里,他骑着马穿行于如烟绿柳下,风中落花如同纷飞的蝴蝶,在他的身旁翩翩起舞;城西的梅花开得最盛,他载酒而去,独酌花间,醉后信马由缰,从青羊宫一路悠游至浣花溪;秋雨里的锦江雾霭朦胧,碧波缱绻,他在江畔的小亭子里听着淅淅沥沥的雨声,心神俱醉。

陆游为之写下了很多美妙的诗句:

"烟柳不遮楼角断,风花时傍马头飞。"

"当年走马锦城西,曾为梅花醉似泥。"

"锦江秋雨芙蓉老,笠泽春风杜若芳。"

……

与苏东坡一样,陆游也是个美食鉴赏家。蜀地的笋羹与鱼脍味道鲜美,像极了陆游家乡的美食。他美滋滋地写下:"苋羹笋似稽山美,斫脍鱼如笠泽肥。"川菜牢牢地抓住了陆游的胃,他最爱唐安的薏米、新津的韭黄和成都的蒸鸡。陆游不仅乐得品鉴佳肴,还热衷于亲自下厨,"东门买彘骨,醯酱点橙薤"。将橙薤等香料调制成一种酸香开胃的酱料,用于烹制排骨,其滋味简直无与伦比。

陆游还先后造访过翠围院、天目寺、白塔院、化成院、鹤鸣山、杜甫草堂等名胜古迹,他越发爱上了这块天府之地。听说城西有人在卖宅子,他兴冲冲地前去看房。不如就终老于此,也是个不错的选择呢。

江湖四十余年梦,岂信人间有蜀州。

在蜀地为官期间,陆游并未忘却初心,当他听说参知政事郑闻出任四川宣抚使后,便大胆进言,提议出师北伐,收复失地。他多希望新任领导和王炎一样,再给他一次成就一番作为的机会。然而郑闻完全没有搭理陆游。

被忽视、被拒绝、被贬斥,陆游早都习惯了。从最初的愤懑沮丧,到如今的平和宁静,一颗心在经过千锤百炼后,变得愈加从容且坚定。

不急,再等一等吧。

他很快盼到了这一天。淳熙二年(1175),范成大受任为四川制置使、知成都府，成为陆游的直系领导。范成大也是有志之士。他曾出使金国，不顾一己安危，为争取国家利益而不屈抗辩，慷慨陈词。

陆游称赞道："范大人当年视死如归，大义赴金，这'万里孤臣'的凛然气魄，真乃吾辈楷模。"

范成大轻叹一声道："可惜故土仍在金人之手，北方的大宋子民一直盼着朝廷出兵，皆纷纷忍泪询问：'几时真有六军来？'本官看在眼里，痛在心里，却不知如何作答。"

陆游有些激动："朝廷只知议和，却不顾生民之苦！我这一生无所求，但求出师北伐，恢复中原。我虽人微言轻，却位卑未敢忘忧国。"

范成大投来欣赏的目光："好一个'位卑未敢忘忧国'！陆兄弟不必妄自菲薄，你我乃同道之人，从此便以兄弟相称，不必拘于礼数。"

得一知己，真乃平生快事。至此，两人经常把酒论诗，多有诗作唱和。他们都很喜欢田园生活，陆游写"归来每羡农家乐，月下风传打稻声"，范成大写"梅子金黄杏子肥，麦花雪白菜花稀"。他们还同样喜好观赏海棠，几乎赏遍了蜀地各处的海棠名花，并为之写词赋诗。

有这样志趣相投的上司，后来陆游欣然感叹道："乐哉今从石湖公（范成大自号石湖居士）。"

"等恢复中原，咱们就买块地，一同躬耕于此吧！"

望着夏风吹拂而过的金色麦浪，美好的憧憬涌动在二人的心头。

八

是年,范成大在成都检阅军队,陆游一身戎装相随。远在临安的主和派听说陆游与范成大关系密切,立马慌了:"这两人凑一起不会又要商议抗金之事吧?这陆参议官是个危险分子,总是鼓吹朝臣北伐。不行,得想个法子罢了他的官。"

于是主和派不遗余力地诋毁陆游,说他"不拘礼法""燕饮颓放",借此将其免职。

不干就不干,反正不是第一次被罢官了。陆游懒得分辩,他在杜甫草堂附近的浣花溪畔开辟了一块菜园,提前开始了锄地种菜的田园生活。范成大义愤填膺地为好友叫屈,陆游一脸坦然地笑道:"范兄不必为我伤怀,无官一身轻,正好落个清闲。范兄曾有诗云:'童孙未解供耕织,也傍桑阴学种瓜。'如今我也来学一学。"

他弯着腰播撒下种子,将心里所有的不甘、愤懑、失落一同埋进土里。来日破土而出的,仍会是他不灭的希望与理想。"我才不会被朝中小人轻易击倒,你们要看我笑话,我偏要过得自在又逍遥。"

次年春天,陆游发现菜园不远处有一树梅花,它独自盛开于荒僻的郊外,在黄昏的暮色里孤芳自赏。夜来一阵风兼雨,晨起时梅花已纷纷凋落在地,虽被碾作尘泥,却散发着如故的清香。即便无人观赏,即便为风雨所伤,即便要熬过冬日漫长,来年春回大地的时候,它依旧会再次绽放,开得热烈又昂扬。

陆游面对着满地落花,写下了一曲《卜算子·咏梅》:

驿外断桥边，寂寞开无主。已是黄昏独自愁，更著风和雨。

无意苦争春，一任群芳妒。零落成泥碾作尘，只有香如故。

这一年，陆游自号"放翁"。既然你们攻击我颓放疏狂，那我便一狂到底。"今年摧颓最堪笑，华发苍颜羞自照。谁知得酒尚能狂，脱帽向人时大叫。"纵情畅饮，醉后挥毫，精神状态非常良好。

淳熙四年（1177）初，范成大卧病在床，心情低落，流露出厌倦宦途、想要退隐的念头。他在诗中自怨自艾道："残灯煮药看成老，细雨鸣鸠过尽花。心为衰元自化，发从无病已先华。"天天躺在床上喝汤药，听着窗外的雨声，想来花都落尽了吧。眼看着我的头发都白了，怎么早早就老了呢，唉！

陆游见此诗后，写诗劝慰道："岁月如奔不可遮，即今杨柳已藏鸦。客中常欠尊中酒，马上时看檐上花。"范兄，岁月匆匆谁也留不住呀！你快点好起来，咱们喝酒畅聊，骑马观花，多么潇洒！

这一年的暮春，范成大奉召还京。陆游不忍与好友分别，与其一路同行，一直送到眉州才垂泪告别。那些一同赏过的海棠，一同喝过的酒，一同畅聊过的理想，都成了两人极为珍贵的记忆。

此去临安，陆游仍有重要的事要拜托老范，他正色道："汴京沦陷已久，听闻儿童都说起女真话了，我们怎能任由金人长久占领中原？范兄此次回朝，请在官家面前进言，先取关中次河北。只愿朝廷有所觉悟，早为神州清虏尘！"

"务观之心与我同。回望旧山河，'父老年年等驾回'，令人痛心不已。我自当为之尽力一试！"

"蜀吴两地相隔千山万水，请范兄务必保重。"陆游的声音有些哽咽。此去一别,再见不知何年。

"道义不磨双鲤在,蜀江流水贯吴城!来日方长,你我总有重逢之日。"

这是他们最后一次见面。

淳熙五年(1178),陆游诗名渐盛。宋朝一向礼重文人,孝宗虽烦他耿直又固执,却也不得不为陆游的才气所折服。皇帝将陆游召来临安,重新起用其为提举福建路常平茶事。再次上京的陆游内心已无多少波澜。

这一年,陆游听闻老领导王炎因病去世,他平静已久的心瞬间又泛起无限酸涩。他想起与王炎纵马观花,在梨花树下醉酒的淋漓畅快;想起他们一拍即合,共商北伐大计的激昂慷慨;想起"四十从戎驻南郑,酣宴军中夜连日"的豪情壮怀。陆游满心惆怅,独自徘徊在春风沉醉的月夜里。

又是一年梨花开。三更月,中庭恰照梨花雪。陆游怆然低吟道:"粉淡香清自一家,未容桃李占年华。常思南郑清明路,醉袖迎风雪一权。"

山河未归,而故人已逝。

次年陆游改任江西常平提举,主要负责管理农事方面的工作。淳熙七年(1180),江西暴雨成灾,江水泛滥,稻田尽毁。老陆一心想着要让灾民吃上饭,于是擅自号令各郡开仓放粮,救济百姓,并亲自"榜舟发粟"。没想到这一番为生民而计的举动,又被主和派以"擅用职权、逾规越矩"为由,在皇帝面前狠狠弹劾了一番。

好好好,就是看不惯我老陆是吧!懒得和这帮小人钩心斗角,惹不起,我还躲不起吗?

陆游愤然辞官，回到老家山阴，开始了近六年的隐居时光。他翻出了十五年前从戎南郑时的貂裘，那上面沾满了灰尘，轻轻一抖，仿佛抖落了无数岁月的蝉蜕。

时光竟这般匆匆。还没驱散胡尘，还没建功立业，还没实现理想，可他已经老了。曾经八个月的军旅生活，让他以为报国有望。说来多么可笑，这场抗金之旅，还没正式开始，就仓促结束了。

他只能在梦里一次次地重回南郑，回到戍边的猎猎秋风中。

梦醒时分，耳畔唯有无尽的蝉鸣，一时不知身在何处。李太白说拔剑四顾心茫然，可他陆游手中甚至连一把剑都没有。老陆无奈苦笑，只能以笔作剑，在纸上挥洒着一腔悲壮。他提笔写下《诉衷情》，可终究还是难诉衷情：

当年万里觅封侯。匹马戍梁州。关河梦断何处，尘暗旧貂裘。胡未灭，鬓先秋。泪空流。此生谁料，心在天山，身老沧洲。

老陆这大半辈子，眼看着风起风又散，然而至今还是功名未就，壮志难酬。三四十岁的他曾为之苦闷不已，但在经历了反反复复的锉磨后，陆游渐渐明白了，人生不如意事，十常八九。遗憾，落空，意难平，不得已，都是寻常。

大环境无法改变，那便只能改变自己的心态。进，则为国为民；退，则安然自守。如今既无良机，那便继续做自己所热爱的事情吧！

也许，历经遗憾，才能不再困于遗憾；认清现实，才能更好地面对现实；有过执着，才能学会放下执着。

九

这次辞官，陆游很快调整好了情绪。在家乡淳朴静谧的气氛里，他不再像三十年前那样，受到挫折后便充满愤懑，抑郁难平。六十岁的陆游变得心平气和，他专注于过好每一天的生活。他常常坐在湖边垂钓，晨起披着一蓑烟雨而去，傍晚钓起一竿风月而归。

云千重。水千重。身在千重云水中。月明收钓筒。

他心道："东坡居士那一蓑烟雨任平生的悠然心境，如今老夫也有所体会了。镜湖元自属闲人，又何必、君恩赐与。"

陆游作下了一首《鹊桥仙》：

一竿风月，一蓑烟雨，家在钓台西住。卖鱼生怕近城门，况肯到、红尘深处。

潮生理棹，潮平系缆，潮落浩歌归去。时人错把比严光，我自是、无名渔父。

潮起潮落总有时。潮生时便泛舟出去打鱼，潮平时便摇着船靠岸系缆，潮落时便收起渔网回家，一路唱着歌，踏着绚烂的晚霞。他朗声吟着"酒徒一半取封侯，独去作、江边渔父"，身如脱笼之鸟，心若不系之舟。

人生浮沉终有时，顺风时便乘风破浪，风止时便随舟漂荡，逆风时便上岸停歇。又何必非要逆风而行，拼个精疲力竭、心力交瘁？如果能做的都做了，该争取的也都争取了，那便无愧于心。既然时机不对，那就放下所有烦扰，好好吃一顿，美美睡一觉。此生的意义，不仅仅在于追求功名、事业、理想，驻足欣赏今夜的月色，同样重要。

顺势而为，随遇而安。待风再起时，我自重整旗鼓，御风而去。

陆游闲居的日常就是钓鱼，采药，煮茶，泛舟，饮酒。他越发喜爱写诗作词，每一天的所见所闻所想，都被他像写日记一般记录了下来。

采药归来，独寻茅店沽新酿。暮烟千嶂。处处闻渔唱。
醉弄扁舟，不怕黏天浪。江湖上。遮回疏放。作个闲人样。

这便是《点绛唇》。

"前人有云'此时情绪此时天，无事小神仙'，老夫花甲之年，也算是当了回老神仙了。"陆游乐呵呵地品了口茶，自言自语道。他对茶颇有研究，不仅钟爱品鉴各地的香茗，还喜好赏玩茶具，钻研茶道。点茶、分茶、煎茶，他样样精通，可谓高端玩家。

陆游总是沉醉于烹茶艺术中，磨茶、择水、候汤、击拂、碾末，每一步都精细之极。磨碎的茶叶宛如纷纷雪片，小火烹寒泉又如闻风过松林声。眼前这静谧的小小世界，让陆游忘却了红尘之喧嚣。他专注地望着茶面上幻化出的各种图案，心里生出了无数细碎的、安宁的快乐。

归来何事添幽致，小灶灯前自煮茶。

陆游还时常下厨，他最喜欢吃的就是一种由各类蔬菜熬制而成的"甜羹"。老陆在《山居食每不肉戏作》中记录了此羹汤的做法：

将菘菜（白菜）、山药、芋、莱菔（萝卜）切碎，无须佐料，只要保留食物本身甘甜新鲜的味道就好。

"高端的食材，往往只需要最朴素的烹饪方式。"

吃完饭后，老陆一边喝着小酒，一边随性写下半阕词。当醉意微微上头时，他便将笔一搁，卧在凉席上和衣而眠。

卷帘迎凉风，案几上摊开的书被清风翻乱了几页。散落的纸张轻轻飘下，还未写完的清词，在午后的日光里泛着墨香，静静等待着一个结尾。耳畔唯有初夏的蝉鸣。风吹散了梦，思绪随风而去，有时穿行在斑驳的树影间，有时荡漾在潋滟的水波中，有时飘到了江雾朦胧的锦官城，有时回到了梨花胜雪的南郑。

弄笔斜行小草，钩帘浅醉闲眠。更无一点尘埃到，枕上听新蝉。

当年壮怀激烈，奔赴前线；而今心静如水，隐居林间。平生万事付天公，白首山林不厌穷。

陆游每天都有着丰富的创作灵感。他有很多的时间，去回忆过去，去感受现在，去思考得与失，去重温悲与喜。

他想到二十多岁时的自己身着一袭青衫，和其他年轻的士子，三五成群地拥入临安城。那一年的他们，眼神明亮，又带着一丝锋芒，心高高地飘在九霄之上，盛满了凌云壮志。

因为年轻，所以敢想、敢说、敢做，无所畏惧，总以为有繁花似锦的前程在不远处等着他们，于是奋不顾身地往前闯，为了一己之功名，更为了家国之复兴。收复失地，重振山河，这是他们共同的愿望。一大群人浩浩荡荡，昂首阔步，一往无前。

"青衫初入九重城，结友尽豪英。蜡封夜半传檄，驰骑谕幽并。"每每想到此处，陆游都心潮澎湃。那是阳光灿烂的日子，那是年轻无畏的自己。盛年时的他曾"泪溅龙床请北征",在皇帝面前声泪俱下,请求北伐。

可是很快,现实让他们碰了一鼻子的灰。有人不甘心地继续往前走,摔倒,然后爬起,再摔倒,再爬起,伤痕累累,跌跌撞撞地前进。有人选择停在原地——在哪里摔倒,就在哪里躺平。还有许多人,敌不过时间与疾病,心仍在路上,身却已成朽木。

原本庞大的队伍,人数越来越少。一心赶路的陆游猛然转头,才惊觉身旁早就空无一人。他想起那一年纵马西北,从戎南郑,收复故土的信念坚定如山。然而没想到杀敌报国之路竟会如此艰难,当英雄不得用武之地,陆游便只能一再回味曾经瑰丽、宏大而壮烈的景象。

那是他离理想最近的一瞬。他恋恋不舍地沉醉在金戈铁马的记忆里,一次又一次地梦回瓜洲渡口楼船上的那个雪夜,梦回身披铁甲,在大散关与金军对峙的那个深秋。

时过境迁,心已不再滚烫,那夜的风雪终于吹白了他的头发。老陆揽镜自照,只见镜中人已是尘满面,鬓如霜,不复年轻模样。他奋笔写下一首《书愤》:

早岁那知世事艰,中原北望气如山。
楼船夜雪瓜洲渡,铁马秋风大散关。
塞上长城空自许,镜中衰鬓已先斑。
出师一表真名世,千载谁堪伯仲间。

他多希望自己像诸葛亮那样鞠躬尽瘁,攘除奸凶,兴复汉室,北定中原。可惜"时易失，志难成，鬓丝生"。

好在，陆游的内心仍是充满光亮的，他不知疲倦地用笔墨抒发着自己的情志，纵然不曾立下征战沙场的丰功伟绩，他笔下的那些流芳百世的诗词文章，又何尝不是一种千秋功业呢？

"平章风月，弹压江山，别是功名。"

十

再度被起用，是在陆游赋闲五年后的淳熙十三年（1186）。斯时他的诗名享誉天下，朝廷任命其为严州知州。收到诏令时，老陆的心又泛起了微澜。

他又一次踏入临安，向宋孝宗辞行。

六十多岁的老陆骑着一匹瘦马，慢悠悠地步入繁华依旧的临安。陆游望着熟悉的街景，神思飘到了三十年前。想当年他意气风发，幻想着能身披战甲，气吞万里如虎，将金兵斩于马下。

老陆笑着叹了口气，年轻时的自己，真是太傻、太天真了。

梦里的金戈铁马，变作了现实中的老翁瘦马。红尘匹马临安道，人与花俱老。

陆游住进了一间古朴的客栈。是夜，春雨缠绵，雨声里似乎夹杂着花落的声音，想来明日深巷里便会有人叫卖杏花了吧。陆游躺在小楼听了一夜绵绵的春雨，内心格外平静。半梦半醒间，他想到了一些断续的诗句。淅淅沥沥的雨声逐渐淹没了他的思绪，陆游便在潮湿的夜色里迷迷糊糊地睡去。

晨起，老陆便坐在小雨初晴的窗边，仔细地煮水、沏茶、撇沫，品尝香茗。他看着窗外匆匆而过的行人，突然来了灵感。陆游铺开纸张，信笔写下了一首《临安春雨初霁》：

世味年来薄似纱，谁令骑马客京华？
小楼一夜听春雨，深巷明朝卖杏花。
矮纸斜行闲作草，晴窗细乳戏分茶。
素衣莫起风尘叹，犹及清明可到家。

写完诗，陆游定定地望向窗外，街上那些来来往往的年轻士子，都是曾经的无数个他——面带憧憬的他，万丈豪情的他，慷慨激昂的他。他已经老了，接下来的事，该交由年轻的一辈去做了。

延和殿上，宋孝宗再见白发苍苍的陆游，心头也不禁一酸。当年那个在他面前梗着脖子仗义执言的小伙子，已变作花甲之年的老人。宋孝宗勉励陆游道："严陵山水胜处，职事之暇，可以赋咏自适。"

六十多岁的打工人陆游，依然勤于政事。在严州任上时，他布行惠政，鼓励农桑，带领人们一同耕作，发展农业生产，深受百姓爱戴。工作之余，老陆便整理旧作，将其命名为《剑南诗稿》。他一生笔耕不辍地创作诗词，自言"六十年间万首诗"，《剑南诗稿》共八十五卷，收诗九千余首。

三年后，陆游严州任满，朝廷召他入京师，升其为军器少监，掌管兵器制造与修缮。淳熙十六年（1189）二月，宋孝宗禅位于赵惇，是为宋光宗。新君即位，陆游再次看到了北伐的希望。他向宋光宗表明抗金之志，并提出减轻赋税、惩治贪腐、充盈兵备、广纳人才等一系列主张，为的就是一个终极目标——力图大计，恢复中原。

遗民泪尽胡尘里，南望王师又一年。

多少年过去了，陆游还是没有忘记最初的理想。老当益壮，宁移白首之心。穷且益坚，不坠青云之志。

然而宋光宗并无治国安邦之才，雪上加霜的是，体弱多病的他偏偏娶了个悍妒强势的皇后李凤娘。李皇后借着宋光宗之手，为娘家捞尽了好处，一大家子全都封官晋爵，坐拥巨额财富。可怜的宋光宗无力处理朝政，更没精力与老婆斗智斗勇，他只能眼睁睁看着大权旁落至李皇后族人之手。

忍气吞声的皇帝、嚣张跋扈的皇后，在这对组合的糟蹋下，南宋的国力愈加衰微。宋光宗为数不多的"丰功伟绩"之一，就是因爱妃厌食而意外发明了冰糖葫芦。至于抗击金兵、收复失地这样的问题，对他来说就大大超纲了。

由于老陆天天念叨着要恢复中原，主和派生怕皇帝突然智商上线，听了陆游的话，于是群起而攻之，弹劾陆游"不合时宜""嘲咏风月"。是非不辨的宋光宗将陆游罢去官职，遣返回乡。六十五岁的老陆再度失业。

不怕敌人如狼似虎，就怕队友胆小如鼠。主和派一直阻挠北伐，只怕过不了多久，宋朝的半壁江山也要保不住了。陆游在心里翻了个大大的白眼:"说我'嘲咏风月'?很好很好,那我便接受你们的建议,老夫的住所,从此便叫'风月轩'了。"

重回家乡的日子,老陆时常会去沈园走一走。他总是在薄暮时分,缓缓登上塔寺,极目眺望夕阳笼罩下的沈园。转眼间,他和唐琬已经分别快五十年了。她香消玉殒时,方才三十岁不到。在老陆的记忆里,她从来不曾老去,永远是那么的美好、年轻、楚楚动人。

红颜如故,而他鸡皮鹤发;山盟虽在,可惜锦书难托。

七十五岁的陆游一再想起最后一次与唐琬相遇的情景:

"伤心桥下春波绿,曾是惊鸿照影来。"

陆游长久地伫立于残阳之下,仿佛一尊雕像。他这个年纪,在同时代的人里算是极为长寿的了。可有时,太长命也并非一件好事。他送走了一个又一个旧相识,如今,很多故人都不在了。前两年,他的挚友范成大病逝,陆游悲痛万分地写下《梦范参政》:"平生故人端有几?长号顿足泪迸血。"

他还要怀着万古的寂寞,继续在世间走下去。他仍然在等待着那一天,王师北伐,平定中原,胡尘尽散,重振河山。

陆游望着一年年开了又落的梅花,心里生出了些奇妙的想法:

"何方可化身千亿,一树梅花一放翁?"

愿化作千千万万个我,每一个我的身畔,都有一树梅花,年复一年地盛开。不怕老去,不怕凋落,不怕泯灭。因为我知道,每当春日来临时,总有一树花会绽放如故。也许终有一日,它能代替已逝的我,见证山河回归。

十一

等到朝廷又一次诏陆游入京时,他已赋闲在家十三年了。这一次的工作,是编修国史。直到嘉泰三年(1203)四月,国史编撰完成,老陆才以此致仕,时年七十九岁。回望临安,他默默地想,这一次,大概再也不会回来了。

想起山阴老家老鼠横行,自己的藏书总被咬得稀烂,陆游便带着一只小猫回到家乡。许久无人在家,老鼠在书房里乱窜,英勇的小猫不负所望,将老鼠全部捉光。"裹盐迎得小狸奴,尽护山房万卷书。"

还好,也不算很寂寞,有狸奴陪着老夫呢。"书眠共藉床敷暖,夜坐同闻漏鼓长。"小猫时常依偎在老陆的身边,与他一同入眠。更漏声"嘀嗒嘀嗒"作响,一人一猫,在长夜里倾听着岁月流逝的声音。

偶尔,陆游的子女会来看望他。一阵短暂的热闹后,子女离开了,空荡荡的屋舍更显寂寥。"夜阑我困儿亦归,独与狸奴分坐毯。"陪伴老陆的,只有他的小猫。他喂养它长大,它陪伴他老去。

青灯永夜,陆游坐在书案前,恍然记起昨日事。"故交零落,如晨星霜叶,而我也老了。"陆游轻轻抚着小猫,对着它喃喃自语。

在某一个寻常的秋日里,陆游家沉寂已久的柴门被一个人叩响了。老陆颤颤巍巍地打开房门,朔风中昂首而立的,正是浙东安抚使兼绍兴知府辛弃疾。

"听闻陆兄闲居在此,特来拜访。"

陆游赶忙将他迎入屋中。寒舍简陋,连招待客人的茶水都没有,老陆面露窘色,辛弃疾却丝毫不介意。

辛弃疾本是北人,金军占领中原后,济南从此成了他魂牵梦绕却难以返还的故乡。驱逐外敌、夺回失地的信念已深深地刻入了他的血脉之中。而陆游,则与他有着同样的雄心壮志。

这是历史上正式记载的唯一一次两人的会面。可也许,陆、辛二人早已在彼此的精神世界里无数次地相逢、交谈、倾诉衷肠。他们同样是主战派,满怀报国热情;同样文武双全,却遭受排挤打压;同样爱好诗词,皆为风雅之人。他们的朋友圈中还有许多共同好友,譬如范成大、王炎、朱熹等等。

同有豪情壮志,相逢何必曾相识?此时辛弃疾也已年过花甲了,两个苍颜白发的老人在破旧的屋舍里就着一壶农家自酿的浊酒,促膝长谈——

"金人侵占我大宋疆土,残害我大宋百姓,朝廷怎可屈辱求和?"老陆声音嘶哑,愤然之下花白的须发微微抖动。"只可惜老夫壮志未酬,便已到垂暮之年,终究是有心无力了。"陆游重重地叹了口气。

"陆兄且放心,有我稼轩在一日,便绝不放弃抗金之志。"辛弃疾语气坚定,眼中如有炽热光焰。

他们为一拍即合的政治理念而击节称快,为已逝的故友而伤怀感慨。与君初相识,犹如故人归。

辛弃疾见陆游住宅简陋,多次提出帮他构筑田舍,都被陆游拒绝了。老陆只是一再拜托辛弃疾,北伐之心,不可灭。

此时,中原已沦陷于金人之手六十多年。与辛弃疾的会面令陆游激动不已，他知道还有人在为统一中原的理想而努力奋斗。纵使一个陆游倒下了，还有千万个他站起来。次日，天色将晓之际，一宿未眠的老陆颤颤巍巍地步出篱门，他挂着拐杖，望着远方熹微的晨光，落下了浑浊的泪水。

然而他的眼神依旧清亮。他会等待着每一个黎明，每一次日出。也许，就在今天，会传来朝廷出师北伐的消息。老陆希望自己活得久一点，再久一点，他想等到那一天。

他坚信，纵是长夜漫漫，终有天明之际。

嘉定二年（1209），八十五岁的老陆病倒了。入冬后，他病情日重，遂卧床不起。临终之际，陆游留下绝笔《示儿》作为遗嘱：

死去元知万事空，但悲不见九州同。
王师北定中原日，家祭无忘告乃翁。

他的躯体已然陨灭，灵魂却与世人同在。他化作千千万万的有志个体，不死、不朽、不灭。永远年轻，永远热泪盈眶。

春风再度吹回大地，驿外断桥边的梅花，又静悄悄地绽放了。

辛弃疾
(1140—1207)
赴青山

一

侠者隐，锋刃藏。这把利剑已经很久不曾出鞘了。

纵饮大醉的夜晚，炽热的酒气与清冷的月色一同无声地流动在空寂的房间内。一杯接着一杯，灯下独酌的辛弃疾面色愀然，目光昏沉。他的鬓发已白了一半，几缕凌乱的发丝遮住了眉眼。他曾经魁梧挺拔的身躯，如今已变得有些佝偻。

烛火将要燃尽，微弱的光焰时明时灭。夜色如潮水般涌入屋内，浸得皮肤有一丝丝凉意。月光为他披上了一层薄薄的衣衫。

酒酣耳热之际，辛弃疾取下了悬挂于墙壁上的宝剑。他重又点上灯烛，仔细擦拭着蒙尘的剑鞘，而后略一使力，一道寒光乍现，仿佛深秋霜降。他摇摇晃晃地起身，步履踉跄地挥舞着长剑。剑来，剑去，月下浮尘随之起舞。剑气啸然，似可上天劈浮云，入海斩长鲸。烛火与明月的光芒瞬间黯然失色。

一半酒醉一半清醒之间，辛弃疾的思绪再次回到二十多年前的那个高光时刻。那时的他正值青春年少，血气方刚。

自从靖康之变后，金人占据了大宋的半壁江山，其统治下的中原地区，赋税繁重，百姓不堪其苦，纷纷揭竿而起，心怀北伐之志的辛弃疾亦参与其中。彼时年方二十岁出头的他，已是手下统领两千多号小弟的大哥。

小辛同志带着浩浩荡荡的人马，加入了农民耿京成立的抗金组织，这支队伍多达二十余万人，力量不容小觑。辛弃疾深知，若能取得朝廷的支持，与南宋军队配合作战，必能事半功倍。绍兴三十二年（1162），耿京命辛弃疾等人奉表南归，宋高宗赵构在建康接见了他们，任命耿京为天平节度使，辛弃疾为承务郎。

得到了官方的认可和支持，辛弃疾心潮澎湃，他一路疾驰北归，迫不及待地想将这个好消息告知上司耿京。然而就在他离开的这段日子里，义军内部发生了重大变故。金世宗为收买人心，发出诏书："在山者为盗贼，下山者为良民。"

许多思家心切、想过太平日子的义军将士趁着有这样的宽赦诏书，纷纷下山回乡。起义军中的大将张安国更是贪图金朝丰厚的奖赏，当即发起叛变，先是谋害主帅耿京，又带领一众部下向敌军投降。他如愿受到了金人的封赏，被任命为济州知州。而曾经重创金军、拥有着二十多万兵马的耿京起义军，则于短短数日内土崩瓦解。

辛弃疾闻讯后悲愤不已，气得破口大骂："张安国这个王八蛋，居然敢做出此等卑劣之事！你小子给我等着。"他决定，带领义军中剩下的兵士，杀入敌营，抓获叛徒，就地正法。辛弃疾召集了军队尚存的游兵散将，高声问道：

"叛贼就在金军营中，谁与我同去？"

一片沉寂。众人你看看我，我看看你，皆不敢言语。人人都知，敌营守备森严,且有驻军数万人。此去,无异于羊入虎口,自寻死路。这时一个怯怯的声音响起来:"咱们所有人加起来,也不过上千人,如何与敌军数万人相匹敌?"

辛弃疾冷哼一声:"金营不过区区五万人,谁怕?"

最后响应这次行动的,只有数十人。辛弃疾望着这稀疏的队伍,略加清点一番后,从容地笑道:"五十人,足矣。"

他翻身上马,一手握缰绳,一手执长剑,驰骋在前往敌营的黄沙大道上。银鞍照白马,飒沓如流星。他俊朗的眉目间是一腔孤勇,年轻的脸上写满无所畏惧。他一路驱驰,气势如虹,仿佛身后跟着千军万马。

其时,叛将张安国正与金军畅饮。辛弃疾率兵出其不意袭进金营,如入无人之境,十步杀一人,身影疾如闪电。他找到了张皇失措的张安国,将其一把揪起,扔上马背,而后在重重包围中杀出一条血路,绝尘而去。

留下数万金兵目瞪口呆。马背上的张安国亦大惊失色:自己堂堂一员大将,居然被这么一个毛头小子从数万人的兵营中劫走,落了个如此狼狈不堪的下场!

他挣扎求饶,又试图逃跑,辛弃疾也不同他废话,直接拳脚相向,打得张安国再也不敢动弹。能动手解决的事,绝不动口。辛弃疾面沉如水,一路疾驰而归,叛徒张安国最终在临安被斩首示众。

每每想起这段勇闯敌营的经历,辛弃疾就止不住地热血沸腾。年轻时的他,胸怀凌云之志,誓要一扫胡虏尘,收拾旧山河。他对自己有信心,亦对南宋有信心。他是那么英武神勇,南宋得此猛将,何愁不能平定乾坤，收复失地？

然而终究事与愿违。二十多年后，中原依旧陷落于金人之手，南宋朝廷一次次地献上黄金白银、奇珍异宝，以求偏安一隅，苟且偷生。国势日渐衰微，败局已定。而当年那个意气风发的少年英雄辛弃疾，如今也熬成了壮志难酬、白发丛生的中年人。他一身落寞地闲居在山野，独酌于月下。辛弃疾只能抚摸着曾经陪伴自己纵横沙场的长剑，在酒醉中重温那个不朽的英雄梦。

在这个冷月无声的夜晚，年近五十的辛弃疾写下了一曲《破阵子·为陈同甫赋壮词以寄之》，与他志同道合的好友陈亮相互唱和。

醉里挑灯看剑，梦回吹角连营。八百里分麾下炙，五十弦翻塞外声，沙场秋点兵。

马作的卢飞快，弓如霹雳弦惊。了却君王天下事，赢得生前身后名。可怜白发生！

利剑再次出鞘，却不是在金戈铁马的战场上，而是在更深露重的暗夜里。这把宝剑，该何去何从？他的余生，又该如何度过？

眼下，有明月、清风、美酒、良夜，这也是妙不可言的，可到底不是如他所愿。

二

　　济南，历城，华山山顶。正是黄昏时分，天际的斜阳映照于漫山的青藤翠蔓之上，为这幅青山绿水图镀上一层耀目的金光。长风呼啸，流云舒卷，众鸟凌空而起，盘旋于空中，搅散了山间缭绕的雾气。远处，隐约可见奔腾不息的黄河，滔滔东流去。山色水色，在苍茫的云海间连成一片，甚是壮观。

　　一老一少两个身影，正驻足于万丈霞光之下。

　　白发苍苍的老者指着远处的山水胜景，开口道："孙儿你看，这连绵的山川、逶迤的黄河，都曾是大宋的壮美山河。"

　　小童不解地问道："那为何如今是金人统治着这里呢？"

　　老者长叹一声，答道："当年金兵南下，攻占大宋疆土，迫害宋朝百姓。孙儿你记住，我辛家世代为宋人，国破之恨，断不可忘。"

　　小童懵懵懂懂地点了点头，他的脑海中，浮现出金人官兵粗暴对待邻家老伯的景象。他们气势汹汹地逼着老伯缴纳税款，又强行夺走了他家中所剩无几的财物。想到这，小童稚气的脸庞透出了一丝恨意。

　　这伫立于夕阳下的一幼一长，正是辛弃疾与他的祖父辛赞。

　　辛弃疾出生那年，北方就已是金人的天下。金朝统治者初入中原时，"尝谋尽诛南人"，还"禁民汉服，又下令髡发，不如式者杀之"。推行如此可怖的高压政策，为的就是逼迫北方汉人臣服于新君。在金人的统治下，中原赋税沉重，法令严苛，原本的大宋子民陷入水深火热之中。

辛赞目睹了金军的暴行，本想随宋室和大批中原百姓一同南渡，却因族人众多而无法举家搬迁，只能留在济南。为了养家糊口，他又不得不入仕金朝，以赚取升斗之禄。辛赞一直希望能够与金人决一死战，只是他年老体衰，再无机会征战沙场。于是辛赞将报国雪耻的期望寄托在孙子身上。他平生最崇拜西汉的一代战神——霍去病，作为其铁杆粉丝，便给自己的孙子取名为"弃疾"。

"汉有霍去病漠北之战封狼居胥，屡战匈奴未尝一败，愿我孙儿日后与他同样神勇，为大宋建立不朽功勋。"老辛常常带着小辛"登高望远，指画山河"。年少的辛弃疾眺望着原本属于大宋的千里江山，暗暗握紧了拳头，心里想道："终有一日，我要纵烈马，执长剑，斩杀金兵贼子，将胡尘赶出中原。"

祖父辛赞仕途的最后一站，是开封知府。驻足于繁华如梦的汴京城中，老辛追忆起曾经烜赫一时的大宋皇宫。旧时月色，映照着旧时宫阙，他牵着孙儿辛弃疾，向孙儿缓缓讲述当年北宋的繁盛景象：

"那年还是清平盛世，满宫栽种着高大的桂树，月光下树影婆娑，花影朦胧。满城飘散着馥郁的花香，比酒香还醉人。

"每到夜色降临之际，宫墙内便会传出不绝于耳的丝竹管弦之声，随着清风散入万千百姓家。

"直到靖康之变，金人掳走了徽宗、钦宗二帝和大批宫眷、珍宝，无数百姓仓皇南逃。汴京人去城空，唯有桂树留了下来。"

正值金秋时节，辛弃疾深深地吸了口气，烟霭般弥漫的桂花香钻进鼻子。花气袭人，有些凉，有些痒，浓郁的香气让他一阵眩晕，仿佛不胜酒力，大醉一场。

很多年后，辛弃疾都会一再想起年少时与祖父游览北宋宫殿的场景："十里芬芳，一枝金粟玲珑。管弦凝碧池上，记当时、风月愁侬。翠华远，但江南草木，烟锁深宫。"

那些美好的、遥远的情景，像一团花雾萦绕于他的心头。辛弃疾暗暗立誓，要将那些原本属于大宋的花月春风，从金人手中夺回来。

少年时代的小辛，拜在名重一时的文学家刘瞻门下。在求学的日子里，他结识了同窗党怀英。党怀英"少颖悟，日诵千余言"，他与辛弃疾同样出身于官宦世家，两人又才华相当，甚是投契。

辛弃疾既学诗词歌赋，也学兵家之道。兵书里那些克敌制胜的谋略、排兵布阵的战法，深深地刻在了他的脑海里。眼前，风骤起，汹涌的林海化作刀光剑影的战场，晃动的竹枝是舞剑的侠士，缭绕的雾气是漫天的烟尘。山风呼啸而过，隐隐有厮杀之声，从云端飘到他的耳畔。

辛弃疾常在山林间习武练剑，其招式时而骤如白驹过隙，时而缓如行云流水，时而轻如游龙翩然，时而重如泰山压顶。点剑而起，身若白鹤般轻盈，落下的剑锋却藏有千钧之力。剑随身动，寒光闪现，林间落叶瞬间纷纷而下，似乎要将人淹没一般。

再站定，舞剑的少年已长成一个健壮高大的青年，他目光炯炯，提剑而来，仿佛猛虎下山，潜龙出渊。

1157年，十八岁的辛弃疾受祖父辛赞之命，奔赴金国都城燕京参加科举考试。一路前去的，还有他的同窗好友党怀英。对辛弃疾来说，此行，目的不在于考取功名，而是了解北方的政治局势、地理状况以及军事部署，以待日后有机会起事。知己知彼，方能百战不殆。此行他将一路的山川地势画了下来,大宋丢失的半壁山河,被他郑重地装入心中。

考完试,在回乡的路上,党怀英纵着马,与辛弃疾闲聊道:"愿来日进士及第,得朝廷重用,在大金文坛有所建树。倒也不枉我苦读诗书多年。"党怀英满目憧憬,说罢,他转向辛弃疾问道:"幼安,你未来有何打算?"

辛弃疾望着远处的山河,缓慢又坚定地说:"靖康耻,犹未雪,我总想着有一日能收拾旧山河,恢复大宋昔时盛况。"

党怀英愣了一下,迟疑道:"你的意思是……要同那些起义军一样,公然对抗大金?"

"你我祖上本是宋人,却生在了金朝统治之下。常言道:'时也,命也!'我却不愿就此认命。"辛弃疾语气平静,眼睛依旧定定地看着远方。

党怀英惊得瞪大双眼:"你疯了?此事关乎性命,切不可冲动而为!"继而又劝道:"北宋灭亡,非我辈之过。以你的才华,若入仕金朝,高官厚禄唾手可得,何必拼死为旧朝?"

辛弃疾沉声道:"亡国之恨,不可忘。金人当道,中原的汉族百姓过得太苦了。我辈不得不奋起一搏,挽救于万一。"顿了顿,他转头向党怀英笑道:"愿党兄金榜题名,也愿我名落孙山。"说罢策马而去,留下一阵风,拂过党怀英惊魂未定的脸。

两人将踏上截然不同的道路,各自越走越远,再难聚首。

三

南宋绍兴三十一年（1161），金主完颜亮意图统一华夏，率领数十万大军南下攻宋，一路烧杀掳掠，无数百姓陷入更为深重的灾难之中。此时的南宋，仍然躲在江南的靡靡之音中，高宗赵构听闻金军南下，想再度逃离临安府，寻找新的安乐窝。

民怨沸腾，各地义士揭竿而起。这一年，辛弃疾的祖父已经去世，他盼望半生却始终没有等到的那阵东风，终于吹到了辛弃疾的身上。

二十二岁的辛弃疾决定，招募属于自己的军队，起兵反抗。只是开局唯有一人一马一长剑。虽从无作战经验，可他有勇、有谋、有远见。辛弃疾年轻的脸上显露着天不怕、地不怕的决绝："从今往后，定要不惜此身，斩敌于马下。"属于南宋的一代"战狼"，开始纵横于中原大地。

很快，和他有着相同理想的热血之士越聚越多，辛弃疾身后的队伍壮大起来，上千人跟随他的步伐，磨刀霍霍向金兵。小辛带着众多部下加入当时山东规模最大的一支义军——由耿京领导的天平军，并担任军中掌书记，负有保管帅印之责。

随辛弃疾一同投奔天平军的人马中，有一个名叫义端的和尚。此人不耐艰苦的军旅生涯，竟于一个月黑风高夜偷走了辛弃疾保管的帅印，准备前往金营邀功。帅印在手，就相当于掌握了兵权。如此重要的东西，若落入敌军之手，后果将不堪设想。统领耿京大怒，欲拿辛弃疾问罪。羞愤难当的辛弃疾当即立下军令状："不杀叛贼，誓不罢休!"

他立刻策马扬鞭,连夜追赶义端,扬起一路尘土。马蹄贴着潮湿的地面上下翻飞,仿佛凌虚而起,踏水而行。辛弃疾的目光锋利如剑,他以索命般的姿态,撕开了漆黑的夜幕。闪电般的身影,在沿途的村庄与荒野间一掠而过。

天色将明之际,仓皇逃窜的义端依稀看见了不远处金兵的营寨,心下大喜:"总算到了,阿弥陀佛!"就在这时,辛弃疾也望见了前方一颗起起伏伏的秃头,在淡淡的曙光里时隐时现。

他逃,他追,他插翅难飞。正当义端松了一口气的时候,忽然听得身后一声大喝:"叛贼哪里逃!"和尚吓得直接从马背上摔了下来,骨碌碌地在地上打了好几个滚。定神后,他抬头一看,横刀立马于眼前的,正是杀气腾腾的辛弃疾。义端连忙磕头如捣蒜,拱手求饶道:"我识君真相,乃青兕也,力能杀人,幸勿杀我。"辛大哥,我一眼看出你乃神兽化身,你就行行好,饶我一条狗命吧!

辛弃疾冷眼瞧着义端摇尾乞怜的模样,心凉如水:"昔日并肩作战的兄弟,居然说叛变就叛变。"他一言不发,毅然拔出了腰间长剑。手起剑落,义端一命呜呼。天光大亮时分,辛弃疾一手捧着帅印,一手拎着叛贼的首级,大步流星地踏入了耿京的营帐。经过一夜奔波,他依旧神色自若,沉着如故,只是面庞沾染了薄薄一层风尘,战袍上溅了几许义端的鲜血而已。

一颗鲜血淋漓的首级使森严的帅帐肃杀之气更甚。大帅耿京端坐于虎皮交椅上,心中暗赞:"这小辛,是个救亡江山的可造之才啊。"他欣慰地望着风尘仆仆的辛弃疾,举起手中的牛角杯,朗声道:"一路奔波辛劳,快干了这杯酒,暖暖身子。"辛弃疾从耿京的目光中感受到了器重和期许,他爽快地端起帅案上的另一只酒杯,一饮而尽杯中酒。饮罢,依旧面色如常,只淡淡地回了一句:"多谢大帅!"

历城辛弃疾,人狠话不多。托身白刃里,杀人红尘中。能动手,就绝不瞎叨叨。一个字,"干"就完事了。

四

天平军的队伍愈加声势浩大,甚至得到南宋官方政权的支持。正当辛弃疾拿着朝廷的任命书,兴冲冲地赶回来复命时,却发现军中发生了一场惊变。

又来一个叛徒!是可忍,孰不可忍!辛弃疾怀着满腔怒气,仅仅率五十人,千里奔袭,闯入金军五万人的大营,活捉了叛贼张安国,并全身而退。如此惊人的胆识,让他一时间威震四海。史书中有载,辛弃疾"壮声英概,儒士为之兴起!圣天子一见三叹息"。不仅江湖上流传着他的英勇事迹,朝廷也对这个初出茅庐的年轻人关注起来。宋高宗一纸诏书下来,命辛弃疾以"归正人"的身份,担任江阴签判,官阶为从八品,负责起草、书写往来公文。

初入职场的小辛同志天真地认为自己受到了赏识,他坚信,在不久的将来,自己就能大展拳脚,一展身手。江阴乃是宋金交战的前沿阵地，名将韩世忠、岳飞都曾在此驻防过。辛弃疾满怀信心地想：先做一段时间的文书工作，接下来，就能领兵挂帅，上马杀敌了吧？

然而他的宦途生涯才刚刚开启，一瓢冷水就猝不及防地浇了过来。

高宗赵构只想维持苟安的局面，在他看来，金人要的不过是钱财，反正江南富庶，年年准时奉上金银便是。他心甘情愿地当着金朝的提款机，只要不打仗，怎么都好说。赵构为自己的胆小怯懦找了个好借口，美其名曰"主张和平"：我朝秉承友好外交，何必兵戎相见，拼个你死我活？他已经在想着提前退休，把皇位禅让给养子赵昚，然后舒舒服服地当他的太上皇，好好享受不用操劳国事的晚年生活。

年轻有为的辛弃疾并未受到朝廷的重视，整个南宋王室像一个软扒扒的泥人儿，懒洋洋地对着他挥挥手："小伙子很不错，官位俸禄赏你啦。下去吧，自个儿玩去吧。"

绍兴三十二年，赵昚从宋高宗赵构手中接过了南宋社稷。正值盛年的宋孝宗赵昚，不甘心偏安于江南，他怀着重振山河的理想，决定收复失地，一雪国耻。即位后，宋孝宗不仅为岳飞平了反，还重用被冷落已久的主战派大臣张浚。雄心勃勃的赵昚开启了北伐大计，他下令厉兵秣马，整军备战，并在宫中练习骑射。必要时，天子可御驾亲征，以振士气。

辛弃疾听说朝廷发兵北伐的消息，内心激动不已，他恨不得立刻披甲上马，冲去前线，与将士们一同杀个痛快淋漓。手中的长剑早已如饥似渴，需要用敌军的鲜血去润泽滋养。然而他始终没能等来朝廷的诏令。

等风来，不如追风去。辛弃疾多次向时任枢密使的张浚献上分兵攻金之策——分几批兵力突袭敌军，使金兵疲于应付，以削弱其兵力。然而此时的辛弃疾人微言轻，张浚并未将他的话放在心上。张浚婉拒道："某只受一方之命，此事恐不能主之。"

惨遭拒绝的辛弃疾倒也并不气馁，至少，官家已决意北伐。不管怎么说，这都是一个令人振奋的好消息。

孝宗希望自己的恢复大计能够得到太上皇的支持和鼓励，每次赴德寿宫请安，他都要兴致勃勃地谈论恢复中原的计划："两淮军马已就位，可与金兵相抗衡。"

赵构一脸漠然："整天打打杀杀的，不像话。我朝应当以和为贵。"

孝宗又兴冲冲地向太上皇禀报战况："北伐初战告捷，接连攻克灵璧、虹县，实乃大喜！"

赵构略一点头，顾左右而言他："工匠新凿了大龙池，引西湖水注之，还在其中栽种了千叶白莲，盛景堪与西湖相比。"

孝宗还沉浸在打胜仗的喜悦里，兀自感叹道："张浚颇有将帅之才，朝中无人可及啊！"

两个人各说各话，完全不在一个频道上。

赵构不耐烦了，皱眉道："哎呀！等我百年之后，你再讨论此事吧！"说罢甩袖走开。见此情景，孝宗一阵沉默，乖乖闭上了嘴。

孝宗所发起的隆兴北伐，是宋室南渡以来的第一次主动出击。正当整个朝廷都在举杯相庆首战告捷之时，一个噩耗传来：张浚手下的两员主将相互猜忌，宋军内部矛盾频出，配合不力，以致十几万宋军最终在符离溃败，仓皇南逃。隆兴北伐不得不就此草草收场。

宋孝宗大受打击，满腔的雄心壮志随着溃败的宋军一同覆没于金兵的铁骑之下。他开始考虑搁置北伐大计，重拾对金议和的政策。是年六月，孝宗重新起用主和派大臣汤思退，主和势力重又活跃于朝堂。次年，宋金签订"隆兴和议"。南宋不仅要每年献上银、绢各二十万两、匹，还要将处于中原核心地域的六州拱手奉与金朝。大宋版图一再缩小，这剩下的半壁江山，还能支撑多久？

这些年，辛弃疾一直游离于朝堂边缘，皇帝把他当成一个吉祥物，光是给予表扬，却不委以重任。一个"归正人"的身份，就注定他不会被南宋朝廷所重用。朝廷对他始终有所猜忌："自幼生长于金人统治区域，谁知道你是不是怀有异心？若兵权交给你，万一来日你与金人暗通款曲，拥兵造反，我大宋岂不彻底完蛋？"

坐了三年冷板凳的辛弃疾，只能眼睁睁地看着当局从锐意进取变为屈辱退缩，从积极主战变为一心媾和。辛弃疾焦灼得失眠了一宿又一宿，在房中来来回回踱着步。他决定憋个大招：将心中所谋，一股脑上奏官家，让朝廷知道，大宋并非已无可用之人，国家未来的命运，也并非只有议和这一条路。

他单纯地认为，是朝廷还没有看见自己的才能、忠心与热忱，只要他不懈努力，终有被认可的那一天。辛弃疾日夜伏案，奋笔疾书，他全面分析了敌我形势，从审势、察情、观衅、自治、守淮、屯田、致勇、防微、久任、详战十个方面，提出了切实可行的战术战略和周密详尽的具体规划。这些年，成堆成堆的兵书可不是白看的。很快，他就完成了一部颇有远见卓识的军事论著——《美芹十论》。

如何任人用兵，如何防守进攻，如何安邦定国，全给你安排得明明白白。

这一年的辛弃疾，方才二十六岁。

然而辛弃疾笔下满怀激昂的文字，并没有唤起君王曾经的雄心壮志。隆兴北伐失败后，朝廷上下的偏安之风甚嚣尘上，大多臣子皆反对出兵北伐：再打下去，国库都空了，咱们的工资和年终奖都要发不出来了。

在君王与文人士大夫共治天下的宋朝，国家大事并非天子一个人说了算。臣子们的耳边风吹得孝宗晕头转向：

"中原故土早已沦于敌手，都被金人毁得差不多了。"

"即便失地收回来，也于大宋无益。还得养活一堆人口，徒增朝廷负担啊。"

"反正打也是输，折腾一圈下来，还是落了个割地又赔钱的结果，咱输不起了。"

孝宗逐渐心灰意冷：与其送上门去被金人暴揍，不如直接认怂躺平。年年奉上岁币，求个清净太平。

看着辛弃疾递上来的奏疏，宋孝宗赞赏地点点头："小伙子文笔不错，写得很好，下次别写了。"他将这份奏疏束之高阁，起身前往德寿宫，准备与太上皇一同聊聊天、散散步，观赏大龙池中的千叶白莲。两任赵家天子，双双开启了摆烂模式。

临安城繁华如故，青山依旧，似乎仍是太平盛世。

眼看自己呕心沥血写下的恢复大计，皆如泥牛入海，再无音讯，辛弃疾失落地驻足于江畔。望着滚滚而去的江水，他想起年少时祖父多次提及的一代名将霍去病。这位青年英豪得到了汉武帝的重用，从十八岁开始，六次出战匈奴，饮马瀚海，屡获奇功。

辛弃疾一度以为，自己也能像霍去病一样，征战疆场，为国建功立业。毕竟他曾在二十岁出头的年纪，便敢率五十人夜袭敌军五万人的大营，生擒叛贼，名震中原。

辛弃疾每日一问："陛下何时出兵？"

孝宗打着哈哈："下次一定。"

弃疾似去病，可惜宋皇非汉武。

五

乾道四年（1168），辛弃疾被任命为建康通判，这也是个清闲的官职，总有大把的时光可供消磨。金陵城一向繁华安乐，本就没有太多公务需要操劳。他的同僚们在公事之余，或是往来应酬，饮宴唱和；或是游山玩水，踏寻古迹。

十里秦淮不知人事不知愁地东流而去，碧波荡漾，倒映出临水的一座座亭台楼阁，茶坊酒家，还倒映出辛弃疾的一张格格不入、忧心忡忡的脸庞。

两千多年前的那个鲜衣怒马的青年英雄霍去病，生命戛然而止于二十四岁。上天过早地收回了赐予他的光辉岁月。他的人生太灿烂，也太短暂，是一瞬间的盛大烟火。当繁华落尽，他的寂灭都显得那么庄重神圣，值得后人永远追怀和叹惋。

而同样风华正茂的辛弃疾，只能在内心奢望着一场璀璨的绽放。

他赋闲的时间多得泛滥,在心上积起了一层厚厚的灰尘,拂也拂不去,扫也扫不净。他整个人变得灰扑扑的,蜘蛛即将在他的头顶结网,萋萋荒草遍布于他的身畔。

难道此生,再无驰骋疆场的机会?他才二十九岁,正是打拼的年纪,皇帝却偏要让他过养老生活。本以为归顺朝廷可以壮大抗金队伍,谁能想到,国家正规军还不如民间游击队。

一腔热血,终究是被辜负了。

正值盛年的辛弃疾像个垂暮老者,他时常追忆起从前在起义军中的峥嵘岁月。其实想想,也不过过去了几年而已。曾经随他深入敌营的长剑盔甲,早已闲置蒙尘,一如现下的他。

他有时纵马闲游于金陵古城,走走停停;有时登上亭台楼阁,极目远眺。辛弃疾总是造访城西的赏心亭,在天气晴朗的日子里,可以清晰地望见远处的千里江山,在清秋澄明的苍穹下层叠起伏,连绵不尽。滔滔江水向天边流去,无边无际。可惜这般壮美的景色,并未让辛弃疾暂消愁绪。

驻足夕阳下的他迎风而立,凝望着远方,陷入了沉思:大宋的半壁山河尚在金人之手,朝野上下却一派懦弱萎靡之气,只知一再退让,屈辱求和。早知如此,当初还不如带着剩下的起义军,与金兵拼个你死我活,总好过苟且在此,虚度余生。

可那时,他率兵南下的每一步走得是多么坚定啊。曾经的他信心满满:投奔南宋后,我定能一路打回北方,使家乡回归大宋,让百姓不再受金人压迫之苦。

可惜事与愿违。北望故乡,历城的山水化作了一团遥不可及的朦胧的梦。而南宋君臣则堕入纸醉金迷的世界里,一晌贪欢。

辛弃疾长长地叹了一口气。遥想十余年前，也是在这样的漫天霞光里，祖父告诉他，国破之恨，不可忘。那时他还以为，等他长大了，能拿得动刀剑了，就可以上马杀敌，将失陷的疆土一一收复。

他还是太年轻、太天真。

既然无法征战沙场，那便以笔为刀剑，将满腔愤慨、不甘、失意，皆凝结于笔端，倾洒于纸上。现实种种，实在是太压抑、太沉闷、太令人沮丧了。辛弃疾寻寻觅觅，在诗词里找到一条曲径通幽的小径。入口有微光，越往深处走，光芒越明亮。那是一个别有洞天的世界，让他得以暂寄形影相吊之身，安放无人可以言说的情志。

他在小小的一方砚台里磨来磨去，淋漓的笔墨是他挥洒的热血，龙飞凤舞的字迹是他与敌军厮杀的刀光剑影。

最后一抹残阳斜照于亭台之上，天边落队的孤鸿带来一阵哀伤的鸣叫。辛弃疾感慨万千，挥笔作下一曲沉郁顿挫的《水龙吟·登建康赏心亭》：

楚天千里清秋，水随天去秋无际。遥岑远目，献愁供恨，玉簪螺髻。落日楼头，断鸿声里，江南游子。把吴钩看了，栏杆拍遍，无人会，登临意。

休说鲈鱼堪脍，尽西风，季鹰归未？求田问舍，怕应羞见，刘郎才气。可惜流年，忧愁风雨，树犹如此！倩何人唤取，红巾翠袖，揾英雄泪？

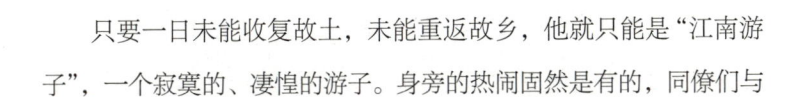

只要一日未能收复故土，未能重返故乡，他就只能是"江南游子"，一个寂寞的、凄惶的游子。身旁的热闹固然是有的，同僚们与

他觥筹交错,舞姬围绕他翩然起舞,可是无一人与他心意相通。辛弃疾想起西晋时期有个叫张季鹰的臣子,他本是南方人,后来在洛阳为官。西晋末年,时局动荡,张季鹰便以怀念江南的菰菜、莼羹、鲈鱼脍为由,辞去官职,在帘卷西风的时节,回到了南方老家。

辛弃疾眼巴巴地望向北方,鼻子一酸:"真想学张季鹰呀,直接撂挑子。可辞官后我又能去哪里呢?济南依旧沦陷于敌军之手,到底是归梦难成。人家张季鹰有家乡可回,我却再无故土可归。"

家何在?烟波隔。重重青山断归路。

听声声、枕上劝人归,归难得。

六

一年一年飞逝而过,转眼又到了春天。春光正好,四处依旧一派繁盛景象。管他是清平盛世,抑或是国破家亡,花到了春天就要绽放,这是万物轮回、生生不息的道理。

乾道六年(1170),辛弃疾建康通判任满,回到了都城临安。是年五月,他在延和殿受到宋孝宗的召见,之后被任命为司农寺主簿,掌管朝廷仓廪、籍田等事务。虽然官职也不高,却是在天子脚下工作。这意味着他将有更多机会向朝廷上奏自己的收复计划。

辛弃疾的信心重又被点燃,他迫不及待地写就一篇洋洋洒洒的

《九议》，上书宰相虞允文，再次陈述自己的抗金方略：

"……且恢复之事，为祖宗，为社稷，为生民而已，此亦明主所与天下智勇之士之所共也……

"……凡战之道，当先取彼己之长短而论之，故曰：'知己知彼，百战不殆。'……

"……举天下之大事而蔽之以一言，曰：'攻其无备，出其不意。'……"

通篇都是铿锵有力的八个大字——"举兵北伐，恢复中原"。他甚至撂下狠话：若陛下采纳了这些建议却不能克敌制胜，自己愿以死告罪天下。

面对辛弃疾的一腔热血，朝廷再次敷衍道："时机未到，下次一定。"

彼时的临安，仍是一片温柔富贵乡，江南好景四时常在，似乎永远不会颓败。阳春三月，竹外桃花三两枝；四月，海棠未雨，梨花先雪；六月，榴花欲燃；七月，荷花映日；九月，丹桂飘香。凛冬时分，亦有雪花飞舞，梅香清幽。

夜市彻夜通明，商贩们叫卖着细柳箱箧、花环钗朵、销金帽儿、时文书集、甜汤胡饼，行灯明亮，画烛摇曳，如同穿行于流动的璀璨星河之间。勾栏瓦舍，通宵上演着曲艺杂剧。百戏杂陈，管弦不绝于耳；轻歌曼舞，扬起香尘无数。如此天上人间，令人乐而忘忧。

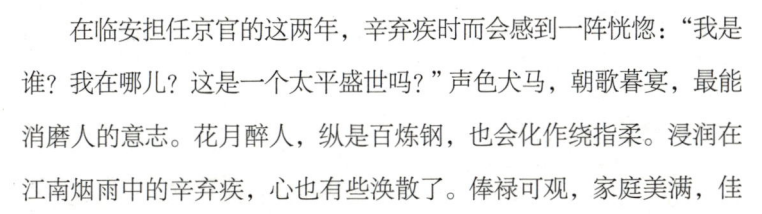

在临安担任京官的这两年，辛弃疾时而会感到一阵恍惚："我是谁？我在哪儿？这是一个太平盛世吗？"声色犬马，朝歌暮宴，最能消磨人的意志。花月醉人，纵是百炼钢，也会化作绕指柔。浸润在江南烟雨中的辛弃疾，心也有些涣散了。俸禄可观，家庭美满，佳人美酒日夜环绕。过着这般滋润的日子,谁能不犯迷糊?

元宵佳节,临安城更是热闹非凡。辛弃疾坐在临街的酒楼上,一边饮着美酒,一边观赏着窗外流光溢彩的街景。沿路无数五光十色的花灯,宛如春风吹开千树繁花,又如漫天星雨散落万户人家。街道之上,车如流水马如龙。香尘随马去,明月逐人来。

女孩们身着美丽的衣裙,笑语盈盈地穿梭在熙熙攘攘的人潮中,追寻着舞动的鱼龙彩灯翩然而去,留下一路暗香,浮动在灯影与月影之间。

此时正值元夕佳节,辛弃疾用笔墨记录了这一夜的盛况,写下一曲《青玉案·元夕》:

东风夜放花千树。更吹落,星如雨。宝马雕车香满路。凤箫声动,玉壶光转,一夜鱼龙舞。

蛾儿雪柳黄金缕,笑语盈盈暗香去。众里寻他千百度,——蓦然回首,那人却在,灯火阑珊处。

满城看不尽的热闹,乱花渐欲迷人眼。花灯晃耀,乐声盈耳,街市灿然若白昼。辛弃疾却游离其外,他在急切地寻找着什么。目光越过灿烂的花灯,越过喧闹的人群,在一片灯火零落处,他恍然看见了二十二岁那年的自己。隔着重重绚烂的光影,年轻的他正自顾自地擦拭着手中的长剑,眼神里尽是"虽千万人,吾往矣"的决绝与坚毅。

一道岁月的长河,横亘于此时年过而立的他与当年风华正茂的他之间。这一年,辛弃疾在临安城的熏风里一醉再醉,差点迷失了自己。他遍览众生相，皆是面目模糊，直到这一夜，他终于绕过汹涌的人潮，在灯火阑珊处，找到了最初的自己。

耳畔，繁弦急管骤然停息，整个世界安静了下来。他像是从一场大醉中清醒了过来：这不是如梦似幻的人间仙境，而是大敌压境之际的南宋都城。

辛弃疾又回到热血沸腾的状态，每日灵魂拷问顶头上司宋孝宗：

"陛下，何时北伐，恢复中原？"

"陛下，金人狼子野心，我朝不可一退再退。"

"陛下，微臣愿领兵挂帅，抗击金兵，给个机会吧。"

天子心里很不高兴："你一个从敌占区来的归正人，还想手握兵权？绝无可能。管好你的农田仓库，别天天做梦了。"朝臣们对辛弃疾也意见很大："好不容易谈拢了议和条件，怎么又要打？再打下去，我们的俸禄还有的领吗？"

辛弃疾成了朝中唯一那个仍在高喊着"杀敌"的"显眼包"。文武百官烦透了他：就你有志气、有能耐？既然你辛幼安如此要求进步，那就把你派往最艰苦的地方，好好干去吧！

七

很快，朝廷的调令下来了，辛弃疾被迁往滁州担任知州。滁州原本是个好地方，风景秀美，民风淳朴。它不仅地处交通要塞，是当时长江北岸的重要渡口，而且地势险要，乃历代兵家必争之地。三国时孙权曾在此阻击魏军，宋太祖赵匡胤曾在此打败南唐军队。后来欧阳修在这里当了三年知州，留下了千古名篇《醉翁亭记》。

然而就在辛弃疾上任的前两年，金兵多次袭扰此地，滁州几乎被夷为平地。时人记下了当时的苍凉之景："周视郭郛，荡然成墟，其民编茅籍苇，侨寄于瓦砾之场，庐宿不修，行者露盖，市无鸡豚，晨夕之须无得。"废池乔木，犹厌言兵。更糟糕的是，滁州位于宋金交界处，盗贼四起，治安状况令人担忧。

朝臣们皆是一副看好戏的样子：你辛弃疾不是很有能力吗？那这个烂摊子就交给你了。

辛弃疾懒得和他们废话，他将用行动来证明一切。面对百业凋敝、人口稀少的滁州，他不慌不忙地撸起袖子开始干活，一手抓经济，一手抓边防。他把闲置的耕地租给流民，引入人口，鼓励生产。又修建楼堂馆所，并贷款给百姓，让人们经营酒馆茶坊。同时，他规定凡是来滁州做生意的商贩，只收取原本赋税的三成。这就相当于，滁州成为一个出台优惠政策的经济特区，周边商人皆闻风而来，为此地注入了一股又一股新鲜的血液。

通过这一系列宽政薄税的政策，当地的生产力飞速上升，直奔小康。为了巩固治安，辛弃疾还组织民兵团，亲自带队打击周边匪患。短短半年内，农舍重闻鸡豚之声，田间又见麦浪阵阵，市集上商铺林立，往来商贩络绎不绝。"自是流逋四来，商旅毕集，人情愉愉，上下绥泰，乐生兴事，民用富庶。"滁州一扫荒陋之气，呈现出一派欣欣向荣的景象。

辛弃疾在一片废墟上，重建了一座朝气蓬勃的城池。而这所有的施政措施，不过是他《美芹十论》与《九议》中的个别条例而已。

远在朝堂的一众官员惊掉了下巴："没想到这小子还是个商业奇才！"

辛弃疾在滁州城内修建了一座观景楼，取名为奠枕楼。好友闻讯后前来拜访他，两人同登楼阁，一览滁州胜状。望着重现生机的城郭，辛弃疾欣慰地笑了：虽然不能立刻恢复大宋山河，却能尽一己之力，让曾遭战火摧残的一方百姓过上好日子，也算是朝自己的理想更近了一步。他与友人开怀畅饮，兴之所至，便挥笔写下一首《声声慢》：

征埃成阵，行客相逢，都道幻出层楼。指点檐牙高处，浪拥云浮。今年太平万里，罢长淮、千骑临秋。凭栏望，有东南佳气，西北神州。

千古怀嵩人去，还笑我、身在楚尾吴头。看取引刀陌上，车马如流。从今赏心乐事，剩安排、酒令诗筹。华胥梦，愿年年、人似旧游。

愿金兵不再来犯，愿有朝一日胡尘尽散，愿这样安稳繁盛的情景，能够长存、永驻。

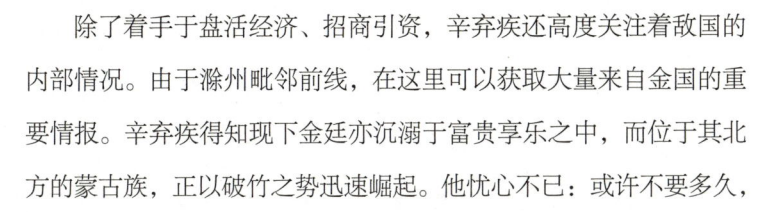

除了着手于盘活经济、招商引资，辛弃疾还高度关注着敌国的内部情况。由于滁州毗邻前线，在这里可以获取大量来自金国的重要情报。辛弃疾得知现下金廷亦沉溺于富贵享乐之中，而位于其北方的蒙古族，正以破竹之势迅速崛起。他忧心不已：或许不要多久，蒙古族就将取代金国，成为南宋最大的威胁。辛弃疾预言道："仇虏六十年必亡，虏亡则中国之忧方大。"

如他所料，六十二年后，金国为蒙古帝国所灭。而南宋面对势如猛虎的蒙古大军，再无招架之力，于1279年国沉南海。

这先知般的预言，此刻并未引起南宋君臣的重视。相反，朝臣们对于辛弃疾的卓越政绩分外眼红，想方设法将他调至更遥远、更难以治理的地方。斯时，江西、湖南一带盗匪猖獗，朝廷屡次剿匪却屡次失败，对之头疼不已。当权者决定将这个棘手的问题丢给辛弃疾："你不是号称很能打吗？那就派你去平定叛乱，我们看好你哟。"淳熙二年（1175），辛弃疾被任命为江西提点刑狱。

朝廷到底是低估了他。辛弃疾何许人也？当年五万人的金军大营都说闯就闯，如今区区地方贼寇，自然不在话下。短短三个月内，突袭、围剿、手起刀落，一气呵成，轻轻松松拿下叛贼头目首级。

剽悍的人生，不需要解释。

朝野再次震动，众官员倒吸一口凉气：哟，是个狠人啊。

无论被派去哪里，辛弃疾都能出色完成任务，可谓南宋最强打工人。皇帝老板派下来的活越艰巨，他就越有干劲和动力。没有困难的工作，只有勇敢的打工人。辛弃疾想要向天子证明，文治武功，他统统可以轻松拿捏。更重要的是，自己先前上奏的恢复计划，绝非纸上谈兵：给我一个机会，定会还你一个完整的大宋江山。

借我一阵风，送我上青云。乘风好去，长空万里，直下看山河。

他满心期待着，这次能以平叛之功回到朝廷受重用。或许天子在看到他的英勇之举后，会派遣他奔赴前线，斩杀金人。

可惜，再一次事与愿违。

朝廷派发下来的新任命，是让他到襄阳担任京西转运判官，负责管理盐务、监督盐场等事宜。又是一个与北伐毫不相干的职务，辛弃疾的心一下凉了半截：明明自己怀有一身本事，为何君王不愿给他一个机会？

深深的无力感从心底翻涌上来，席卷全身。他从未感到如此疲惫过，哪怕是曾经千里奔袭敌营的那个夜晚，或是昼夜剿杀叛贼的那些时日，他都不曾这般累过。

辛弃疾跪接了天子的诏令，嘴角牵动起一丝不易察觉的苦笑：今生，恐怕是壮志难酬了。可到底该怎么办，才能坦然面对这一次次的落空与遗憾呢？他一路纵马疾驰，来到赣江江畔。眼前昼夜奔腾的流水，多像一去不回头的时间。他的鬓角，已经冒出了星星点点的白发，眼角亦纵横着深浅不一的皱纹。岁月何曾饶过谁？

年轻气盛时，总以为自己能够力挽狂澜，有回天之术。人到中年，才突然发觉自己的渺小与无力。他无法挽住西沉的斜阳、东流的江水，正如他无法留住逝去的岁月，逆转君王的心意，改变国势的衰颓。

更无法消解生命中的一次次遗憾，一次次不得，一次次意难平。他忽然惊觉，原来李后主写下的"自是人生长恨水长东"，平等地发生在每一个人身上。

驻足江边的辛弃疾，望着满目青山，作下了一首《菩萨蛮·书江西造口壁》：

郁孤台下清江水，中间多少行人泪。西北望长安，可怜无数山。
青山遮不住，毕竟东流去。江晚正愁余，山深闻鹧鸪。

辛弃疾不禁落下泪来。并无红巾翠袖，为他拭去英雄泪，只有萧瑟的晚风，将他的泪水一遍遍吹干。

大半生已过，他也该明了，遗憾，不过是人生的常态罢了。

文人喜欢以花入诗，却总是落花；词客最爱吟咏月亮，却少见团圆。

八

淳熙五年（1178），辛弃疾再次被调动，担任湖北转运副使。朝廷怕极了他长驻某地，发展起自己的武装力量。所以这些年，他经历了频繁的调任，四处奔波。辛弃疾虽然被越调越远，却始终不改初心。

是年秋天，辛弃疾好久不见的友人马叔度来湖北看望他。月明风清之际，他便带着朋友，夜游月波楼。银白的月光倾洒大地，世间万物皆若覆上了一层薄雪。站在高处呼吸着略带凉意的空气，顿感胸口注入了一股又一股清澈的流水，源源不断地荡涤着周身洗不去的岁月风尘。月色如水，人在月中，濯濯如新出浴。

他们平静地闲聊着朝堂之事，那些沉重的、繁复的种种，在晚风的吹拂下都变得轻盈明快起来。

辛弃疾望着月亮说："我老啦，你瞧我这白发。真是'多情应笑我,早生华发'!"

马叔度笑道:"多情倒是事实,不过幼安兄正当盛年,何来白发?明明是月光照的。"继而慢悠悠吟道:"举头望明月,又添鬓边霜。"

辛弃疾敞怀一笑:"好诗好诗,不过当心李太白告你剽窃。"转而又轻叹道:"都是被朝中那帮家伙气的!一个个磨磨叽叽,北伐说了多少年,还不行动!"

老马拍拍他的肩膀,劝道:"世间之事,大多难以如愿。且看明月,尚有阴晴圆缺。东坡曰,'何事长向别时圆'!"

辛弃疾若有所思地点了点头,旋即一拍栏杆道:"不谈烦心事了!走,咱哥俩喝酒去,不醉不休!"

是夜,他们饮酒赋诗,辛弃疾在醉意蒙眬间写下一曲《水调歌头·和马叔度游月波楼》:

客子久不到,好景为君留。西楼着意吟赏,何必问更筹?唤起一天明月,照我满怀冰雪,浩荡百川流。鲸饮未吞海,剑气已横秋。

野光浮,天宇迥,物华幽。中州遗恨,不知今夜几人愁?谁念英雄老矣,不道功名蕞尔,决策尚悠悠。此事费分说,来日且扶头!

清夜无尘,高悬的明月愈加皎洁。月也空明,人也空明,心若冰雪般透彻明净。

辛弃疾在湖北任上仅仅待了一年,便再次受到调遣。淳熙六年(1179)的暮春,落英纷纷而下,无数花瓣被豪掷在如雾如梦的春雨里。这一年,四十岁的辛弃疾即将赶赴下一个任所——湖南。至于官职,依旧如故,皇帝让他继续当转运副使,掌管粮运。

这和他理想中奔赴前线、抗敌杀贼的志愿差了太多太多。南归至此,已有十七年之久。这期间,辛弃疾辗转多地为官,却始终不得最初所愿。离开湖北前,同僚为他送行。在小山亭中,两人相对无言,默默地喝着闷酒。

望着满地暗香犹存的落花,辛弃疾的心里飘过几缕伤感。又一个春天要过去了,匆匆不回头。万花皆落尽,任由春去。唯有雕梁画栋间的蛛网,沾染了些许柳絮,似乎想要留住春天的最后一抹颜色。辛弃疾为此情此景,作下一曲《摸鱼儿》:

淳熙己亥,自湖北漕移湖南,同官王正之置酒小山亭,为赋。

更能消、几番风雨?匆匆春又归去。惜春长怕花开早,何况落红无数。春且住。见说道、天涯芳草无归路。怨春不语。算只有殷勤,画檐蛛网,尽日惹飞絮。

长门事,准拟佳期又误。蛾眉曾有人妒。千金纵买相如赋,脉脉此情谁诉?君莫舞,君不见、玉环飞燕皆尘土!闲愁最苦。休去倚危栏,斜阳正在、烟柳断肠处。

辛弃疾想起一些远逝的古人。比如汉武帝的皇后陈阿娇,在失宠后幽居长门宫,盼望着重被召幸。可她纵是一掷千金求得司马相如的名赋,也终究无处诉衷情,难挽君心。红颜弹指老,未老恩先断。

最怕美人迟暮,英雄白头。

他辛弃疾也渐渐老去了。少年时登高纵览过的山河，他曾发誓要将之一一收回。那时总以为，日后能一展扶危救亡的壮志，却不想半辈子都不得君王重用，还时常饱受同僚的排挤打压。接连四年，他改官六次，离朝堂中央越来越远。人生中最好的年华，就快要逝去了。

辛弃疾再度回忆起二十三岁那年的自己，他闯金营，勇杀敌，擒叛贼。原以为这只是个开端，没想到竟是结尾。开局即巅峰，此后接踵而来的是一个又一个落空。他年已不惑，却依旧困惑：到底该如何面对无尽的遗憾？

唯有痛饮下一杯又一杯酒。醉了也好，就让一壶浊酒抚慰平生之不如意。

九

只是酒醒之际，心中的剑气依旧会呼啸着横冲直撞。辛弃疾时常想起那些与他有着同样抱负的英雄豪杰，哪怕斯人早已化作一抔黄土。那些倒下的身躯，仍然伫立在他的心里；那些流淌的热血，仍然绵延至他的血脉。

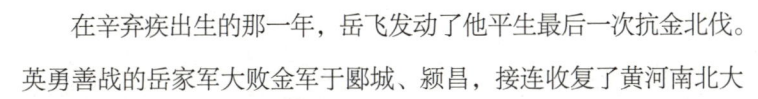

在辛弃疾出生的那一年，岳飞发动了他平生最后一次抗金北伐。英勇善战的岳家军大败金军于郾城、颍昌，接连收复了黄河南北大

片失地，浩浩荡荡的军队直逼朱仙镇，此地距离宋朝曾经的都城汴京不过四十五里地。然而紧接着，岳飞就收到了十二道用金字牌递发的班师诏。被迫撤军后，战局发生了颠覆性逆转，原本北归的金兵杀了个回马枪，宋军的战力和士气皆大为受挫，中原各地再度失陷。

十年之力，废于一旦。

绍兴十一年十二月，赢得一身军功的岳飞，却被秦桧构陷，为君王猜忌，最终命丧于大理寺狱中。他的供状上只留下八个绝笔大字：“天日昭昭！天日昭昭！”

南宋辜负了岳飞，也辜负了每一位有心杀敌的仁人志士。辛弃疾目睹了这般令人心痛的现实，却仍然抱有一丝期望。他不是没有想过，如果有朝一日自己手握兵权，在前线抗击金兵，时日一久，朝廷很可能会忌惮他拥兵自重、怀有异心。朝中看不惯他的同僚，亦会如秦桧陷害岳飞那般，对他投来无数防不胜防的明枪暗箭。岳飞的悲剧，将会再次上演。

宋孝宗的抗金之志消散得很彻底，早已定下了"求和苟安"的宗旨。绝大多数臣子也坚决反对辛弃疾的北伐计划：别整得你多上进，我们多颓废似的。这么奋发图强给谁看啊？上班而已，摸摸鱼，划划水，混混日子得了，何必如此较真儿？看看你的前同事岳飞，一心要带领公司做大做强，下场又如何？不仅饭碗丢了，脑袋也掉啦！

是否有必要，为了这样一个腐朽的政权，而赌上自己的身家性命？

南宋，它配吗？

孤剑自鸣向来是寂寞又辛苦的。所幸的是，辛弃疾结识了一些与自己同样怀有满腔热忱的好兄弟。其中最为要好的铁杆哥们儿，名叫陈亮，字同甫。十余年前，当二十三岁的辛弃疾策马闯入金军大营时，南宋的朝堂之上，亦有一位二十岁的热血青年，以一介布衣之身连上五书，时称《中兴五论》。他力主北伐中原，收复失地，提出一系列抗金方略，并大骂秦桧丧权辱国，痛斥朝廷苟且偷安。

二百余年后的方孝孺在读到这篇文章时大赞道："士大夫厌厌无气，有言责者不敢吒一辞（词），况若同甫一布衣乎！人不以为狂，则以为妄。"

淳熙五年春，陈亮再次上疏宋孝宗，以严词批判朝中一众臣子退让求和，要求整治儒士们脱离实际的空谈风，建议用"非常之人"，"建非常之功"，对金宣战，一雪前耻。作为一个身无官职的平民百姓，他还要求当朝官家亲自接见他，他要当面陈述抗金大计。这位自称能够"推倒一世之智勇，开拓万古之心胸"的狂生陈亮，连皇帝都不放在眼里，却对辛弃疾百般佩服。

在很多年后，辛弃疾还总是想起初见陈亮时的情景。那天他在家中阁楼上凭栏远眺，忽然望见远处有一个身影正策马而来。辛家门前有一条河，只见那个年轻人骑马来到河边，急欲一跃而过，偏偏他身下的马惧水，死活不愿过桥。他急得连连挥鞭催马，可马依旧原地打转。年轻人满脸怒气，居然挥剑斩断马首，然后头也不回地疾步而来。

辛弃疾看到这一幕，心中惊异不已："此人是何方神圣，居然如此之狂？这魄力，要是放在沙场上，准能以一敌百，杀得金兵片甲不留。"刚要派人询问情况，陈亮已经到了门外，朗声道："久仰辛大人威名,今日终于得见真容,同甫这厢有礼了!"

辛弃疾早有耳闻陈亮力主伐金之事,尤其欣赏他那篇《中兴五论》,不禁大喜道:"原来是陈贤弟,好个性情中人!不必多礼,快请进!"

两人初识这日,陈亮谈起辛弃疾年轻时的英勇之举,语气十分激动:"幼安兄,同甫谁也不服,就服你。仅率五十人就敢夜闯金军五万人大营,这是何等勇气与智谋!"

辛弃疾开怀大笑:"同甫老弟也不逊色,连上五道奏疏,震动朝野。其中劝诫陛下之语,'虚怀易虑,开心见诚,疑则勿用,用则勿疑。与其位,勿夺其职;任以事,勿间以言',此论甚得我心。"

陈亮忽而愤慨道:"可惜咱们官家用人有疑!幼安兄文武双全,有统领千军万马之才,却屈居此地,不得驰骋疆场杀敌,实在是明珠暗投,怀才不遇啊!"

这话正说到了辛弃疾的心坎上,他黯然无奈道:"朝中偏安之风根深蒂固,不是你我能够撼动的。"转而又坚定道,"可只要我老辛在世一日,便断然不会放弃恢复中原之志。我心不改,只待时机。"

陈亮的眼中投来热烈的光芒:"好!不愧是我佩服的真英雄。愿有朝一日,可辅佐幼安兄左右,共谋北伐大计。"

与陈亮相识后,辛弃疾原本平静下来的心重又沸腾起来。他知道了这世上依然有着同道中人。他忽然意识到,自己所效忠的,并不只是南宋朝廷、当朝官家,更是内心所坚守的理想与信念。他首先想要的,是不负此生地活一回,莫教英雄空白首。辛弃疾是承认现实而又不屈于现实的人——朝廷不重用我,无妨,我便自己做出一番事业来,无须朝廷的认可,只为自己的执着。

他豁然顿悟,唯有尽力一试,才能让遗憾不再遗憾。

饮冰十年,难凉热血。

他决定撸起袖子加油干,哪怕付出生命的代价也在所不惜。辛弃疾挥笔写下:"莫避春阴上马迟,春来未有不阴时。"不会因为春寒天阴而耽误行程,该上马就上马,该出发就出发,纵使前路艰险坎坷,谁怕?

清溪奔快,不管青山碍。

十

淳熙七年(1180),辛弃疾为了尽快北伐,决定操练一支精锐的特种部队。他向朝廷要来钱财,以剿匪为名,建造军营、招兵买马、锻造兵器,干得热火朝天。这无疑令主和派大为不满,宋孝宗在群臣的建议下,给辛弃疾下了一道金牌,命令他即刻停止训练,回朝复命。

天子亲自下发的金牌威慑力极大,用于传递军事上最紧急、最重要的命令。宋高宗的十二道金牌,召回了即将直捣黄龙的岳飞。然而宋孝宗的金牌发下去,却毫无动静,传回朝廷的消息,依旧是辛弃疾正忙着操练兵士,一如往常。皇帝心里犯起了嘀咕:"难道是没收到朕的金牌?总不能是这家伙公然抗旨吧?"

其实辛弃疾早就收到了金牌,当时他就暗忖道:"当年岳将军被金牌召回临安,不仅含冤身死,且抗金大计半途作废,所得诸郡一朝皆休。可见朝廷的话,万万不能听。"

辛弃疾一不做二不休,对于天子的诏令,干脆直接已读不回。

他将金牌偷偷藏了起来,假装没收到消息,然后继续若无其事地建营练兵。辛弃疾心态稳得很:"随便你们怎样反对,反正本人内核稳定,油盐不进,大不了就是丢掉一条命。"

辛弃疾曾遭到过很多次的弹劾、贬斥,可他仍然不愿学乖一点。只要有机会,他就会义无反顾地去做、去拼。管他后果如何,干就完事了。

朝廷很无奈,只能派遣钦差前去调查。事先闻讯的辛弃疾在钦差到来之前,快马加鞭训练军队,在一个月内就建成了威名赫赫的"飞虎军"。这支军队雄镇一方,乃江上诸军之冠,内可平定叛乱,外可抵御夷狄。这时辛弃疾站了出来,向孝宗汇报说:"您的金牌我已收到,我的飞虎营也已建好。要杀要剐,随您。"一众朝臣气得吹胡子瞪眼:"好你个辛幼安,先斩后奏是吧?违抗圣旨是吧?铁了心要与我们作对是吧?等着吧,你要完蛋了。"

不出所料地,弹劾辛弃疾的奏章如雪片般漫天飞舞:

"陛下,老辛用钱如泥沙,快把您的国库糟蹋空了。"

"陛下,他这哪里是在剿匪,分明是要北伐!"

"陛下,咱好不容易把金国哄好了,他这一折腾,又得打仗了。"

"陛下,他居然敢藐视朝廷,把您的旨意当空气,实乃大不敬之举,必须重重地罚!"

罪名太多,简直不知从何罚起。孝宗没有手下留情,罢免了辛弃疾的一切职务,让他彻底从朝堂滚蛋。年过四十的老辛,突然失业了。卸任归家前,他再次回望那支倾注自己无限心力,甚至不惜抗旨保全的飞虎军。猎猎朔风里,将士们以肃穆的军容,对他致以无言的送别。辛弃疾有些哽咽,他知道,此去,怕是再无归期。

他惆怅不已,回忆起自己的那曲《鹧鸪天·送人》:

唱彻《阳关》泪未干,功名余事且加餐。浮天水送无穷树,带雨云埋一半山。

今古恨,几千般,只应离合是悲欢?江头未是风波恶,别有人间行路难。

好在辛弃疾的心血并未全然付诸东流。他离开湖南后,继任的李椿仍大力支持飞虎军,使其得以留存并稳定下来,后又从地方军变为调驻军。这支军队"选募既精,器械亦备",战斗力很强:对内,"盗贼不起,蛮猺帖息,一路赖之以安";对外,"亦足备御边境,北敌颇知畏惮,号'虎儿军'"。

对于被朝廷辞退的结果,辛弃疾并不感到意外。他很清楚自己"生平刚拙自信,年来不为众人所容"。同僚们对他有意见不是一天两天了,被排挤、弹劾、中伤,都是意料之中的事。他在很久之前就料到,早晚有一天,自己会被踢出这场局。

早在老辛担任江西安抚使期间,他就想好了要在上饶修建庄园,安置家人定居,并在此度过自己的退隐生活。他将居所定在了带湖湖畔,高处建舍,低处辟田。

也罢！既然抗金主张不得领导支持，同事们又都恨他恨得牙痒痒的，那就干脆早点退休，从此解甲归田，退出朝堂，隐于山水之间。为朝廷尽心尽力工作多年，辛弃疾攒下了一笔丰厚的积蓄，这些钱足以让他和他的家人度过衣食无忧的后半生。

被罢官这一年，带湖新居正好落成。辛弃疾拖着一家老小来到了上饶。春风送来了一阵阵清香，映入眼帘的，是成片成片雪白的荠菜花，蓬勃地生长于道路两侧。刚刚下过一场春雨，雨后的空气中散发着泥土与青草的气息，令人心旷神怡。辛弃疾即兴吟道："春入平原荠菜花，新耕雨后落群鸦。"

然而眼前美景带来的快乐并没有持续太久。辛弃疾转而想到，又是一年春，去年春日他还在扬鞭策马，朝着自己的理想疾驰而去；而今年春天，他却只能在乡下信步闲游，虚度时光。他正值壮年，蓄势待发，怎耐得住这般清闲无为的田园生活？身处乡野间，心却仍留在朝堂上、军营中、朔风里。

真愁人哪。不知飞虎军是否还在，不知官家是否会回心转意，也不知蒙金兵力现下如何，南宋是否能与之抗衡。更不知朝廷何时再度起用他，重拾北伐大计。

岳将军说："莫等闲，白了少年头，空悲切！"可他辛弃疾从来不想蹉跎光阴，却也架不住岁月匆匆流逝，满头白发横生。到底是不由己。

多情白发春无奈，晚日青帘酒易赊。

薄暮时分，他寻了一处酒家，在夕阳里自斟自酌。山间落日即将敛尽余晖，万物一片苍茫。太阳明天还会照常升起，又现光芒万丈。可他逐渐黯然的理想，是否还能被再度擦亮？

酒醉后的辛弃疾百无聊赖地在乡间闲逛着。他登上一座废弃的小楼，眺望远方，一重又一重的青山，连绵不绝，仿佛阻断了他归乡的路途，也隔绝了他重回朝堂的希望。可就算没有这些山川，他又能回得去远在历城的故乡吗？胡尘未灭，他永远是游子。即便南归宋朝，他依旧是个游离于边缘的局外人。皇帝放逐了他，朝中诸臣都不待见他。做官的那些年，他始终未得重用。

如今身畔，唯有寒鸦数点，流水绕孤村。辛弃疾凝望着重重青山，低声吟咏着一曲《鹧鸪天·代人赋》：

晚日寒鸦一片愁。柳塘新绿却温柔。若教眼底无离恨，不信人间有白头。

肠已断，泪难收。相思重上小红楼。情知已被山遮断，频倚阑干不自由。

纵是把栏杆拍遍，无人会，登临意。

十一

罢官归田这一年的他，才四十二岁，却将万字平戎策，换得东家种树书。

辛弃疾没想到，退隐的这一天，会来得这么快。夜晚，难遣愁绪的他独自在月下散心，思索着自己这高开低走的大半生。当怀才不遇，当壮志难酬，当满腔热血无处倾洒，是不是就只能抱憾终生，遗恨至死？

不知不觉行至一条幽僻的山间小径，头顶的树木藤蔓遮住了月光，昏暗的夜色漫进他的双眼。前路，漆黑不见五指。辛弃疾一心思考人生，并未在意山路的崎岖。走着走着，他突然一脚踩空，栽了个大跟头，险些滚落山涧。他惊魂未定地拍拍身上的尘土，决定择路而行。

他朝着另一方向复行数十步，又见清明月色。眼前，疏落的林间漏下点点月光，恍若飞花落雪。不远处，家家户户的灯光时明时灭，犹如星子散落人间。

辛弃疾若有所悟：当一条路走到尽头，何苦撞个头破血流才罢休？既入穷巷，就该及时掉头，寻求新的出路。

如果只低头看脚下，则会陷在无路可走的悲哀里；如果能抬头看远方，便会发现天地之宽广，宇宙之辽阔，脚下的路瞬间化作千万条，每一条都将延伸至一个意趣横生的别样世界。

生命中还有无限种可能。或许，换一种方式生活，也没什么不好。

青山招不来，偃蹇谁怜汝？岁晚太寒生，唤我溪边住。

既来之，则安之。辛弃疾将修建好的庄园取名为"稼轩"，并自号"稼轩居士"。初夏时节的夜晚，辛弃疾一路走到数里以外的黄沙岭道，无所事事地埋首踱着步。云雾半遮月，夜色朦胧，心也朦胧，怅然的情绪像无端的落花，时不时拂过心头。

起风了,树林里发出沙沙的声响。辛弃疾感到眼前一亮,原来是轻风带走了云雾,清亮的月色重又洒向大地。树影摇曳的林间,被光亮惊醒的鸟鹊扑棱棱地飞起,携一缕月光而去。轻风吹拂,送来了远方的蝉鸣和稻花的香气。

辛弃疾忽然感到脚下一阵轻快,他挥动双臂大步流星地向前走去,晚风瞬间盈满衣袖,飘飘然若乘虚御风。头顶,是朗月疏星;耳畔,是蛙声蝉鸣;眼前,是无垠稻田。如此良宵美景,令人浑然忘却此身。

行至半路,落下几点雨。夏日的雨水总是来得迅疾,辛弃疾加快了步伐,欲寻避雨之处。路的尽头转个弯,再踏过小桥,才发现自己日日沽酒的茅店,就在前方的土地庙旁边。

原来,今宵的好景竟离自己这么近。都是旧日风景,熟悉得不能再熟悉,只是从前不曾好好感受。回到家,他欣然作下一曲《西江月·夜行黄沙道中》:

明月别枝惊鹊,清风半夜鸣蝉。稻花香里说丰年,听取蛙声一片。

七八个星天外,两三点雨山前。旧时茅店社林边,路转溪桥忽见。

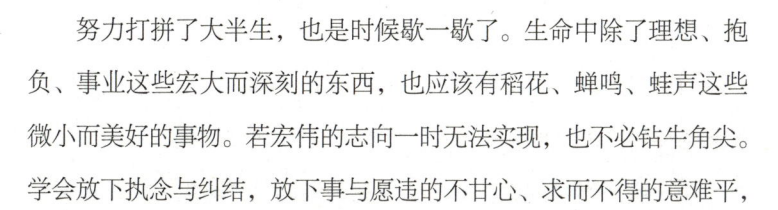

努力打拼了大半生,也是时候歇一歇了。生命中除了理想、抱负、事业这些宏大而深刻的东西,也应该有稻花、蝉鸣、蛙声这些微小而美好的事物。若宏伟的志向一时无法实现,也不必钻牛角尖。学会放下执念与纠结,放下事与愿违的不甘心、求而不得的意难平,也是人生的一门必修课。

欲行且起行,欲坐重来坐。坐坐行行有倦时,更枕闲书卧。

辛弃疾开始将情志寄托于诗书与山水之间。他感受清风明月,享受虚度时光,开启躺平生活。年轻时总觉得每分每秒都得牢牢抓住,誓要干出一番成绩来。而今老矣,识破关机。算不如闲,不如醉,不如痴。

他悠然写下:"而今何事最相宜,宜醉宜游宜睡。"

倒也没那么闲。"乃翁依旧管些儿,管竹管山管水。"

乡居生活一过就是七八年。村民们时常看见一个穿着随意的半老头子,成日地游手好闲,四处溜达。他有时数数这家的母鸡生了几个蛋,有时逗逗那家活泼可爱的小黄狗,有时又看看农人们都在忙些什么。他用笔墨记录下了这一幅幅妙趣横生的村居图景,写就一曲《清平乐·村居》:

茅檐低小,溪上青青草。醉里吴音相媚好,白发谁家翁媪?
大儿锄豆溪东,中儿正织鸡笼。最喜小儿亡赖,溪头卧剥莲蓬。

看到乡间纯真快乐的小童,辛弃疾想起了自己不知忧愁的年少时光。那时的他涉世未深,乐观单纯。小小少年,不识愁滋味,内心只有纯洁的理想,像是晴空中迎风招展的旗帜,飘得那么高、那么骄傲。

直到长大后,他慢慢经历了阴云密布,电闪雷鸣,才懂得晴雨皆是人生常态。风雨欲来,人力终不可改。

当年随风飘扬的旗帜,被疾风骤雨淋得狼狈不堪,掉落在泥泞中，任由污水淹没。辛弃疾一次次将它拾起，小心翼翼地清洗干净，他固执地守着最初的那一份洁净如雪。

这些年，他为守护这份理想，尝遍了世间忧愁。老辛心里苦，但老辛不说。再提及辛酸往事，他只是淡然一笑，挥笔写下一曲《丑奴儿·书博山道中壁》：

少年不识愁滋味，爱上层楼。爱上层楼，为赋新词强说愁。
而今识尽愁滋味，欲说还休。欲说还休，却道"天凉好个秋"！

出走半生，归来已非昨日少年。曾经的他对自己说：走吧，走吧，走遍青山不言老，少年壮志不言愁。现在的他对自己说：归去吧，归去吧。田园将芜胡不归？

万水千山走遍后，辛弃疾再次登上楼阁，静静地望着远方。那里，有麦田，有青山，有扎根于此的农人，也有纵马而过的游子。他将一切尽收眼底。

倚楼听风雨，淡看江湖路。

十二

乡居生活一过就是七八年。淳熙十五年（1188）的冬天格外寒冷，纷纷大雪下得无休无止。年近五十的老辛身子骨早就不复当年硬朗，一场风寒让他彻底倒下。卧病多日的他情绪有些低落，百无聊赖地写下，"病是近来身，懒是从前我"。

就在这时，辛弃疾迎来了一位久违的故人——陈亮。

当仆从前来禀报这个消息时，病得迷迷糊糊的老辛瞬间来了精神，"腾"一下从床上坐了起来。他迅速穿上鞋子，披上外衣，不顾自己虚弱的身体，跑到门外迎接好友。在辛弃疾热切的目光里，陈亮策马疾驰的身影逐渐变得清晰。白茫茫的大地上，漫天风雪送一人。

遥想初次相见时，他们都正当盛年，谈论着理想、抱负与未来，期待着指点江山，挥斥方遒。久别重逢之日，两人的鬓发皆沾染上了几许霜雪。十余年的岁月，弹指一挥间。

谈及近况，陈亮无奈地摇摇头："惭愧啊惭愧，同甫去岁参加礼部考试，依旧榜上无名。功名未就，倒是赢得风尘满面。"

辛弃疾拍拍他的肩膀，安慰道："好歹你还有往前闯的一颗雄心，哪像我呀，终日无所事事，闲居于此竟已七年之久，真是越老越颓废。老夫这辈子啊，算是完啦！"

陈亮笑道："幼安兄倒是清闲自在，住着大宅子，赏着好山水，我都想搬来与你同住了！"转而正色道："这些年我多次上书官家，力劝朝廷振作内政，图谋恢复，却惹来当朝权贵的忌恨。他们居然使出下作手段，罗织罪名，冤我入狱！同甫也算大难不死，想来必有后福。"

辛弃疾大惊，愤然道："这帮无耻小人！朝中有此等群邪作祟，还谈何恢复中原，谈何复兴宋室江山？"他气得脸色通红，恨不得立刻提剑手刃奸邪。

陈亮长叹道:"至此,我自甘放逐于田夫樵子之间,誓将老死而无悔。"辛弃疾默然无语,他太懂这种壮志难酬的痛。他们相顾无言地喝着酒,多少无可奈何,尽在一壶浊酒之中。

此生,像是踏破铁鞋、费尽心力,穿越了千万重山水,向着那个远方的壮美胜景奔去。奔走到如今,才发现一切皆是海市蜃楼,蓬莱幻境。他们仰着头,站在盛大的虚空面前,显得那么渺小无力。夸父逐日、精卫填海的故事被千秋传颂,大约因为主人公本身就是神仙。凡人终究是凡人,天日不可得,瀚海难以平。为了一个终不可得的目标而付出一生,甚至招致无数祸患,只会让世人觉得荒谬可笑。

唯有他们彼此,能够明白这场无尽追逐的意义所在。世间只要二三人,懂得自己就好。

辛弃疾见到陈亮后心下甚喜,病立刻好了一大半。他不顾大夫的嘱托,第二天就冒着风雪与好友乘兴同游鹅湖。天地苍茫间,他们披蓑戴笠,遍赏雪景,煮酒论国事;一室幽暗内,他们纵饮大醉,促膝长谈,彻夜难入眠。

酒酣耳热之际,半醉的陈亮高喊着"男儿到死心如铁",拔剑起舞。纵横交错的寒光剑影之间,辛弃疾忽然想到,自己的那把剑已很久不曾出鞘了。当年他持剑策马,勇闯金兵大营,千里擒拿叛贼,是多么豪气干云,"壮岁旌旗拥万夫,锦襜突骑渡江初"。

忆往昔,峥嵘岁月稠。

十日后,陈亮因家中有急事,不得不匆匆离去。辛弃疾怅然若失,辗转反侧。睡不着的夜里,他干脆披衣而起,提笔写下对好友的思念之情:"问谁使、君来愁绝?铸就而今相思错,料当初、费尽人间铁。长夜笛,莫吹裂。"

天还未亮,辛弃疾飞身上马去追陈亮,狂奔数里。然而故人已去,山回路转不见君,雪上空留马行处。辛弃疾望着好友离去的方向,驻足良久,而后带着满身落雪,怅然归去。

回到家中的陈亮亦对老辛思念不已,在收到好友的来信后,他立刻写词应和道:"二十五弦多少恨,算世间、那有平分月。"今生得此知己,夫复何求呀!"树犹如此堪重别。只使君、从来与我,话头多合。"想到此去一别,不知何日才能重逢,陈亮不觉老泪纵横,只愿故人无恙,岁岁长相见。"但莫使、伯牙弦绝。"

辛弃疾珍惜地将陈亮寄来的书信看了一遍又一遍,再次写下酬和之作。太多的话来不及当面说尽,只能付与诗词之间:

老大那堪说。似而今、元龙臭味,孟公瓜葛。我病君来高歌饮,惊散楼头飞雪。笑富贵千钧如发。硬语盘空谁来听?记当时、只有西窗月。重进酒,换鸣瑟。

事无两样人心别。问渠侬:神州毕竟,几番离合?汗血盐车无人顾,千里空收骏骨。正目断关河路绝。我最怜君中宵舞,道"男儿到死心如铁"。看试手,补天裂。

辛弃疾仍盼望着来日与老陈一同再度泛舟湖上,没想到,此去一别,竟成永诀。

绍熙四年(1193),五十一岁的陈亮赴临安参加礼部考试。这一次,他终于进士及第,其策论深得宋光宗赏识,被亲擢为第一名。

金碧辉煌的大殿之上,天子授予陈亮签书建康府判官厅公事的官职,一条光芒万丈的大道缓缓铺陈于他的面前。蹉跎半生,终有机会一展抱负。然而天不假年,就在老陈高中状元后不久,他不幸身染沉疴,一病不起,于次年年初溘然长逝。

噩耗传来,辛弃疾悲恸欲绝。鹅湖相会之景,仍历历在目,而今斯人已逝,空留遗恨。老辛垂泪不止,颤抖着手写下《祭陈同父(甫)文》:"而今而后,欲与同父(甫)憩鹅湖之清阴,酌瓢泉而共饮,长歌相答,极论世事,可复得耶?"

慷慨悲歌,终成绝响。

十三

晚年的辛弃疾反复做着同一个梦。梦里,他看见一个模糊的人影从远处纵马而来,这人蹚过湍急的河流,穿过苍茫的风雪,越走越近,身影逐渐变得清晰,似乎是手执长剑的陈亮。到了眼前,再一定神,竟是辛弃疾自己。

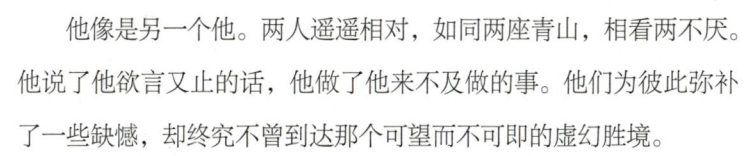

他像是另一个他。两人遥遥相对,如同两座青山,相看两不厌。他说了他欲言又止的话,他做了他来不及做的事。他们为彼此弥补了一些缺憾,却终究不曾到达那个可望而不可即的虚幻胜境。

世间万事,有多少能够如愿、圆满?

被投闲置散又是几年，辛弃疾在信州铅山瓢泉旁筑了座新居，取名为"停云堂"。云来云又去，溪流不复还。唯有青山依旧在，千年万年地伫立于此，任他风起云灭，花谢花开。

老辛总是独自坐在停云堂中，望着远处的青山发呆。他想起一些故人——当年的同窗党怀英、最初的上司耿京、至交好友陈亮，还有他手下带领过的两千多名起义军，以及那支勇猛善战的飞虎军。他们陪他走过一段路，然后四散天涯，今生再不得见。这条路走到最后，只剩他自己。

辛弃疾写下一曲《贺新郎》，不为贺新郎，而为思故人。从前他与陈亮以此词牌名往来酬和过多首词作，只是如今这一首，再也等不到答复了。

邑中园亭，仆皆为赋此词。一日，独坐停云，水声山色竞来相娱。意溪山欲援例者，遂作数语，庶几仿佛渊明思亲友之意云。

甚矣吾衰矣。怅平生、交游零落，只今余几！白发空垂三千丈，一笑人间万事。问何物、能令公喜？我见青山多妩媚，料青山见我应如是。情与貌，略相似。

一尊搔首东窗里。想渊明《停云》诗就，此时风味。江左沉酣求名者，岂识浊醪妙理？回首叫、云飞风起。不恨古人吾不见，恨古人不见吾狂耳。知我者，二三子。

老辛的头发几乎全白了。还未了却君王天下事，也不曾赢得生前身后名，便已"可怜白发生"。辛弃疾早就明了，遗憾是生命的底色。所求皆如愿，是一件太难太难的事。能够拥有几个如愿以偿的瞬间，已是难得。

他今生用尽全力，仍旧无法改变王朝的走向，实现心中所愿。可他为这段过程而执着过、拼命过，拥有过几段激情燃烧的岁月，还有过两三个志同道合的知己。或许，这也足够了。

这个时代，承载不起如他、如岳飞这样的人。

想到那些为了大宋江山而慷慨赴死的豪杰壮士，辛弃疾再次感到一阵心痛：

"将军百战身名裂。向河梁、回头万里，故人长绝。易水萧萧西风冷，满座衣冠似雪。正壮士、悲歌未彻。啼鸟还知如许恨，料不啼清泪长啼血。谁共我，醉明月？"

停云堂外月色朦胧，树影婆娑。幽深的林木像湖水一般将他淹没。那便一沉到底，在山间如潋滟水波般的霞光与暮色里沉醉此生。

嘉泰三年（1203），六十四岁的老辛迎来了一个好消息。朝中主张北伐的韩侂胄当权，遂起用主战派人士，任命辛弃疾为知绍兴府兼浙东安抚使。老辛激动得流下了泪水，他没想到，在有生之年还能等到北伐的机会。一想到自己即将实现追寻一生的理想，他就止不住地热血沸腾。年过花甲的他已然白发苍苍，却精神矍铄，风采依旧。

老骥伏枥，志在千里。烈士暮年，壮心不已。

辛弃疾望见熹微的晨光勾勒出山川的轮廓，烟霭流转，游尘轻舞。他拿起闲置已久的长剑，纵身上马。鲸饮未吞海，剑气已横秋。依旧是满怀冰雪，唯有一颗心，在炽热跳动。

次年，辛弃疾觐见宋宁宗，不久出知镇江府，戍守江防要地京口。辛弃疾不禁心潮澎湃，多年夙愿，终于就要得以实现。他作下一首壮怀激烈的《南乡子·登京口北固亭有怀》：

何处望神州？满眼风光北固楼。千古兴亡多少事？悠悠。不尽长江滚滚流。

年少万兜鍪，坐断东南战未休。天下英雄谁敌手？曹刘。生子当如孙仲谋。

一切似乎都在朝着辛弃疾所期望的方向发展，然而现实再次让他失望了。朝廷对于辛弃疾的器重，不过是做的表面功夫，只是想利用他主战派元老的身份，作为北伐的号召而已。老辛上书的那些关键性建议，朝廷一概置之不理。辛弃疾十分担忧韩侂胄轻敌冒进的做法，他极力劝谏应当做好万全准备，绝不可草率发兵，否则难免重蹈覆辙。

韩侂胄很不高兴：让你老辛重出江湖镇守京口，是给你几分薄面，还真把自己当总指挥了？

辛弃疾无奈地摇摇头，让这般独断专行之人领兵挂帅，此次北伐大概率又要失败了。他登临北固亭，凭高望远，抚今追昔。老辛想起一些远逝的英雄豪杰，譬如曾经建都京口的东吴大帝孙权，平定内乱北伐中原的南朝刘宋开国君主刘裕，还有远征匈奴封狼居胥的青年将军霍去病，等等。他们的光辉功业，都已风流云散。到底什么能够长存？什么又能够不朽呢？

辛弃疾感慨良久，写下千古绝唱《永遇乐·京口北固亭怀古》：

千古江山，英雄无觅，孙仲谋处。舞榭歌台，风流总被，雨打风吹去。斜阳草树，寻常巷陌，人道寄奴曾住。想当年，金戈铁马，气吞万里如虎。

元嘉草草，封狼居胥，赢得仓皇北顾。四十三年，望中犹记，烽火扬州路。可堪回首，佛狸祠下，一片神鸦社鼓。凭谁问：廉颇老矣，尚能饭否？

韩侂胄一伙人不愿采纳辛弃疾的意见，对他生出猜忌与不满之心。开禧元年（1205），北伐前夕，当权者以"用人不当"为名免去辛弃疾的官职。在一些谏官的攻击下，他被降为朝散大夫，又被差知绍兴府、两浙东路安抚使，但他推辞不就职。朝廷又令辛弃疾赶赴行在奏事，试兵部侍郎，可辛弃疾再次辞免，回到铅山。

两年后的秋天，他不幸病逝。临终前，辛弃疾用尽最后一口气大呼数声"杀贼！"。垂死之际，他恍然看见一个少年仗剑策马的矫健身影，朝着那片亘古不变的青山疾驰而去。

他与他，终会重逢在沉疴已去、万木皆春的青山之间。

景岁舻

元好问

（1190—1257）

生存还是毁灭

靖康之变后的第一百零五个年头,汴京城再次陷入绝境。

而这一次,被围困城内的,是金国臣民;气势汹汹而来的,是蒙古大军。

城破前夕,城内除朝廷官员以外的所有男丁皆被要求日夜守城,凡是躲藏于家中之人,一经发现,立即处死。太学生们终夜提灯照明,以便金兵出城夜袭蒙军。不慎灭灯者,杀无赦。

无数星星点点的灯烛,如萤火般在暗夜里时明时灭,温暖的春风送来鲜血腥甜的气息。元好问在这种无声的恐怖中感到一阵心痛:蒙古人还没打进来,自己人就开始残杀同胞了,战争让人变得不再像人。

作为尚书省左司员外郎,元好问不必参与守城。此刻,他正在家中守着自己重病垂危的三女儿阿秀。阿秀的脸色苍白如雪,瘦弱的身躯仿佛薄薄一片纸,轻飘飘地落于床榻之上。她病了许久,却无处医治。城里的医馆早就不开了,大夫都被抓去充作了守兵。蒙军即将破城而入,自身的性命都难保,谁还有心思救死扶伤?

元好问焦心不已,他眼睁睁地看着女儿气息奄奄,却无能为力。在此之前,他已遭遇了兄长丧生于兵乱、妻子染病离世、大女儿远嫁他乡等一系列重大变故。如今,心爱的小女儿也要离他远去了。一次又一次的生离死别,令他痛彻心扉。

只怪生不逢时。

这是天兴元年(1232)的春天,金国在万花盛开的季节里迎来了它的末日。蒙古大军密密实实地包围了汴京城,不断发起猛烈的进攻。天色将明之际,炮火声惊醒了整座城池。百姓们惊恐地望着城郊方向硝烟弥漫的天空,人人心里都生出了不好的预感:也许,从此再也无法见到黎明的曙光了。

元好问彻夜未眠,他隐隐听见了金朝丧钟敲响的声音。

病床上的阿秀没能撑到天亮。元好问泣不成声,他还有什么可失去的呢?家已破,国将亡,至亲尽散,前路一片昏暗。他静静地等待着命运最后的安排。

金军展开了殊死抵抗,金哀宗亲自出承天门,鼓舞安抚一众将士。金国军民四处搜集宋徽宗时期留下的奇石,将其制成圆球状的炮弹,向城外投石反击,又以威力极强的火器震天雷攻击蒙军,就这样坚守了整整十六个昼夜。城外的蒙古军队一时无法破城,便暂时同意议和。

金国臣民以为汴梁得以保全,在短暂的欢庆之后,却发现蒙军并未撤走,而是在不远处伺机而动。人们的心理防线彻底崩溃了:再被围困下去,城内的粮食将会很快耗尽。既然迟早要死,不如先纵情享乐,做个饱死鬼。

"士庶往往纵酒肉歌呼，无久生心。"汴京城陷入了末日来临前的畸形狂欢。

是年四月，一场致命的瘟疫席卷了整座城池。短短两个月内，从各城门运出的死者多达九十余万人，贫而死无葬身之地者尚未包括在内。死去的人太多，生者根本来不及悲伤。元好问颤抖着记录下当时城内的惨状："五六十日之间，为饮食劳倦所伤而殁者将百万人。"

五个月后，汴京城内仓廪空虚，金哀宗下令，城内自亲王以下的臣民，所有人自留三个月的粮食，其余全数上缴。

饥饿是如瘟疫般可怕的存在。本来就没吃的，而今还要被朝廷搜刮。城内物价飞涨，人们吃光了粮食，然后开始吃老鼠、猫、狗，甚至战马。全城的人都饥肠辘辘。蒙古大军在等待，等到物资消耗殆尽之时，汴京城就会不攻自破。元好问目睹了百姓在求生的本能下，疯了一般寻找食物。他们发起暴乱，围攻王公大臣的宅邸，拆下木头烧火，撕下皮革煮食。

至十二月，汴京围城中，百姓食尽，无以为生。贫民往往食人，甚至有自食其妻子者，饿殍遍地。金哀宗决定逃离汴京，他以出城东征为由，留下崔立等将领留守。哀宗在离开前，还不忘表扬了一番全城戍兵："社稷宗庙在此，汝等壮士也。"你们为大金守卫宗庙，都是好样的，本王先溜了。

被丢下的兵民困守孤城，金王朝正在垂死挣扎，一如百年前的大宋。如果南渡的宋人能够亲眼看见汴京城中金朝气数将尽的景象，大概会痛快地感叹一句：真是天道好轮回。历史戏剧般地上演了相似的剧情，然而王朝的兴衰更迭却是由无数生命的陨落作为代价的。

城内尚有上百万无辜的百姓,作为金朝的子民,这是他们的国破家亡之际。

这是元好问忍受着泣血锥心之痛的时刻。

愁肠饥火日相煎,他在身体与心灵的双重折磨下,面临着一个艰难的抉择:是放弃一切自我了结,随故国而去;还是努力活下去,寻求新的转机?

生存还是毁灭,这是个问题。

二

元好问,字裕之。金章宗明昌元年(1190),他出生在山西忻州。那一年,北方早已沦于金人之手。宋金两国,东以淮河中游、西以大散关为界,南北分治。

元好问的先辈是北魏皇室拓跋氏的后裔,虽然身上流淌着鲜卑族的血液,可从思想观念和生活方式上来看,元好问算是实实在在的汉人。他的祖父曾出仕金朝,他的父亲也参加过多次科举,屡试不第,便以教授乡学为业。

出生于中原的金朝子民,保留着宋朝沿袭下来的习俗士风,百姓饮茶、祭祀、迎春、乞火,出身书香门第的士子要读书、赶考、应举、做官,这都是标准的中原生活画风。

小元的家乡忻州，是曾经北宋的边关要塞雁门关所在之地。这里，是中原王朝与游牧民族对峙的前沿阵地。宋辽曾在此激战，烽火照高台，角声连日月，金戈铁马掀起黄尘漫天。

而今，尘埃暂且落定。年幼的元好问赶上了"大定明昌五十年"的金朝盛世。金章宗是金朝汉化程度最高的皇帝，他雅歌儒服，能诗善文，汉文化功底深厚。章宗还喜爱中原的书画，不惜以重金收集名家作品，传说他藏有王羲之的《快雪时晴帖》、怀素的《自叙帖》、顾恺之的《女史箴图》《洛神赋图》等等。这位金国皇帝尤其钟爱宋徽宗的书法，写得一手可以乱真的瘦金体。

入主中原，自然要推行汉化。章宗的臣民受此影响，也崇尚儒学，工书善画，吟诗作赋。

小元亦是如此。他在清冷的胡笳声里，诵明月之诗，歌窈窕之章。他学四书五经，也念诗词歌赋，饱读圣贤之书。元好问天资聪颖，七岁便能作诗，被同村人誉为"神童"。

因为小时候被过继给了叔父元格，元好问便跟着四处为官的叔父生活。元格无子，待元好问视如己出。在小元的少年时代，他曾拜各地的名师学习经史典籍。十四岁那年，他师从金朝学者郝天挺。郝老师曾对元好问谆谆教诲道："咱读书可不是仅仅为了会写文章，做官更不只是为了求取功名利禄。"他还勉励小元："今之仕多以贪败，皆苦饥寒不能自持耳。丈夫不耐饥寒，一事不可为。"

元好问懵懵懂懂地点了点头，将师父的话记在了心里。学习经史之余，小元时常诵读唐宋文人笔下的诗词歌赋。他喜欢苏轼的词，后来在创作中总是有意无意地化用、借鉴其词句。苏轼写"笑渐不闻声渐悄，多情却被无情恼"，元好问写"多情却被无情恼，今夜还如昨夜长";苏轼写"酒醒还醉醉还醒,一笑人间今古",元好问写"醒复醉,醉还醒,灵均憔悴可怜生"。

"东坡的词写得真好啊。"小元轻声感叹。他一遍遍地吟咏着苏轼的妙句,只是未涉世事的元好问还不能明白,为何东坡总是一醉再醉,为何他说"人生如梦,一樽还酹江月"。

读书,作词,与同辈畅谈文学,与家人共度佳节。多少年后,当元好问变成一个白发苍苍的垂暮老者时,还总是回忆起这段安稳无忧的年少时光。每年初春,小元总会跟在叔父身后,和乡里人一同摆春盘,祈求风调雨顺。熙熙攘攘的人群中,都是他熟悉的面孔,每张脸上都挂着喜悦而安宁的神情。

那时的元好问并不曾想到,这样温暖、平凡又充满烟火气的日子,在数年后竟成了一种只可追怀而不可触及的奢望。

金章宗泰和五年(1205),十六岁的元好问和同窗学子前往并州参加考试。行至汾水,众人遇见了一个山民,他怀揣着一只死去的大雁,面带伤感。小元便上前询问:"大伯可是遇到了什么难事,为何一脸凄然?"山民叹息一声道:"今日捕获了一只大雁,我便将它杀了,想着给家里人开开荤。没想到从网中逃脱的另一只大雁却没有离去,而是在空中盘旋悲鸣,方才竟从天上冲下来,撞地而亡。"说罢指了指不远处地上的那只大雁,"看来它们是一对夫妻哟,一只被杀,另一只也不肯独活……真是作孽啊!"

一行人听后皆默然无语,为这忠贞之鸟的深情而伤怀叹惋。元好问亦怅然不已,他买下了这对死去的大雁,将它们埋在了汾水河畔,又垒起石头作为标志,将此处命名为"雁丘"。

大雁的生死至情深深地震撼了十六岁的元好问。它们曾日夜比翼双飞,任它多少寒来暑往,依旧恩爱相依。如今一只大雁死去了,幸存的那只大约知道,从此它便要形单影只,飞越千山万水,穿过晨风暮雪。失去了至爱,这般独活又有何意义?

元好问的心中涌起无限感慨,他当即作下一曲《摸鱼儿·雁丘词》,发出了那个振聋发聩的千古之问:

问人间、情是何物?直教生死相许!天南地北双飞客,老翅几回寒暑。欢乐趣,离别苦,是中更有痴儿女。君应有语:渺万里层云,千山暮雪,只影向谁去?

横汾路,寂寞当年箫鼓。荒烟依旧平楚。招魂楚些何嗟及,山鬼自啼风雨。天也妒,未信与、莺儿燕子俱黄土。千秋万古。为留待骚人,狂歌痛饮,来访雁丘处。

这是少年元好问第一次直面生与死,他看到了比生命更为珍贵的存在。彼时的小元陷入了沉思:这世间,有什么是永恒不灭的呢?他举目四望,但见荒烟千里,无限萧条。汾水一带,当年本是汉武帝巡幸玩乐之地,想来曾是何等的热闹非凡。而今却衰草连天,一片荒凉。

那风起云涌的王朝更迭,盛衰兴灭,也不过如此。千百年后,能留下什么,又能给世人带来什么呢?

或许还不如这对大雁,纵然归为尘土,其情却不灭不朽,长存于世。

三

这一次的科举考试，小元同学不幸落榜。不过他并未气馁，苦读三年，来日再战便是。他还年轻，有的是试错的机会和承受失败的勇气。

然而时局变幻莫测，留给他的时间不多了。金章宗统治后期，一心发展文化，却荒废了厉兵秣马。随着金朝国势日益衰颓，北方蒙古诸部兴起。1206年，成吉思汗统一大漠南北，建立蒙古汗国。

猎猎朔风中的成吉思汗身骑战马，眺望四方，目光中尽是气吞山河的勃勃野心。一钩弯月下，大漠沙如雪，一支支所向披靡的蒙古军队正整装待发。成吉思汗并未立刻向金国发起进攻，大金虽在走下坡路，但方才经历了世宗、章宗的鼎盛时期，国力犹不可测。他不敢贸然进犯，只待时机成熟。

泰和八年（1208），元好问到长安参加府试，再次名落孙山。他有些郁闷，自己平时学习成绩挺好，怎么一到考试就发挥失常？同所有士大夫家庭出身的年轻人一样，考取功名，在仕途上有所建树，也是元好问前半生梦寐以求之事。

两次失败而已，不服输的元好问暗暗攥紧了拳头：我还就不信了，定要与科考死磕到底。

这一年，元好问在长辈的安排下娶妻成家。妻子张氏温柔贤惠，将家事操持得井井有条，让元好问更能安心地准备考试。夫妻俩过着风平浪静的日子，却不知外面的世界已是风云激荡。

同年，金章宗去世，其叔父完颜永济被立为皇帝。完颜永济庸碌无能，并无治国之才。他即位后，遣使传诏蒙古。成吉思汗听说是此人继位，一脸轻蔑，他拒绝跪接金国诏书，并向南唾道："我还以为只有天之骄子才能当中原皇帝，此等庸懦之辈也配当？我凭什么拜他！"说罢上马扬长而去。

不屑之余，成吉思汗也松了一口气："完颜永济这废物点心当皇帝，我蒙古攻打金国岂不是轻而易举？"成吉思汗决定先攻打西夏，以拆散金夏同盟。遭到攻击的西夏赶忙向金国求援，然而金帝却幸灾乐祸，坐视不理："打得好啊，灭掉西夏，正好我大金也来分一杯羹。"

完颜永济还在傻乐，完全没意识到蒙古的下一个目标，便是自己。

外界的形势一天一变，而元好问的心里只有一件事，就是读书。为了能更专注地学习，他搬去离祠堂几十里开外的定襄遗山读书，并自号"遗山山人"。山林间总是寂寥无人，唯有他寒窗苦读的身影。

在元好问埋首书卷之际，蒙古大军的铁骑踏上了他的家乡。蒙军突袭忻州，屠戮十万余人，鲜血流遍了这个往日安宁和乐的小城。在遗山读书的元好问躲过一劫，可他的亲哥哥元好古却丧生于这次战乱。元好问匆匆赶回祖居，等待他的，是至亲的死讯和残破的家园。

这一切都发生得太突然了，像是一个猛浪打过来，元好问瞬间坠入波涛汹涌的大海，飘摇浮沉，再难寻得一处容身之地。从此，平静的生活一去不返。为避兵祸，元好问携全家南渡，一路颠沛流离。

逃亡的路上，他们有时寄宿在山间破旧的庙宇，有时安身于郊外废弃的驿馆。停歇时分，元好问从仓皇赶路的滚滚风尘中抬起头，遥望远方，只见山势壮美，绵延千里，似乎山河依旧，一如往昔。

故国江山如画，醉来忘却兴亡。

想到今朝所见之家国，已非昨日的清平盛世，元好问在心中苦笑道："我一向喜爱杜少陵的诗，曾为他笔下的'国破山河在，城春草木深'而拍案叫绝，如今切身体会了一番此间滋味，倒也算与他冥冥之中早有缘分。"

元好问痛心于国事，也伤感于自身。正当盛年的他，还未开启充满无限可能的人生，就陷入了无尽的颠沛之中。

此生，是否还有机会走上宦途？十年寒窗，功名未就，到底是不甘心。1212年，安顿好家人后，元好问又赶往中都（今北京）第三次参加考试，却再度落第。还没来得及伤怀自身，又一个噩耗传来：金朝大军被蒙古击败，蒙军已逼近中都，家国正处在危急存亡之秋。

金国朝廷一片混乱，完颜永济被毒杀，完颜珣即位，是为金宣宗。蒙古兵围攻中都，金兵节节败退。金宣宗龙椅还没坐热乎，就开始仓皇逃亡，急急忙忙把都城迁到了汴京。成吉思汗得知宣宗南逃的消息，翻了个大大的白眼：刚下台一个窝囊废，又上来一个胆小鬼，金朝真是人才辈出啊。

贞祐二年（1214），迁都汴京的金宣宗暂时得以喘息，科举考试照常进行。此时元好问带着家人流寓在河南三乡一带，他决定再去科场试一次。是年夏天，元好问奔赴汴京赶考。这一次，依旧天不遂人愿，他再度榜上无名。

兴定元年（1217），元好问因应试而结识了朝中权要赵秉文。赵秉文时任礼部尚书，名声闻于朝野。他还善作诗文书画，成就颇高，是一众文士的偶像。赵秉文很欣赏元好问的才气，特邀他来府上谈诗论赋。

"'浩歌北风前,悠悠送孤月',裕之的《箕山》沉郁顿挫,意境深远,老夫窃以为,杜少陵以来无此作。"赵秉文对元好问的诗作一顿夸赞,又将自己的创作心得与他分享,"作诗当以唐人为旨归,宗李杜之风,扬盛唐气象。"

元好问得到了当时文坛大咖赵秉文的官方认证,一时间名动京师,获得了"元才子"的光荣称号。得贵人赏识,这下仕途总该有希望了吧?元好问昏暗已久的内心亮起了一丝光芒。又一年科举,元好问信心满满地参试,放榜之日,他将录取名单看了一遍又一遍,依然找不到自己的名字。

乱世之下,朝廷正忙着抵抗蒙古大军,能保住江山就不错了,哪里还有闲心认真选拔人才?

这是元好问第五次落榜了。家国危机重重,自身命途坎坷,前路一片迷茫。他如同坠入无望无告的深渊。还能有比这更坏的情况吗?元好问的心沉了又沉。

一寸名扬心已灰,十年长路梦初回。

四

屡试不第的元好问独自喝着闷酒,他有才华,有家世,又正值青春年少，为何朝廷不给他一个机会呢？醉意朦胧的他写下一曲《洞仙歌》：

黄尘鬓发，六月长安道。羞向清溪照枯槁，似山中远志，漫出山来，成个甚？只是人间小草。

升平十二策，丞相封侯，说与高人应笑倒。对清风明月，展放眉头，长恁地，大醉高歌也好。待都把、功名付时流，只求个，天公放教空老。

想来真是可笑，本以为能成为参天松柏，独秀于林。到外面闯荡一圈回来，才发现自己不过是一株微不足道的小草。罢了罢了，不如对月醉酒，迎风放歌，将功名皆付与东流水。

家国尚且在一片风雨飘摇之中，一己之身又如何能求得光明前程？

金宣宗兴定二年（1218），元好问一家移居登封。是年秋天，蒙古大军占领了山西太原、平阳等地。故土，再也回不去了。这个坏消息，令元好问本就苦闷的心情雪上加霜。入夜时分，窗外下起了小雨，萧萧西风夹杂着冷雨敲窗之声，寒意侵袭而来。这场秋雨，在元好问的心里下得没完没了。

他越发理解了杜甫笔下的诗句"万里悲秋常作客"，从此，他便要作客他乡。回望北地，归梦难成。何时石岭关山路？一望家山眼暂明。

金宣宗兴定四年（1220），金王朝在南宋、蒙古和西夏的夹击之下，危如累卵。元好问终日忧心于国运，他又生起了入仕之心。

只有考中科举,进入朝廷,方能有机会挽救江山社稷于万一。

这一年,元好问赶往汴京应试,与百名考生会饮于状元楼。席间,他慨叹道:"将侥幸一第,以苟活妻子耶?将靳固一命,龊龊廉谨,死心于米盐簿书之间,以取美食大官耶?抑将为奇士,为名臣,慨然自拔于流俗,以千载自任也?"

元好问对在场的各位发出了灵魂拷问:若能考中进士,当如何自处?选择之一,按时上班领工资,能养活老婆孩子就完事了,其余时间苟活度日,碌碌无为;二是忙于琐碎事务,追名逐利,以求取高官厚禄为目标;三是以千秋事业为己任,做对社会、对后世有贡献的一代名臣。

作为一个有追求、有理想的人,元好问想要的,当然是第三种选择。

次年,三十二岁的元好问进士及第。考了十六年,从少年考到中年,他终于梦想成真了。元好问曾经也有过很多个灰心丧气、想要放弃的时刻,他有一年甚至买了块地,准备隐居种田。那时他都想好了,就种乌芋和红姜,既能管饱又能卖钱。

如今,拿到录取通知书的元好问心潮澎湃:终于等到你,还好我没放弃。这是多么激动人心的时刻,他挥笔写下:"浩荡春风入绣鞍,可怜东野一生寒。皇州花好无人管,不用新郎走马看。"

然而,还没等他的高兴劲过去,一个个打击接踵而至。当年赏识元好问的赵秉文作为阅卷官,竟遭人诽谤,认为他有意偏袒元好问,徇私舞弊。元好问得知后愤怒不已,他决定放弃官职,退出仕途。

赵秉文劝慰他:"此事无凭无证,是有人嫉恨老夫,才无中生有。以你的才华,进士及第是名副其实,不必因谣言而辞任不就。"

元好问一脸凛然:"赵大人知遇之恩,裕之没齿难忘。君子所惜者名节,我不愿大人白白蒙受诬蔑,今日辞任,以证你我二人清白。来日自有机会再入仕途。"

若要因为自己而牵连恩人赵秉文背黑锅,那这个官,不做也罢。

在离开的路上,元好问写下了一首《玉漏迟》:

浙江归路杳,望西南仰羡、投林高鸟。升斗微官,世累苦相萦绕。不入麒麟画里,又不与、巢由同调。时自笑,虚名负我,平生吟啸。

扰扰马足车尘,被岁月无情,暗消年少。钟鼎山林,一事几时曾了?四壁秋虫夜语,更一点,残灯斜照。清镜晓,白发又添多少?

此后,元好问在汴京、嵩山一带务农养家。烈日之下,一身农人打扮的他抹去了额上的汗水,看着田间初生的青青菜叶,他全身的疲惫都消解了一大半。为虚名奔波了半辈子,也该换一种生活方式了。

闲暇时,他便全身心地投入诗词创作中:"虚名误,遍人间浪走,恰到求田。"做完一天的农活,躺在草地上喝点小酒,吹着凉凉的清风,看皎洁的月光遍洒人间,多么惬意。"东坡有词曰'与谁同坐,明月清风我',想必便是此间心境吧。"他悠然写下:"从教去,付青山枕上,明月尊前。"

对于考取进士、追求功名,元好问不再那么执着。人生遗憾的事情太多太多,既然已经尽力而为,又何必太过计较得失?无论穷困亨通，洒脱一些，豁达一些，生死之外，再无大事。

有时元好问会驻足江畔，凝望着汤汤流水，默默吟着杜甫的诗句："无边落木萧萧下，不尽长江滚滚来。"想来多少英雄豪杰，都如这流逝的江水般，消失得无影无踪。一时显赫的声名，如今也尘归尘、土归土，再无人提起了。元好问感慨万千，作下了一曲《临江仙》：

今古北邙山下路，黄尘老尽英雄。人生长恨水长东。幽怀谁共语，远目送归鸿。

盖世功名将底用？从前错怨天公。浩歌一曲酒千钟。男儿行处是，未要论穷通。

他独自在岸边饮酒放歌，他一杯酒，月一杯酒，再敬流水一杯酒。

人生如梦，一樽还酹江月。

五

正大元年（1224），金宣宗去世，其子完颜守绪继位，是为金哀宗。此时，宋、金、夏三国各自忙着进攻与抵抗，彼此之间斗得不亦乐乎，今天金扰宋，明天宋伐金，后天金攻夏。蒙古在一旁暗笑：打吧打吧，都省得我们浪费军力了，等你们打得差不多了，我来收割一拨，把你们全部消灭。

金哀宗意识到了形势之严峻，他力图振作，决定改变从前三面树敌的方略。他下令与南宋停战，同西夏和好，集中全力抗击蒙古。哀宗的战略是明智的，可他未能联合宋夏一同抗击蒙古，只能短暂地维持住金朝摇摇欲坠的江山。金朝以数十万兵将镇守潼关一带，另派精兵在黄河沿岸坚守。蒙、金隔河对峙，局面暂时稳定下来。

是年，赵秉文不忍见元好问生活清苦，更不想大好人才就此埋没，便向皇帝举荐了他。元好问没有辜负赵大人的好意，他赴汴京参加考试，并以优异的成绩得中科考。登第后，元好问被任为权国史院编修，留官汴京。

既然机会来了，那便牢牢抓住。三十五岁的元好问终于在人到中年的时候，迎来了自己的第一份工作。即将步入朝廷的他心潮澎湃，期待着能一展宏图，大有作为。

"对酒当歌，人生几何？"元好问吟诵着曹操的《短歌行》，思绪飘到了一千多年前。或许当年曹操在江上横槊赋诗之时，也是这般心神激荡。西北望神州，群峰如长剑，正如他此刻的心，蓄势待发，只等出鞘的那一瞬。

同时，元好问也清楚地意识到，自己不再年轻了。鬓发间，已有了星星点点的白。从前多年不得功名，而今得一机会，是否能如愿以偿呢？见惯了太多天不遂人愿之事，竟不敢再抱有期待了。

既如此，那便将种种情绪，皆寄于诗词之间吧。他挥毫立就一首雄浑而苍凉的《江城子》：

醉来长袖舞鸡鸣。短歌行，壮心惊。西北神州，依旧一新亭。三十六峰长剑在，星斗气，郁峥嵘。

　　古来豪侠数幽并，鬓星星，竟何成？他日封侯，编简为谁青？一掬钓鱼坛上泪，风浩浩，雨冥冥。

　　元好问想象中的仕宦生涯，是可以施展自身才华，做些有益于家国社稷之事的。然而现实却是，国史院是个既无参政实权，又无功绩出路的冷官衙。没完没了的文书工作枯燥且琐碎，钱少事多，还得时常熬夜加班。元好问写诗抱怨道："兰台从事更闲冷，文书如山白发生。"

　　真想撂挑子了，管他什么功名利禄、前程仕途。

　　在京城为官期间，元好问的家人仍在登封居住。京城的房子太贵，而他的工资又太低，甚至都租不起最便宜的屋舍。不能接来一家人，元好问只好趁着空闲时间往返于汴京与登封之间。

　　中秋佳节，因为工作任务太多，元好问无暇回家。他孤身一人，徘徊于月下。皎洁的明月与承平时期的一样圆，一样亮，可惜静好岁月已不再，如今，是"烽火连三月，家书抵万金"的战乱年代。

　　夜色渐深，清冷的月光浸得身心寒意阵阵。元好问裹紧了衣裳，疾步走回狭小的官舍。他百无聊赖地坐在书案前，挥笔写下一首《水龙吟》：

　　素丸何处飞来，照人只是承平旧。兵尘万里，家书三月，无言搔首。几许光阴，几回欢聚，长教分手。料婆娑桂树，多应笑我，憔悴似、金城柳。

不爱竹西歌吹，爱空山、玉壶清昼。寻常梦里，肩车盘谷，挐舟枋口。不负人生，古来唯有，中秋重九。愿年年此夕，团栾儿女，醉山中酒。

也不知远在登封的妻子儿女，是如何度过中秋的。元好问举头望着一轮圆月，心里默默地想：只希望家人都能平平安安，愿来年的中秋，能与他们共享团圆。

这一年的元夕，元好问又因公务而独自留在京城。盛装打扮的游人往来如织，大街小巷到处挂满了璀璨的花灯，孩童们互相追逐嬉戏，一片欢声笑语。置身于流光溢彩的灯火之中，元好问一阵恍惚：还以为此刻仍是太平盛世，却不知蒙古大军早已压境，朝廷再难力挽狂澜。

而他一介文弱的读书人，又能为家国做些什么呢？元好问走在熙熙攘攘的人群里，低吟着一首《京都元夕》：

袨服华妆着处逢，六街灯火闹儿童。
长衫我亦何为者，也在游人笑语中。

热闹是别人的，他什么也没有。

上班的日子太无聊，每天看上去都很忙，却不知道在忙些什么。"悠悠未了三千牍，碌碌翻随十九人"，这不就是他最不屑的那种碌碌无为的生活吗？与其这样毫无意义地消磨时间，还不如回家种田。

元好问下定了决心，托病请了个长假，回到登封。把人间万事，从头放下，只山中老。

他仍像未入仕的那些年一样,过着闲散的生活。欣赏湖光山色,遍邀良朋好友,一同饮酒赋诗。人生中,总有些事不可强求,越想拥有的东西,往往越难得到。

总要学会放下意难平,不再痴心求,接受不如意,寻求新出口。

元好问将注意力转移到山水之乐与诗文创作中,很快找到了新的乐趣:"人生有几?念良辰美景,一梦初过!穷通前定,何用苦张罗?命友邀宾玩赏,对芳樽浅酌低歌。且酩酊,任他两轮日月,来往如梭。"

闲居期间,元好问还专注于研究杜甫的生平及其诗文,完成著作《杜诗学》的撰写。在那段流亡的日子里,杜少陵的诗词仿佛能隔着几百年的岁月,与他一次次地产生共鸣。搞点自己感兴趣的学术研究,可比枯燥的坐班生活有意思多了。

正大四年(1227),元好问被授河南内乡县令。这一次,他欣然赴任。深入基层,就意味着能为百姓做一些实实在在的好事。在内乡任上时,元好问目睹了因天灾兵祸而荒芜凋敝的田地,他决定以恢复农业生产为目标,实现乡村振兴。元县令鼓舞百姓们:"大伙儿努力干,咱们一起吃饱饭!"元好问有务农经验,他时常撸起袖子与农人们一同躬耕于田间。在其治理下,内乡逐渐呈现出农事繁荣的景象。

此后元好问又出任了南阳县令,正值金国与蒙古作战时期,朝廷大量征收赋税,加上连月干旱,田地颗粒无收,百姓苦不堪言。元县令便极力上书,争取到了减免三年赋税的惠民政策,使当地百姓休养生息。

元好问俸禄微薄,自己就过着紧巴巴的生活,但他仍不忍见百姓受苦。"安得广厦千万间，大庇天下寒士俱欢颜。风雨不动安如山。"这是杜少陵的心愿，也是元好问为官的初衷。如今看见"荒田满眼人得耕"，他晒得黑黢黢的脸上露出欣慰的笑容。但愿在不久的将来，南阳的乡间会呈现出"早晚林间见鸡犬，一犁春雨麦青青"的美好景象。

正大八年（1231），元好问因为政绩出色，被调任中央，担任尚书都省掾。俸禄上涨，他满心欢喜地带着妻儿移家汴京。仕途终于步上正轨，生活会一天比一天好的。元好问望着京城方向澄澈的天空，心里生出了一丝盼头。

然而上天再次和他开了个玩笑。后一年，元好问的妻子不幸病逝。他还未从悲痛中缓过神来，又一个噩耗传来：金军在三峰山之战中大溃，精锐尽失。蒙古大军正摧枯拉朽而来，很快便会兵临汴京城下。

十年旧隐抛何处？一片伤心画不成。

六

这是蒙古大军围困汴京城的第九个月零八天。

过去的这大半年里，元好问的三女儿阿秀早夭，赏识、提携他的赵秉文也与世长辞。天兴元年（1232）十二月，城中粮尽。金哀宗果断丢下一城百姓，火速逃离汴京。

皇帝都弃城而逃了，汴京一定是守不住了。元好问拖着虚弱的身体，缓缓走到窗边，记忆里繁华如梦的汴京，又浮现在他的眼前。饿得头晕眼花，他恍惚看见从前喧闹不息的街市，看见璀璨生辉的灯火和欢声笑语的人群。再定神，街上空空如也，寒风吹起一片叶子，又轻轻落下。偶尔经过一两个破衣烂衫的乞讨者，瘦得像是移动的骨架。

傍晚时分，天空出现大片的火烧云，如血的残阳映照着这座千疮百孔的城市。城墙经过炮火的一番洗礼，伤痕累累地矗立在长烟落日之下。无声的孤城，正进行着一场漫长的哀悼仪式。不远处，是蒙古大军黑压压的阵营。

大金的亡国之日将至。对百姓来说，这种亡国的沉痛是麻木而迟钝的，抓心挠肝的饥饿却是猛烈而真实的，它不分昼夜地折磨着身心，让人清醒，更让人疯狂。城内已经出现了人吃人的惨剧，血腥的气味凝固在风里，挥之不去。

汴京城化作人间炼狱。饥人相食，连死者尸体上的肉都被瓜分一空。绝望和恐惧蔓延在每一个角落。

一百多年前，汴京城也曾遭此劫数。而当年入侵者的后代，正是此刻的受难者。

国将不国，许多臣子悲愤自尽。还有很多人受不了这般折磨，放弃了生的希望，含恨而终。元好问也曾想过自我了断，与其这样忍受着愁肠饥火，苦苦煎熬，不如一了百了，落个清净。家国即将覆灭，用不了多久，蒙古大军就会攻破城池。作为前朝臣子，他将会面临怎样的境地？元好问想过很多种可能性，也许，他会死于敌国兵刃之下；也许，他会被俘虏囚禁，遭受百般折辱；又也许，他能侥幸逃过一劫。可国破家亡之际，他又该如何自处？

至亲尽散，他茕茕孑立于世间。渺万里层云，千山暮雪，只影向谁去？

死，固然容易，是逃避，也是解脱。说出去，他是以身殉国，多么壮烈，还能留一个坚贞不屈、忠君爱国的好名声。

然而，这样一死了之，又有什么意义？元好问想起了司马迁所言："人固有一死，或重于泰山，或轻于鸿毛。"他若有所思，长叹道："死生之际大矣！可以死，可以无死……若为此等庸懦之主而舍弃性命，实乃虚生浪死，枉来人间一趟。"想到那个抛弃国都与臣民狼狈跑路的皇帝，元好问在心里翻了个大大的白眼。

如果要为了所谓的忠君之道而一头撞死，那就太不值得了。况且，如今君王何在？金哀宗早已溜之大吉，逃到了蔡州。那里还未受到蒙军的侵扰，仍是一派晏安。当汴京城中的百姓处于水深火热之际，蔡州城里的哀宗竟生起了闲情逸致，在当地修建宫舍，并挑选佳人陪自己寻欢作乐。

死到临头，还要来一场末日狂欢。蒙古兵都已经在追捕金哀宗的路上了，蔡州很快将成为金朝彻底落幕之地。

这一年的春天，元好问望着院子里重新冒出芽的草木，幡然醒悟般，从一片晦暗不明中猛地抬起头，远处，是天高云淡，是清朗苍穹。对于纠缠内心已久的一些困惑，他隐隐有了决断。

蒙古大军南下，中原文化备受摧残，面临着毁灭的危机。有多少珍贵的书籍在战火里付之一炬，又有多少毫无抵抗之力的文人士子，魂断于蒙古铁骑之下？逝去的种种已不可挽回，仍然在世的，或许还有机会拯救一番。他沉思半晌,一字一顿地自语道:"秋风不用吹华发,沧海横流要此身。"要留得此身,救苍生,兴文化。

留守京城的另外两位同僚绝望地哀叹道:"吾二人惟有一死耳。"在封建社会忠君观念的影响下,亡国后的士人常以苟活为耻,以失节为惧。元好问慷慨陈词道:"死不难,诚能安社稷,救生灵,死可也;如不然,徒欲一身饱五十红衲军,亦谓之死耶?"

比起以身殉国,他有更重要的追求,那便是救民之志、修史之任、道义之托。元好问决定好好活下去,为了儒学道统的传承延续,为了士人朋辈的生存境遇,为了金朝历史不会消亡,更为了华夏文脉不会中断。

他悉心整理着家中千余册典籍史书,心里燃起了一丝微弱却明亮的火苗:若不可避免一死,那便要死得其所;如今有幸得生,那更要倾力而为。

兵荒马乱的时期,生命是那么脆弱,却又那么顽强。它可以微贱得如同草芥,转瞬间便消逝于炮火刀剑之下;可它又可以珍贵得胜过一切,值得一个人拼尽全力、克服重重磨难将其保全。

年过不惑的元好问,面对这场江山覆灭、生灵涂炭的惊变,重新思考起了生命的意义。生存还是毁灭,这个问题曾让他困扰不已。如今,他做出了选择。活下去,才有希望,才有转机,才有作为一番的可能性。

元好问想起了十六岁那年,他也曾面临生与死的抉择,斯时,他是一个旁观者。那只大雁本可以独活于世,却为了对伴侣的情意,选择了死;而现下的他,本可以一死了之,却因为想要挽救危亡的文化,选择了生。

亡国之局已定，一死了之只是徒然。他的生命，需要为更重要、更有意义的事情而燃烧。元好问希望，能让自己有限的生命，释放出无尽的光和热。即便是杯水车薪，也要尽力一试。

国破前夕，当元好问思量着如何拯救中原文化之时，金哀宗留下的汴京守将崔立，也在考虑着一个重要的问题：该什么时候向蒙古投降，才能把自己卖个好价钱？

朝中无主，崔立决定抓住这个机会。哀宗已经跑了，谁知道他现在是死是活。改朝换代之际，正是大洗牌的时刻，若能得到新君的欢心，那么不仅可以保住性命，还能保全下半辈子的荣华富贵。崔立暗自忖度："反正汴京也守不住了，不如早点向蒙古臣服。不过，该带点什么见面礼，才能博得对方的信任呢？"

崔立心里很快有了主意。他大摇大摆地换上了天子的冕服，带着浩浩荡荡的仪仗卫队，拜见了蒙古大将速不台。他恭恭敬敬地立于速不台面前，满脸殷勤讨好之色："尊敬的大帅，微臣特来将京城奉上，请您笑纳。"

整个汴京城，就是崔立送给蒙古人的大礼。他烧掉城防，大开城门，递上降表，并搜刮城内的金银，双手献与敌国的统领。一通操作让速不台喜笑颜开，他当即拉着崔立饮酒作乐。崔立做足了降臣该有的样子，谦卑地侍奉于速不台身侧，比伺候自己的亲爹还周到上心。

崔立不战而降，是年四月，蒙古军队长驱直入汴京，大肆洗劫了这座城池。攻取汴梁后，速不台想到自己的军队在攻城时死伤惨重，便意欲屠城以作报复。

眼看上百万无辜性命的鲜血即将流遍全城，就在这时，一位名叫耶律楚材的蒙古臣子站了出来，他以一己之力，改变了这件事的结局，也改变了整个蒙古帝国的走向。

七

时任蒙古国中书令的耶律楚材紧急上书大汗窝阔台，请求放过城中百姓。

"将士们在外戎马多年，所争者无非土地人民，若得地而灭民，土地又有何用？"

一个侍臣反驳道："我蒙古族兴于草原，虽得汉人亦无所用，不若尽去之，斩尽杀绝。变耕地为牧场，而使草木畅茂，牛羊成群。"

"何谓无用？能工巧匠，文人士子，皆为有用于世者。"

"真是笑话，文人何用之有？开疆拓土，靠的是武力。尔等儒者手无缚鸡之力，又如何平定天下？"

"马上得天下，不可马上治天下。制弓尚须用弓匠，治理天下岂可不用治天下之才？"

耶律楚材一番慷慨陈词，终于说动了大汗窝阔台，禁止屠城遂成定例。因为耶律楚材，汴京城中一百多万人逃过一死，无数中原百姓免于浩劫。

在耶律楚材的极力劝说下，汴京逃过了被屠城的厄运，然而蒙古兵入城后,依然大肆劫掠,折辱和迫害着金朝臣民。处于饥寒交迫、惊恐连连之中的元好问,来不及担忧自身的处境,他最为关注的事,是那些儒士朋辈该何去何从。

这些中原的士人,能够承续衣冠礼乐,弘彰纪纲文章,能够纵横笔墨,书写历史,传承文化,延续文明。而蒙古铁骑虽然所向披靡,但作为草原游牧民族,他们的文化是落后的,只相信快马利刃,崇尚征伐,用简单粗暴的方式统治和管理所到之地,刀锋过处,人迹全无。元好问十分担心,金朝的历史会就此湮灭无踪,灿烂的中原文明也会一同没落消亡。

他忧心忡忡地写下:"国史经丧乱,天幸有所归。但恨后十年,时事无人知。"

元好问想到了耶律楚材。他对这位心怀仁善的儒学之士早有耳闻,楚材虽为契丹族,但精通汉文与儒学。耶律家族世代受到汉文化的熏陶,养成了读书知礼的家风。耶律楚材入仕蒙古国后,积极恢复文治,崇尚"以儒治国"。如今,他又劝诫窝阔台,善待黎民百姓,尊重文人群体。

简直就是赓续中华文化的天选之子。

耶律楚材与元好问属于不同的政治阵营,却同样致力于救亡文化、拯救苍生。元好问内心有些激动,他相信,这样一位志同道合之士,一定会对文化救亡大业有所助益。

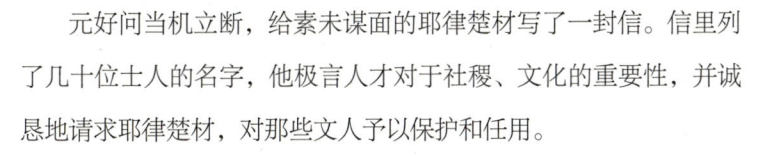

元好问当机立断,给素未谋面的耶律楚材写了一封信。信里列了几十位士人的名字,他极言人才对于社稷、文化的重要性,并诚恳地请求耶律楚材,对那些文人予以保护和任用。

"诚以阁下之力,使脱指使之辱,息奔走之役,聚养之,分处之。学馆之奉不必尽具，饘粥足以糊口，布絮足以蔽体，无甚大费。"请让他们有口饭吃，有件衣服穿，能够好好地活下去吧。

"可以立言，可以立节，不能泯泯默默，以与草木同腐……阁下主盟吾道，且乐得贤才而教育之。"他们都是有用于世之人，请不要让他们的才华泯灭于山野。

整封信的中心思想就是：同志，你好，希望得你援手，保护中原知识分子，赓续华夏文脉，恢复文治儒学。

历史并未记载耶律楚材对这封信的明确答复，可事实证明，元好问所举荐的儒士，大多为元朝所起用，其中一些甚至被载入《元史》之中。他们向新朝源源不断地输送中原文明，多少典章法度、诗词歌赋因而得以保存下来。

然而元好问的这一惊人之举，也引起了世人的非议——亡国之际，向敌国举荐本国的人才，多新鲜啊。忠臣不事二主，元遗山此举，真是不忠不义，枉为人臣。

光是没有随主殉国这一条罪名，就足够后世的唾沫星子淹死他了。清代学者施国祁说元好问"所欠惟一死"，清代史学家全祖望说他"于殉国之义有愧"，乾隆帝更是破口大骂道："元好问于金亡之后，以史事为己任，托文词以自盖其不死之羞，实堪鄙弃。"

元好问在致信耶律楚材之前，不是没有想过，自己的个人名节很有可能因此而受损。但是对他而言，王朝和政权，只关乎部分人的利益，而"天下"才是真正需要关注和看重的。朝代的更迭是历史的必然，国家可能灭亡，江山也会易主。真正需要守护的，是绵延千年的中华文明和千千万万的苍生。

如果能够凭借一己之力，让更多的人活下去，让文化得以传承，这才真正符合"智周万物,道济天下"所谓之"道"。

救世行道,宁可殉道而不殉国。

至于那些批评他的言论,元好问选择视而不见——面对过生死,才更明白吾生之所求;感受过绝望,才更珍惜生命与希望。我只坚持我认为正确的事情,既然做出了与世俗观念相悖的抉择,那就要做好迎接一切质疑的准备。

就让暴风雨,来得更猛烈些吧。

八

汴京陷落后,元好问等金朝臣子成为蒙军的俘虏。是年四月,他们被押往聊城(今山东聊城市)羁管。蒙古军还掳掠了大批金国后妃、宗室北去。嫔妃们垂泪不止,在蒙古兵的驱赶下跌跌撞撞地前行着。红粉哭随回鹘马,为谁一步一回头。

望着残破的家国,元好问肝肠寸断。这一路,他目睹了曾经桑梓繁茂的村庄被洗劫一空,唯余一片断壁残垣,荒凉废墟。在战乱中丧生的百姓尸骨遍横于野,引来大群聒噪争食的寒鸦。生灵涂炭,万物凋敝。元好问心痛如绞,他用文字记录下北渡路上这一幕幕凄惨的场景:

白骨纵横似乱麻,几年桑梓变龙沙。

只知河朔生灵尽,破屋疏烟却数家。

金哀宗在蔡州苟延残喘了八个月,最终在蒙宋联军的合力围攻下,于天兴三年(1234)正月,迎来了身死国灭的时刻。

故国不堪回首月明中。不知何时才能重获自由,返回家乡?望着寒来暑往的大雁,元好问在心底发问:"雁到秋来却南去,南人北渡几时回?"

被囚禁在聊城的日子,元好问专心投入诗歌创作与编撰金史的工作中。他担负起了一个著述者的责任,为故国存史,为后世保存文献:"每以著作自任,以金源氏有天下,典章法度几及汉唐,国亡史兴,己所当为。"

元好问不知疲倦地思考着,书写着,回忆着,记录着。身困于斗室之内,心却是广阔无垠的。他在历史的瀚海里浮沉遨游,在诗文的世界中走走停停。他坚信文字的力量可以对抗时间,对抗腐朽,对抗盛衰兴灭,对抗生死无常,对抗无可奈何花落去,对抗一切不可挽留的、即将消亡的、已然陨灭的世事。

昏暗的屋舍里终日点着一支灯烛,白天与黑夜都变得没有意义。埋首于书卷中的元好问逐渐忘却了时间的流逝。停笔的间隙,他透过破旧而狭小的窗,望见了一方小小的晴空,一团团柳絮飘过来,在风里打着旋儿。原来又是一年春来到。

元好问想起他一生中难得无忧的年少时光。在家乡的日子,每一年春天,百姓们都会从田间地头采集新鲜的韭菜、生姜、芹菜、荠菜、蒜苗,摆在精巧的盘子里,再搭配上红花绿缕,谓之"春盘"。那时叔父还在，家国还在，世道也还算安稳。一转眼，竟然这么多年就过去了。

"里社春盘巧欲争，裁红晕碧助春情。忽惊此日仍为客，却想当年似隔生。"

二十余年成一梦，此身虽在堪惊。

蒙古太宗七年（1235），元好问由聊城移居冠氏县，这时他所受的监管松了很多，再加上元好问与蒙古国的汉军首领严实、赵天锡有往来，他的生活渐渐好转，行动也自由了许多。

元好问开始四处奔走，采集旧朝零落在民间的野史遗风、诗词歌赋。他清瘦的身影出现在中原大地的各个角落，广阔山河间的他显得那么渺小。元遗山像蚂蚁搬家一样，一点一滴地搜集着遗失的史料。他的力量是那么小，作为前朝遗民、一介布衣，他只能孤军奋战，力图凭一己之力，编纂一代金史；可他的力量又是那么大，经过多年奔波，他积累了大量有关金朝君臣文士的言论、事迹与诗作，多达上百万字，成为后世研究金史的珍贵资料。

他一字一句地编纂着《中州集》，撰写着《壬辰杂编》，以完成以诗存史、赓续文脉的宏大使命。

纵使故国已亡，对历史的记录却不可断绝，中华文化的血脉必须得到传承。元好问跋涉于各地，惹得一身尘土，满面风霜。多年的颠沛与生活的磋磨令他身心俱疲，可那份信念依旧难以动摇："不可令一代之迹泯而不传。"为了这个目标，千难万险，在所不辞。

自知者不怨人，知命者不怨天。路是自己选的，所以无怨无悔；内心有所执着，所以无畏无惧。

中原震荡，眼看着文人凋敝，流亡四方，元好问便竭尽所能，寻找联络失散于战乱中的汉人文士,旨在重振儒学,弘扬文统。他充当着中州各地文人群体之间沟通的桥梁,相互照应,彼此扶持。"此州多寓士,论年悉肩随。风波同一舟,奚必骨肉为?"

一时间,旧雨新知,聚于一处。元遗山垂暮时,还常常想起这段与朋友们风雨同舟的日子。白季昌善于鼓琴,那曲《广陵散》弹得最妙;郭侯家中的藏书颇丰,元好问时常登门借阅;赵子笃学强识,总能答疑解惑;最不能忘的是倪文仲家醇美的莲花白,两人每每饮酒尽兴,秉烛醉话至深夜。

北方渐渐安定下来,烽火散去,又见明月清风。

无不可过去之事,有自然相知之人。

蒙古太宗十一年(1239)秋,因元好问诗名渐盛,耶律楚材诚心邀请他出仕为官。可元好问并没有接受新朝的一官半职,他早已无意于仕途。更重要的是,他很清楚自己后半生的追求。这一年,元好问重回故乡忻州秀容,潜心编纂著述。

在隐居著书的日子里,他时常乘一叶小舟,寄此身于江河之上。望着无垠的江面,元好问有些感慨:无论王朝兴灭、家国存亡、人生起落,再大的事,都会随着时间如江水东流去。什么是能留下的,什么又是能不朽的?他默默吟着一曲《临江仙》:

一片烟蓑一叶舟,梦中身世是沧洲,鲤鱼风退不胜秋。
秋月春风行处有,苍苔浊酒醉时休,人生虽异水同流。

历经二十余载,元好问终于完成了《中州集》《壬辰杂编》《金源君臣言行录》等数部著作,为元代编纂《金史》提供了重要参考。

他在自家的院子里修筑了一座"野史亭",作为存放史料和撰文创作的地方。

元好问也不知道千百年后,自己所做的这些努力是否还能留存于世,但他始终坚信,朝代会更迭,社稷会更姓,帝王将相,丰功伟绩,终将化作黄尘云烟。唯有不朽的文字、博大的文化、璀璨的文明,将会薪火相传,生生不息。

在生命之火即将熄灭之际,回首前尘往事,元好问心无波澜。经历了命途多舛的一生,暮年的他已没心思再去考虑那些纷扰的世事了。过去之事已过去,未来之事仍未来。唯有当下,只此一刻,需要他去静心感受。

"老夫惟有,醒来明月,醉后清风。"

日景步舤

文天祥

(1236—1283)

殉道者

文天祥带领的军队再一次受到重创。

满脸血污的兵卒被布带缠得只露出两只空洞迷茫的眼睛，木木地望着无尽的前路。还有很多将士任由伤口敞露在南岭湿热的空气里，满身的累累伤痕，都不知道该从哪一处开始包扎。多想停下歇会儿，沉沉睡去，做个山河依旧的好梦，再不醒来。

然而脚步仍不能停下，元军攻势正猛，他们不得不继续转移。每走一步，疼痛便从四肢百骸袭来，日夜啃噬。倒不如被敌人一箭穿心，还少了些折磨。草原骑兵个个箭术精湛，准头过人，宋军已多次领教过元军的战斗能力。这个生于草原的民族有着天赐般的毁灭性和杀伤力，所到之处，一切障碍皆被清除殆尽。

这支队伍能撑到现在仍未被团灭，已是个奇迹。

疲惫、饥饿与伤痛一齐锉磨着人的意志。他们已经从临安一路退到了漳州，再往南，还能去哪里？在这条一边撤退一边抵抗的路上，军队的人数越来越少。稀稀拉拉的残兵败将互相搀扶着往前行进，物资即将耗尽,就算不被元军杀死,也会饿死,累死,鲜血流尽而死。

军中的几个将士很想问问他们的统帅文天祥,这场必败的仗,为何还要继续打下去?都城临安早在两年前就被攻占,元军所向披靡,宋军节节败退,南宋亡国已成定局。投降的将士与臣子数不胜数,元朝的君主忽必烈爱惜人才,不杀降臣,反而予以重用。

不如放弃抵抗,早日投降。

然而话到嘴边又咽了回去。他们看见文统领也是一身的尘土与伤痕,熬了几宿的眼睛通红通红,他仍在一心部署着未来的作战计划。其间,降元的南宋将领吴浚前来游说文天祥一同归降,他直言投降后的种种好处,说得天花乱坠、唾沫横飞。文天祥一言不发,脸色愈加阴沉。

好你个吴浚,不仅带兵投降元军,还替敌方招降宋军,你还要脸吗?

沉吟半晌后,文天祥压抑着满腔怒火,咬牙切齿地吐出一个字:"杀。"他下令处死了这个曾经与自己并肩作战的战友。为敌国效力者,不可饶恕。

明眼人都看得出来,南宋大势已去,纵使有一百个岳武穆在世,也难以力挽狂澜。然而文天祥依旧固执地决定血战到底,他誓死守卫的,不仅仅是破碎的山河,更是南宋王朝遗留下的最后一点气节。

这是景炎三年(1278)的八月。南方的暑热搅扰着将士们疲惫不堪的身体,伤员的伤口已然溃烂。嗡嗡作响的蚊蝇驱之不去,似乎在散布着某种不祥的讯息。文天祥在飞虫的聒噪声中心乱如麻,自己的军队兵力衰微,粮草将尽,而其他军队不是兵败被俘,就是叛国投敌。接下来,该如何应对势不可当的元军?

陆秀夫、张世杰等刚刚拥立六岁的卫王赵昺为帝，一行人在元军的追赶下迁到了崖山（今广东新会南）。再往前，便是茫茫大海，是退无可退、逃无可逃的穷途末路了。小皇帝张皇不安地望着流亡路上一幕幕快速闪过的风景，年幼的他还不知道，南宋已到危急存亡之际。

他在生命的最初阶段，望见了帝国倾覆前的最后图景。

当文天祥拼死守卫南岭之时，他其实很清楚，这一切都不过是徒劳，南宋要完了。难眠的深夜，文天祥陷入无尽的怅然：想想自己真是可悲又可笑，为着注定灭亡的江山殊死一搏，可那么大的家国，在急遽下坠的瞬间，他又如何能将其一手挽住？他多没用啊，连自己的小家都保护不了。乱世之下，他已很久没有收到妻女的消息了，只顾着领军打仗，却疏忽了家人的安危，都不知道她们此刻是生是死。文天祥心里一阵酸楚，终究是他对不住妻女。

很快，一场瘟疫席卷了这片土地，军中再度损失士卒数百人。

死者中还包括文天祥的母亲曾氏。曾氏随部队四处辗转，"虽兵革纷扰，处之恬然"。老人家历经战乱，无数次死里逃生，却未能幸免于这场来势汹汹的瘟疫。文天祥还没来得及为母亲办理丧事，又一个噩耗传来，是年，他的大儿子文道生也因病离世，卒时不满二十岁。

文天祥流下了痛苦的泪水。家国破灭在即，妻女下落不明，母亲和儿子接连离世。椎心的痛楚像海水一般淹没了他。此生，还剩下什么呢？唯见月寒日暖，来煎人寿。

不知何日才能归家洗客袍。四十二岁的文天祥满面风霜，他伫立在蒙尘的月色下，长久地凝望着北方。他还有家吗？戎马半生，到头来仿佛做了一场空梦。他所珍视和守护的东西,一件一件地破碎、陨灭,到头来落了个国破家亡。

大宋的命运,裹挟着他个人的命运,一同沉重地往下坠。

南宋末路已至,认命吧。一个空洞的声音从遥远的苍穹传来。不可逆转之事,何必苦苦挣扎?

然而文天祥不愿认命。纵然大厦将倾,他仍要以一己之力,抵抗千军万马。哪怕敌方势如猛虎,哪怕他的身后全军覆没,哪怕早就看见了失败的结局。他孤零零地手持长剑,毅然决然地走入那个巨兽虎口的庞大阴影之中。

偏要挽住落日的余晖,偏要在滚滚江水中逆流而上,偏要与早已注定的命数抗争到底。明知不可为,而为之。

二十年前如此,二十年后亦如此。

在这个异乡无月明的夜晚,文天祥梦到了当年那个意气风发的自己。

二

那是一个阳光正好的春日,一个风度翩翩的年轻人骑着一匹白马进入临安城。马蹄踏着一路花香,穿过烟柳画桥,走过市井烟火,停驻在最为热闹的涌金门外。年轻人利落地翻身下马,他望着皇宫的方向，星眉朗目间透出无限憧憬，白皙如玉的面容上尽是神采飞扬。

他惹来一些路人好奇的暗暗惊叹的目光。临安城中每日都会络绎不绝地出现新鲜面孔，可像他这般相貌不凡的，实在少见。

出现在宝祐四年（1256）临安城街头的，是年方二十一岁的文天祥。他是那个年代最引人注目的时尚帅哥，就连一向惜字如金的《宋史》，都毫不吝啬地用了整整十七个字来形容小文的英俊："体貌丰伟，美皙如玉，秀眉而长目，顾盼烨然。"文天祥举手投足间光彩照人，是美男子中的美男子。路过的姑娘微红着脸蛋，偷偷打量着这个玉树临风的年轻人，心里暗暗揣测着他是哪户人家的公子；路过的小伙目不转睛地望着他的白马、他的衣着、他的气度，眼神中满是艳羡。

文天祥一身的装束低调又奢华，衣裳是掺了银线绣的暗纹花样，腰上佩戴的白玉环在阳光下散发着莹润的光芒，身旁的骏马与他一样气宇轩昂。

与历史上大多出身贫寒、全靠自己打怪升级、白手起家的英雄豪杰不一样，小文公子家境优渥，一出生就拥有近乎顶配的人生。他是江西庐陵人，文坛大咖欧阳修便是他的同乡。文家作为当地的世家大族，财力雄厚，富甲一方。小文从小就过着养尊处优的生活，"性豪华，平生自奉甚厚，声伎满前"。文公子平时居家外出，总要带着一群歌姬，随时为他演奏乐器，起舞歌唱。

公子王孙芳树下，清歌妙舞落花前。

有钱就是任性。

这次远赴临安，是为科举考试而来。小文并非纨绔子弟，虽然也为声色犬马而沉醉过,但是他人生的大方向始终没有变。他在年幼时便立下志向:要成为同乡前辈欧阳修、胡铨那样的忠义之士,为国为民,报效朝廷。为了这个伟大的理想,小文同学非常努力地读书学习。

在文天祥的少年时代,他结交了一位志趣相投的同乡好友,此人名叫张千载,字毅甫。两人总是一同温书习字,吟诗作对。小文公子是骄纵昂扬的性子,每次他滔滔不绝地说着自己的志向与政见之时,小张公子总是静静地在一旁听着,等文天祥说完,张千载便温厚地笑道:"文兄有经天纬地之才,来日毅甫愿相随左右,助你一臂之力。"

"一言为定啊,兄弟!"文天祥为他满上了酒,两人把酒言欢,尊前持一笑,花下卧余醒。

在参加科考的前一年,文天祥专门到当地最好的学校白鹭洲书院求学进修,师从南宋著名教育家欧阳守道。

年轻的他怀着一腔热血,天真地认为自己能够挽救南宋社稷于水火。

小文出生的前两年,金朝在宋蒙联军的围攻下迎来了最终的灭亡,中原江山将再次易主。这片大好山河,应该属于谁?蒙、宋双方在结为联盟时,对于原金朝疆域的所有权并未明确规定。蒙古军撤回北方后,宋军乘势进攻并占领汴京、洛阳等地,南宋的理由很简单:当年金朝侵占我方领土,如今不过是夺回本该属于我的一切。

蒙古帝国大为震怒:南宋你好意思吗?居然把灭金成果占为己有!说是宋蒙联军,可我蒙古铁骑起码出了百分之九十九的力,就你们南宋那花拳绣腿能敌得过金朝?真是让人笑掉大牙!

大汗窝阔台决定，连南宋一同打包拿下。毕竟这个柔弱的小美人连金朝都打不过，又怎能抵挡住我蒙古帝国所向披靡的大军呢？就等着被轻轻松松一举攻下吧！窝阔台稳操胜券，蒙宋战争正式拉开了帷幕。

南宋好不容易联合蒙古军消灭了金朝，转眼间友军又变成敌军。这个本就风雨飘摇的王朝，此刻面临着一个更为强劲的新对手，北境的暴雪将会很快抵达温暖潮湿的江南。占领汴京一带的宋军已被蒙古军打了个落花流水，败讯传到朝廷，宋理宗跌坐在龙椅上，心一沉到底。

既然对外作战不行，那就只能专心内政了。端平年间，宋理宗旨在革除弊政，澄清吏治，任用贤能，尊崇理学。这些举措收效甚微，却也算南宋末年昏暗朝政中的一抹亮色。

宋蒙之间的战事连绵不绝，消磨着南宋最后的余晖。人到中年的宋理宗眼看着江山不可挽回地滑向一个难以预测的深渊，他逐渐厌倦了临朝问政，开始放飞自我的享乐岁月：人生苦短，不如及时行乐。

至此，宋理宗沉湎于声色之中，任由贾似道等权臣专政。这位曾经贤明的君王，在执政后期肆意挥霍着大宋的百年基业，大兴土木，造佛寺道观祈祝长寿，建亭台楼阁专供游幸。

就在南宋内政一塌糊涂，外敌攻势正猛之际，二十岁的文天祥满怀雄心壮志，在科举考试中一路过关斩将，闯到了最后的殿试，信心满满地踏上金碧辉煌的集英殿。文天祥以"法天不息"为议题，挥笔完成一篇洋洋洒洒的万字文。

倦怠朝政已久的宋理宗在阅卷后赞不绝口，眼前这个英姿勃发的有志青年，让皇帝想起年轻时也曾励精图治的自己。文天祥被当场钦点为状元。作为全国第一名，他可谓是万里挑一的天之骄子。小文心潮澎湃，他坚信，自己可撑起南宋几近坍塌的一片天。

他眼前看见的，是一条光明的大道。

即便前线的硝烟不曾熄灭，南宋皇宫仍如往年一样，由内司在后苑中举办赏花盛典。锦帷绡幕后飘来芬芳阵阵，歌儿舞女吟唱着太平盛世的诗篇。罗绮满城，香风醉月。文天祥身着锦袍，骑着马悠游在灯烛晃耀的街市之间。

这是文天祥同学春风得意、门庭显耀的高光时刻。

这也是南宋朝廷蒙眼狂欢、纸醉金迷的最后时分。

三

宋理宗早该料到，蒙古帝国要的不是议和，而是攻打和占领。自从十三世纪初蒙古帝国建立后，成吉思汗及其子嗣率领大军，在欧亚大陆及中东各地征战，骁勇善战的蒙古军开启了长达一百多年的疆域扩张。他们向东打到高丽，向西一路打到东欧，多瑙河畔都留下了这个草原民族战马踏过的痕迹。

对他们来说，南宋，势在必得。

窝阔台因酗酒而暴毙后，新一任大汗蒙哥接过了伐宋的使命，其弟忽必烈辅佐在侧。宝祐六年（1258），蒙古军兵分三路，正式开启了大举南侵的征程。次年，蒙哥在进攻四川钓鱼山时去世。斯时，战斗值拉满的忽必烈已经率军攻入南宋境内，势头正猛。使者带来他兄长的死讯，着急忙慌地催促其立即北归："咱们的大汗，您的亲哥，龙驭宾天啦。您赶紧班师还朝吧！"然而忽必烈断然拒绝了，他丢给使者一句话："吾奉命南来，岂可无功而返？"

忽必烈的目标很明确：没有什么能够阻挡，我对征战的向往。

眼看蒙古大军摧枯拉朽而来，宋理宗慌了，歌也不听了，舞也不看了，天天召集文武百官开大会，想对策。皇帝身边的大红人董宋臣建议：不如丢下临安，迁都至浙江宁海。反正当初不也从汴京迁到了临安嘛，眼下敌人打过来，那就再往南逃呗。

文天祥一听，一张白皙的俊脸气得通红：就知道当缩头乌龟！一退再退，退到何处才算完？此时打起退堂鼓，前线军队的士气当如何振作？提出这种馊主意的人，当杀之以固军心。

年轻气盛的小文眼里揉不得一粒沙子，他早就看董宋臣不爽了。这人为讨陛下欢心，又是劳民伤财建亭子，又是找名妓入宫陪皇上寻欢作乐，干的没一件好事，偏偏宋理宗喜欢得不得了。董宋臣恃宠弄权，气焰嚣张，时人称其为"董阎罗"。其他朝臣深知董宋臣在皇上心目中的地位，从来不敢与之公然作对。可文天祥才不惯着他，他朗声进言道："请陛下斩杀董宋臣，以统一人心！"

皇帝自然舍不得他的大宝贝。文天祥一怒之下，自请免职回乡："小爷我不干了！朝中有此等奸邪作祟，还谈何重振河山？"宋理宗不是傻子，他知道小文能力出众，而且此时朝廷正是用人之际，断不能放走了这样一个栋梁之材。

文天祥很快被升官为刑部郎官，这时他想起了自己的好兄弟张千载。小张的运气不太好，当文天祥高中状元、飞黄腾达的时候，他还只是一个小小举人，在家乡过着平淡的耕读生活。

小文深知小张的学识与能力，多次邀请好友出山做官，可张千载总是婉言相拒："多谢文兄好意，只是小弟不愿攀附。少年时的情谊毅甫终生不忘，愿文兄一切安好，保重。"

以他们两人的关系，张千载完全可以抱紧好友的大腿，通过文天祥走上一条人生捷径，混个待遇不错的官职。小张却在一众讨好巴结文天祥的人中，选择默默退出。远远地看着好友青云直上，在心里为他献上祝福，对张千载而言，这样就足够了。

况且，如今并非太平盛世，君主昏庸，奸臣作祟，步入仕途实在不是一个好选择。

景定五年（1264），赵禥即位，是为宋度宗。赵禥智商先天不足，较之宋理宗更加荒淫无道。即位后，他成天沉溺于酒色，在后宫没日没夜地开派对。为了自己能够专心玩耍，宋度宗将国家整个丢给贾似道管理，还封他为太师，加号平章军国重事，许其独揽朝政大权。

南宋本就岌岌可危的江山，在这对君臣的糟蹋下，陷落得更为彻底了。贾似道滥发"金银关子"纸币，大肆搜刮民脂民膏，使得货币贬值，物价飞涨，百姓苦不堪言。他的身边还聚集了许多擅长歌功颂德的文人，专门创作粉饰太平的诗篇文赋。关于财政困难、民怨载道的新闻，一律不准发布。就连边关告急的"热搜"，也全给压了下去。

贾似道不愧为南宋太师，泰山崩于前，而面不改色。国家危在旦夕,他却不慌不忙,优哉游哉地在西湖上泛舟饮酒,又在湖边建造半闲堂与养乐圃,尽情享乐。世人皆语:"朝中无宰相,湖上有平章。"贾似道最钟情斗蟋蟀,对之颇有研究,还编著了一本《促织经》,获得了"蟋蟀宰相"的美名。

文天祥自然无法容忍奸臣当道,他在朝堂上与贾似道、董宋臣等人斗智斗勇,针锋相对。在为贾似道起草制诰时,文天祥的文辞中多有讽刺之语。贾似道阅后暴跳如雷——你小子真有种,看本大人怎么收拾你!他命令台谏官狠狠弹劾了一番文天祥,并罢免了他的官职。小文倒也并不在意——不干就不干,和这帮小人钩心斗角,简直浪费生命。

值得庆幸的是,文天祥也在朝中遇到了与他志同道合的前辈。时任左丞相的江万里,一向以家国为己任,这个已然年过花甲的小老头子,为社稷操碎了心。他从来看不惯贾似道等人专横独行、扰乱朝纲的行径,总是抖动着花白的胡须与他们唇枪舌剑。

当看见文天祥不顾一己之荣辱对抗朝中群邪时,江大人捋着胡子微笑着点点头,露出了欣赏的表情——小伙子不错,颇有几分老夫年轻时的样子。说来也巧,小文同学的母校白鹭洲书院,便是由江万里在任职吉州太守时所创办的。文天祥的恩师欧阳守道受江万里的赏识,江万里聘其在书院讲学。

咸淳三年(1267),忽必烈下令攻打南宋的军事重镇襄阳。前线作战的宋军物资短缺,江万里屡次奏请发兵救援,却遭到贾似道阻挠。老江愤而辞官,又担心朝堂无人可用,便多次举荐文天祥。可朝野之上众人皆醉,纵是有人独醒也枉然。

此刻,而立之年的文天祥眺望着北方破碎的山河,心如刀割。

他有心带兵抗击敌军，多次上书请求奔赴前线，却一再受阻。宋度宗沉醉于妃嫔的软玉温香之中，就连公文奏折也要交给四个最得宠的妃子批阅。文天祥后来才知道，自己一次次递上的折子，全被扔在了绫罗脂粉堆里。

悲切、愤恨、不甘瞬间占满了他的心。年轻时还以为可以大展拳脚，手刃外敌。没想到最难缠的敌人，竟是自己人。昏聩的君王、奸猾的臣子，重重阻碍像一盆又一盆的冷水，浇在了他热烈的报国之心上。

多么荒唐可笑，外敌还没打进来，朝廷内部已然腐烂崩溃了。临安依旧是一派慵懒享乐的清平景象，贾似道照例封锁了所有消息。襄阳、樊城的军民苦苦等待着朝廷的援兵，眼看就要兵尽粮绝，人们不得不拆屋当柴烧，两座城池在绝境中开始了自我放逐与自我毁灭。

不见援军，唯见长烟，落日，孤城闭。

四

夫襄阳者，天下之腰膂也。这是大宋半壁江山溃破的开端，撕开这个口子，从此便能长驱直入。

直到被围困整整三年后，日日笙歌、醉倒在温柔乡里的皇帝才知晓此事。事到如今，即便神兵天降，也终究难挽败局。很快樊城失守，襄阳城破。1271年，忽必烈将国号由"大蒙古国"改为"大元"，成为元朝的首任皇帝。

咸淳九年（1273），文天祥被起用为湖南提刑。江万里也再次出山为国效力，担任知潭州、湖南安抚大使，两人因此而再度相遇。这一年的江万里，已经七十六岁了。看着在秋风里白发纷飞的老江，文天祥心中一阵酸楚，感慨道："江大人一生为国为民，居庙堂之高，则忧其民；处江湖之远，则忧其君，恰如范文正公再世。"

江万里长叹一声："如今朝野奸佞横行，老夫虽有心仿效先贤，到底心有余而力不足。"顿了顿又道，"老夫这辈子看遍了形形色色之人，私以为能够担任治国重任的，就该是小文你这样的人。我老了，没几年可活了，希望你努力呀！小伙子，好好干！"文天祥听罢眼中盛满热泪，郑重地点点头。

一年后，长江上游告急。元军攻下襄阳、樊城后，忽必烈命令二十万大军水陆并进。是年七月，度宗因酒色过度而驾崩。太后谢道清急召群臣商议立帝之事。贾似道依旧专权，决意拥立度宗的三岁幼子赵㬎做皇帝。

元朝大军顺长江东流而下，如入无人之境。他们轻而易举地击败了贾似道率领的军队，将太平州、滁州收入囊中，继而又不战而降镇江，兵锋直指都城临安。宋廷这下彻底慌了，谢太后连忙下诏，陈说新君年幼，家国危难，希望四海之内的豪杰义士、文臣武将能够同仇敌忾，共赴国难，朝廷将不吝赏功赐爵。

收到诏书后，各地将官大多心照不宣地观望不前，垂危的家国陷入死一般的沉寂。人人都很清楚，宋朝的丧钟已然敲响，纵是秦皇汉武再世，也终将无力回天。生死关头，谁想去白白送命？天下大乱，有人忙着南下逃跑，有人上赶着向元军投降，有人麻痹自己一晌贪欢，还有人趁国难从中作乱，牟取私利。

文天祥捧着诏书垂泪不止。他想起了二十一岁那年高中状元春风得意的自己，那时的他恣意纵横于临安街头，畅想着为朝廷建功立业。他年轻的脸上张扬着勃勃野心，目光中充满燃烧不尽的灼灼光焰。

当年临安城里最骄傲、最明亮的少年，从来不知低头屈膝为何物。他从前顺风顺水时如此，现在身处逆境亦如此。他的词典里，就没有退缩与投降这两个词。

即便南宋末年朝政腐败，让他感到深深的失望和痛心，他也决不允许家国落入敌军之手，更不允许自己临阵脱逃，不战而降。如今四十不惑的文天祥，伫立在沧海横流的天地间，下定决心：要与元军一战到底，至死方休。

这场鏖战会有几分胜算？文天祥很清醒地知道，赢的可能性无限接近于零。国家兵力衰微，好像个草台班子，风一吹就倒了。朝廷无人可用，大部分宋朝将士，在元军的精兵猛将面前，显得弱小无助又可怜。况且，现在文天祥手下连一支像样的军队都没有，要说去前线抗击敌军，简直就是个天大的笑话。

可是，那又怎样？因为害怕输，就不打了吗？因为担心败，就不去做了吗？这件事的确很难，敌人强大得可怕，气吞万里如虎。可文天祥明知山有虎，偏向虎山行，就是要还大宋山河一个朗朗乾坤。这是他所坚守的道义，是他所追寻的人生意义。纵是以卵击石、蚍蜉撼树，也要拼尽全力一试。

大不了一死。生亦何欢，死亦何惧？自己这辈子该享受的也都享受过了，若是最终能为心中大义而死，也算值得。

文天祥俊朗的眉目间已刻上了岁月的痕迹，他不再是当年那个风流潇洒的贵家公子了。时移世易，国难当头，是该与过去好好做一个告别了。他将家产全部变卖，一间间宽敞明亮的宅院，一亩亩广阔丰沃的田地，一件件精美的玉器瓷瓶、雕花的红木家具，都不再属于他。

"星虹瑶树缥缈，佩环鸣碧落，瑞笼华屋。露耿铜虬，冰翻铁马，帘幕光摇金粟。"那些锦绣成堆的日子，来如春梦不多时，去似朝云无觅处。

可文天祥一点也不后悔。他散尽家财，只为筹集军饷，招募仁人志士，组建一支抵抗外敌的军队。安顿好妻儿后，他奔走各地寻访有志之士，同时派遣亲信联络当地的兵力。"凡是有心报国者，都欢迎加入我文家军。"

各地英雄豪杰听说文天祥的壮举，为其魄力所感召，皆群起而响应，转眼间这支军队聚集兵众上万人，简直比朝廷的号召力还强大。

文天祥从前在白鹭洲书院读书时，有一位名叫邓剡的同窗，此人曾进士及第，却隐居不仕。丞相江万里也曾多次邀请他出山为官，皆被谢绝。此次听闻文天祥起兵勤王，邓剡毅然决定加入这支队伍。战火已经烧到了他们的家乡，在一次兵燹中，邓剡的一家老小十二口全部遇难，无一人幸免。邓剡忍住满心悲痛，依旧按照原来的计划，跋山涉水，奔赴抗元前线。在见到文天祥的那一刻，邓剡的眼泪终于忍不住滚滚而下："举家唯余我一人，已无后顾之忧。但求战死，为家人报仇雪恨。"文天祥亦为之痛心，垂泪不语，只是紧紧握住故友的双手。

国破家亡之仇,不可不报。

文天祥的另一位朋友眼见他就要领兵出发,急忙劝阻道:"文兄且慢!你说你一介文人,从未习过武,带过兵,而今却要直接上前线冲锋陷阵,怕不是疯了吧?"

"家国已到生死存亡之际,吾等不得不奋不顾身,挽救江山于万一。"文天祥眼中尽是视死如归的决绝。

"文兄啊!元军势如破竹,你带着这群乌合之众前去迎战,就如驱赶一群羊去和猛虎搏斗一般,和送死没两样啊!"

文天祥沉吟半晌道:"我也知道是这样,可如今国家有难,朝廷征召兵马,竟无一人一骑进入关内救援,怎能不令人痛心?我不自量力,愿以身殉国,希望天下的忠臣义士得知此事后,能够闻风而起,聚众人之力,如此,社稷或许还能保得住。"

愿弃长衫,换战袍;散家财,聚兵马;舍生死,全大义。纵然前方是刀山火海,深渊悬崖,也义无反顾,无所畏惧。

我不入地狱,谁入地狱?

五

咸淳十年(1274),鄂州失守,群臣纷纷上疏,要求贾似道亲自出兵抗元:作为一国之太师,贾大人自然要当仁不让,亲自出马,以退敌军。

贾似道不得已出兵前线，被赶鸭子上架的他苦着一张脸，心想："迎战元军无异于送死，老夫的《促织经》还没写完呢，可千万不能死啊！"他深知自己无论如何都打不赢元军，于是在开战前派遣使臣与元军议和——咱能不能不打了，我大宋愿意称臣纳贡，要多少钱，您直说。元朝丞相伯颜严词拒绝——你当打仗是买菜呢，还能讨价还价？做梦！

贾似道只能硬着头皮，命令手下率领步兵七万人、战船二千五百艘在丁家洲应战。此战几乎派出宋廷的绝大部分兵力，他自己则躲在后方，准备随时逃跑。元军排山倒海而来，用大炮猛击宋军。纷飞的战火下，士气不振又战力微弱的宋军被打得节节败退，水陆军主力几乎全军覆没。贾似道一路连滚带爬地逃到扬州，惊魂未定地上书朝廷报告败讯，并请求太后迁都跑路。

谢太后大怒："这么多兵马全被你霍霍完了？废物一个！"群臣激愤，时人讽之曰："丁家洲上一声锣，惊走当年贾八哥。"朝臣纷纷要求惩治败军之将，太后便将他贬至循州。大势已去的贾似道很快引来仇家的注意。福王赵与芮一向和他不对付，趁其落魄，派人杀之。

当贾似道仓皇逃向扬州时，文天祥正率领着万余人的军队，一路东行前往临安。这支非正规军的队伍看上去有些庞杂、混乱，甚至众人茫然无措。各色人等都在其中，除了各地的兵将，还有读书习文的士子、田间耕作的农人、酒肆茶铺的商贩、行走江湖的游侠……士农工商，三教九流，形形色色的面孔，迥然不同的衣着。若不是响应文天祥的号召，或许他们平生都不会与彼此有交集。

而此刻，他们不分你我、不分高低贵贱聚于一处。他们的心与大宋的脉搏同频跳动。他们丢下纸笔，丢下锄头，丢下商铺，丢下云游四海的梦，皆为拯救南宋家国而来。他们乍一看是那么的不堪一击，可事实上，他们的御敌之心是那么的坚如磐石。

这些人中，超过一半都无作战经验。人人都知道，这一去，就再无归途。他们怀着赴死之心，踏上了这一条末路，去打一场必败的、注定惨烈的战役。

行军途中，文天祥曾一次次回头，遥望越来越远的家乡，直到与之隔了千重山、万重水。今生，恐怕再难返还。同样远去的，还有他的妻子儿女，此去一别，何日才能相见？文天祥抛下了一切，在心底和他所珍视的种种进行着一遍又一遍的永诀。

初夏的明月夜，晚风温暖而湿润。征途中和衣而眠的文天祥在梦里回到了刚刚过去的那个暮春。梦里，有家，有小院，有门前的纷纷落花。梦醒时分，他写下一首《旅怀》：

昨夜分明梦到家，飘摇依旧客天涯。
故园门掩东风老，无限杜鹃啼落花。

德祐元年（1275）八月，文天祥率领军队抵达临安。此时，随着蒙古铁骑的逼近，临安城中人心惶惶。朝廷大小官员已作鸟兽散，率先逃跑。百姓们也在收拾行囊，试图逃离都城。剩下的臣子，成天围着小皇帝，商量着如何向元军求和。

文天祥又急又气，赶忙上书，建议将天下分为四镇，设置都督作为统帅，扩大各自的辖区范围，招兵买马，积聚力量。之后各地约定好时间，一同奋起发兵，使元军四散，趁其疲于奔命之时，找准机会将其击退。

事到如今，再怎么放低姿态也是无用。一退再退，退到何处才算完？与其屈膝求和，不如拼死一搏。

然而朝廷议和之心已定，谢太后假装老眼昏花，权当听不见、看不见文天祥的上书。精心构想的作战计划被全盘否决。文天祥只得独自带领一众将士，孤军奋战在东南一带。没有地方兵马的支援，他的军队终究难敌元军，屡战屡败，手下的将帅一个接一个战死。建康、扬州、镇江、常州、平江，一处处江南好风景，接连破碎于元军的铁骑之下。

当年靖康之变后，金兵南下，江南曾被战火烧尽繁华。一百年后，而今此地又遭洗劫。自胡马窥江去后，废池乔木，犹厌言兵。

文天祥望着从前的春风十里扬州路，变作如今的苍凉景色，不禁长叹道："荒阶枕藉无人问，风露满堂清夜长。"长夜难明，何时才能得见朝阳呢？

南宋朝廷虽一心苟且偷安，好在朝中仍有少数与文天祥同样决心抗元的将领：张世杰率兵奋战在前线，曾受到元军多次招降，皆誓死不从；李庭芝苦守扬州，在元军的围困下弹尽粮绝，依旧坚决不降。

只是战况实在令人担忧。冬天，扬州城中食尽，殍死者不计其数。次年，饥荒闹得更为凶猛，路上一旦出现死者，众人便争相割食其肉，转眼间便只剩一具血肉模糊的白骨。每天都有数百人跳入隆冬的江水中自溺而亡。比起困守城内活活饿死，或是被敌军残杀而死，人们更愿意选择一种更体面的死法——让冰冷的江水淹没自己,让生命随流水而逝。

曾经的淮左名都,竹西佳处,如今已化作烽火连天、尸骨遍地的人间炼狱。

抬眼望,山河仍在,只是家国将亡。湖光一如往昔,山色依旧翠碧,江水兀自东流。这些风物似乎永远不会改变,永远不会老去。可是他老了,数十年的岁月弹指一挥间。星星点点的白发,如同霜雪落上青丝。当年那个鲜衣怒马的得意少年,转眼间便成了漂泊天涯的伤心失意人。耳畔唯有,胡笳阵阵;冷月空照,寒江孤影。

文天祥独自徘徊于清寒的月色下,在心里默念着一曲《酹江月》:

庐山依旧,凄凉处、无限江南风物。空翠晴岚浮汗漫,还障天东半壁。雁过孤峰,猿归危嶂,风急波翻雪。乾坤未老,地灵尚有人杰。

堪嗟漂泊孤舟,河倾斗落,客梦催明发。南浦闲云连草树,回首旌旗明灭。三十年来,十年一过,空有星星髮。夜深愁听,胡笳吹彻寒月。

苦战东南的文天祥收到一个噩耗,原丞相江万里携其子投止水自尽,以身殉国,终年七十七岁。文天祥内心酸楚难当,他想起了江丞相对自己的提携之恩,不禁泪如雨下。此生,终究来不及报答这份恩情了。

万分悲痛之下,文天祥提笔蘸墨,作下一首悼念江丞相的诗文:"星拆台衡地,斯文去矣休。湖光与天远,屈注沧江流。"或许,他拼死守卫家国,不是为了昏庸的君王,也不是为了腐朽的朝廷,而是为了这些志同道合之士,为了天地之间的浩然正气,更为了他们心中共同的信仰和不灭的理想。

唯愿,"报君黄金台上意,提携玉龙为君死"。

若有来生,他还希望,落花时节又逢君。

六

德祐二年(1276),元朝大军黑压压一片,正以整齐的步伐逼近临安城外的皋亭山。该来的,终究是来了。左右丞相先后脚底抹油,溜之大吉。文天祥临危受命为右丞相,全权负责与元军统帅伯颜的谈判事宜。

双方谈判的地点,在临平明因寺。伯颜一副胜券在握的模样,居高临下地望着文天祥,慢悠悠地说:"宋朝气数将尽,不如早日归顺我大元,免得兵戎相见。"

文天祥义正词严道:"元军南下,一路烧杀抢掠,我朝子民早已死伤无数。百姓何其无辜?尔等侵我大宋江山,道义何在?"

伯颜正色道:"进临安后,必不动社稷,不杀百姓。"

文天祥愤然斥责道:"尔等此前多次失约,如何令人信服?若要今日定盟,理应先退兵至平江、嘉兴,而后再商谈议和之计。若元军定要灭我大宋，仍有淮、浙、闽、广等诸多疆土尚未拿下，你我之间，胜负犹未可知也！"

伯颜见文天祥居然当面顶撞自己，不由得怒从心头起——一个即将亡国的臣子，还敢这般嚣张，真是好大的胆子！他沉着脸威胁道："你就不怕死吗？"

文天祥昂首逼视着伯颜，朗声回应道："吾乃南宋状元、宰相，但欠一死报国，斧钺刀枪，无所惧也！"

伯颜不曾料到南宋仍有这般有气节之士，心里生出几分敬意。他语气缓和下来，劝道："大元将兴学校、立科举，阁下在大宋为宰相，亦可在我朝为宰相，定当有助于我大元江山。"

文天祥嗤之以鼻，冷哼一声道："恕难从命！"

伯颜彻底怒了："简直不识抬举！来人，把他押下去关起来！"

文天祥被拘押在明因寺内，其间伯颜又多次派人前来劝说其投降，皆被严词拒绝。文天祥满心愤慨：谁要在你元朝做官啊？老子才不稀罕！元军害得南宋百姓国破家亡，无数人死于非命。如此血海深仇，怎能忘却？

只是如今身陷囹圄，自身都难保，还谈什么恢复家国、重整山河的愿望？文天祥不觉有些灰心丧气。他昏昏沉沉地卧在佛前的蒲团上，连着几日水米未进，身心俱疲。伯颜是铁了心要灭一灭他的心气。文天祥默默地想："不知诸位神佛在天之灵，可否佑我大宋逃过此劫？"

在某个黎明时分，半梦半醒的他瞥见了透过窗沿缝隙洒进屋内的曙光。那抹光亮显得如此璀璨，照得满殿神佛似有金光镀身。"众生自度，佛不能度。"文天祥看清了柱子上的八个大字，这是宋宁宗时期恭圣仁烈皇后所赐偈语。佛殿内处处覆盖着一层厚厚的尘埃，可这八个字在蒙尘的昏暗里，散发着清寂的光芒。

困境之中，唯有自度。文天祥一下清醒过来：绝不可就此放弃，不战而退。哪怕只有极其渺茫的希望，也要尽力一试。

乃知世间为长物，惟有真我难灭磨。

终于等来了机会。镇江兵乱，文天祥与其侍从趁着夜色逃脱险境，他们一路奔向真州，决定与那里的同道之士会合，壮大抗元力量。为了避开元军，他们绕道北行，又乘着一叶小舟在海上颠簸漂流了数日，才回到长江口岸。

每一步都走得艰险万分，可文天祥从未想过回头。他断绝了自己的一切后路，奋不顾身地往前闯，无论前方是万丈深渊，还是龙潭虎穴。最差的情况，他会全军覆没，会身死国灭。管他呢，失败就失败，在彻底灰飞烟灭之前，仍要拼尽一切力量，和世界做一个认真的、庄严的、虽败犹荣的告别。

我来过，用力活过，为理想奋斗过，所以不管结局如何，我无所谓，也无所畏。此去，没有退路，也绝不后悔。明知前路无归途，谁人以身向地狱？虽千万人，吾往矣。

驻足江畔的文天祥，作下了一首字字铿锵的《扬子江》：

几日随风北海游，回从扬子大江头。
臣心一片磁针石，不指南方不肯休。

臣下之心，只有一个信念，就是执着地向着仅剩的一点希望全力以赴。

此时都城临安已被元军攻占，五岁的宋恭帝赵㬎成为敌军俘虏。陆秀夫和张世杰等人不得已又拥立了两位年幼的小皇帝——端宗赵昰和幼主赵昺。他们一行人护送着南宋最后的血脉，一路南下。文天祥重新召集兵马，志在收复被元军占领的失地。

当战火燃烧在大宋山河之上时，有人在血与火中焚烧成灰，随风飘落，从此杳无踪迹；也有人在血与火中涅槃重生，带着一身的光与热，照亮沉寂已久的万古长夜，不朽于世间。

七

景炎二年（1277）三月，文天祥率军收复梅州。初战告捷，军中士气大振，继续进攻江西。附近州郡的官员、豪杰，纷纷起兵响应。六月，于雩都取得大捷，在兴国县开府；七月，又收复了赣州九县，吉州八县复其半，一时间军势大振，越来越多的人加入军中，奋勇抗敌。

眼看着这支队伍越来越壮大，文天祥不由得心潮澎湃，无数水滴汇聚到一起，成涓涓细流，成大江大河，成浩瀚沧海。只要宋朝子民团结起来，这股力量就是无穷无尽的。

只是文天祥并未料到，这是南宋陷入弥留之际前的回光返照。

元军派大将李恒等人出马，突袭文天祥在兴国县的据点。元军猝至，毫无防备的宋军连连溃败，只得一路北撤。部下巩信为护文天祥脱险，率领分支队伍浴血抗敌，全部战死。南宋民兵的战斗力终不敌训练有素的元军，阵亡的士兵不计其数。

当初许多人自愿加入军中，就想到了此行有去无回。在元军的精兵猛将面前，他们显得太业余、太弱小、太微不足道。他们命如草芥，被轻易斩杀，暴尸荒野。不会有人为他们收尸、下葬、立碑，他们的肉身将在经年累月风霜雨雪的侵蚀下，最终尘归尘、土归土。

从他们倒下的地方，长出来的一株小草，一朵野花，就是他们无字的墓碑，无言的悼念。

文天祥率领着残兵败将奔赴循州，驻军南岭。此刻他并不知晓，自己的妻子儿女，都已被元军抓获。脱离险境后，他再次清点人数，幸存的兵士少得可怜，其中还不乏许多身负重伤、无力战斗的将士。文天祥意识到，或许，这支伤痕累累的队伍就是守卫宋朝皇室的最后一道防线。

陆秀夫和张世杰护送着宋端宗赵昰和幼主赵昺乘船南逃，南宋江山于波涛之间飘摇无定。逃亡途中，海面刮起台风，帝舟倾覆，宋端宗差点溺死于水中。经此一劫后，年仅十一岁的小皇帝一病不起，在景炎三年（1278）的春天，病逝于海上荒岛。陆秀夫与众臣在碙洲（今广东雷州湾外碙洲岛）拥立八岁的赵昺为帝，改元祥兴（1278）。一行人逃至崖山（今广东新会南）一带，再往南，便只有无边无际的海水了。陆秀夫望着茫茫大海，满心凄凉：难道南宋，就要在此亡国了吗？

一波未平，一波又起。

是年八月，文天祥的军中瘟疫流行，损失士卒数百人。他的母亲曾氏以及他唯一的儿子文道生，皆因病离世。文天祥陷入了巨大的痛苦中，山河破碎，至亲离世，妻女不知下落，自己率领的军队几乎被逼至绝境。

那么风光的前半生，仿佛是很遥远、很遥远的事情了。"云拥旌旗，笑声人在画阑曲"，那些流光溢彩的前尘往事，都成了梦中景色。或许，万物消长兴衰，皆已注定。终究要"兴尽悲来，识盈虚之有数"。又或许，走到如今这一步，都是他自己做出的选择。如果没有散尽千金，如果没有起兵抗元，说不定还能保全一个小家。

可若再给他一次机会，文天祥还是会做出同样的选择。无论如何，他接受这一切，无怨无悔。从走上这条路的那一刻起，他就没有想过回头。

十二月，当地的强盗陈懿为一己之私，暗中勾结元将张弘范，引导元军逼攻潮阳。斯时文天祥正与部下在五坡岭歇息，元军突然出现，众将士措手不及，纷纷被抓获杀害。被俘的文天祥不愿落入敌军手中受辱，毅然吞下大量龙脑意欲自尽，却侥幸未死。

文天祥被押至潮阳，见元军将领张弘范时，不肯行跪拜之礼。张弘范对文天祥的鼎鼎大名早有耳闻，他暗自忖度：若能将此良将收入麾下，必定对我元朝大有助益。于是张弘范以客礼接见，并要求他写信招降宋廷的核心人物张世杰。文天祥冷笑道："我不能保卫父母，还教别人背叛父母，这像话吗？"在元军的一再逼迫下，文天祥挥笔立就了一首名震千古的《过零丁洋》：

辛苦遭逢起一经，干戈寥落四周星。
山河破碎风飘絮，身世浮沉雨打萍。

惶恐滩头说惶恐，零丁洋里叹零丁。

人生自古谁无死？留取丹心照汗青。

在元军的猛攻之下，雷州失守，小朝廷迁往崖山。祥兴二年（1279）正月，张弘范率元军浩浩荡荡地抵达崖山，对宋军形成三面包围之势。元军先是以火攻宋船，又以水师封锁海湾，断绝宋军汲水取粮的道路，再以火炮猛攻，掀起滔天巨浪。

海浪覆没了无数船只，也覆没了国祚绵延一百五十余年的南宋王朝。是年三月，崖山海战结束，大宋王朝宣告灭亡。

文天祥后来每次想起这一天，还是会感到恍然如梦：南宋的末日，竟是在一个晴空万里、海风和煦的春日。

幼主赵昺的船被困在敌军战船之间，小皇帝还不知道这一天是何等的重大悲壮。而陆秀夫是明白的，这一次，终究无法化险为夷了。随故国而去，是最好的选择。他平静地背起八岁的赵昺，一步一步地走到船边，再次回望硝烟未散的山河，在心里默默做着永诀。他就这样背着幼主，跳进了海里。小皇帝临死之际眼前的最后画面，是广阔无垠的蔚蓝海面。

随行十多万军民亦相继跳海而亡，稠浊的人潮逐渐消逝在起伏的海浪之间。被俘元军阵营中的文天祥目睹了此等惨烈景象，心如刀绞，泪水打湿了他清俊不再的脸庞。海水吞噬了一切，吾国，吾民，转眼化作一片虚无。

战后，十余万具尸体浮出海面。百姓们找到了陆秀夫的尸体，郑重地将其安葬了。元军寻得一具孩童的尸体，只见这个小儿眉清目秀，身着龙袍，头戴皇冠，打扮得整整齐齐，腰间还挂着一个玉玺。

这是八岁的小皇帝赵昺，他的小手紧紧地攥成一团，像是握着大宋的国运，永远地沉睡了下去。

八

元朝将领张弘范仍在试图劝说文天祥："丞相已为国尽忠，而今南宋灭亡，若你能改变心意，好好为新君效力，我大元定许你以宰相之位。"

文天祥目光坚毅，眼中含泪道："国亡不能救，为人臣者死有余罪，怎能怀有异心侍奉二主？"张弘范在心里默默感叹：好一个忠贞不贰的臣子。他不再逼迫文天祥，而是派人护送其前往京师。

北上燕京的途中，文天祥心似已灰之木。他如同行尸走肉般往前行走，整整八日，几乎水米未进。这一路的风景，是多么熟悉。他总是感到恍惚：这是归家之路吗？文天祥必须一次次地提醒自己，如今山河易主，从此一山一水、一草一木都不再属于南宋。他没有国，也没有家了。

一山还一水，无国又无家。

押解俘虏的队伍，经过了文天祥的故乡江西。他不曾料到，自己会以这样落魄不堪的方式，回到朝思暮想的家乡。暮春时节，梅花落满了山坡。文天祥望着一路的落花,默默吟诵起陆放翁的词句:"零落成泥碾作尘,只有香如故。"

薄暮时分,他感到了几丝凉意,抬头一看,原来是天空飘起了细雨。水雾模糊了文天祥的视线,又打湿了他仍未脱下的征衣。

他眼中故乡的景色,逐渐变得朦胧、迷离。多少凄凉无限恨,皆付一首《南安军》:

梅花南北路,风雨湿征衣。
出岭谁同出?归乡如不归!
山河千古在,城郭一时非。
饿死真吾事,梦中行采薇。

他想自尽,可元军看守得紧。如此良将,招降方为上策,绝不可让他自我了断。元军有的是办法,软硬兼施,恩威并用,时日一长,不愁你不归顺我大元。

行至半路,文天祥忽然望见一个熟悉的身影,再定睛,竟是他多年不见的故人张千载。他也老了许多,佝偻着身子,提着大包小包的行囊,等在夕阳的余晖里。

原来张千载事先听说文天祥要被押解到燕京,便立刻变卖了自己的所有家产,在押解队伍的必经之路吉州城等着文天祥。故人相见,彼此皆垂泪不止。张千载痛哭道:"文丞相,我陪您一道去!"

文天祥哽咽着问老友:"此行凶险,又何苦搭上身家性命与我同去?老张你糊涂呀!"

张千载也不解释什么，只低声道："旅途孤苦，就让我陪着您吧！"

他还是如少年时一般，寡言少语。文天祥还想劝他回去，张千载也不言语，只是含着泪，以温厚的笑容作为回答。负责押解的元朝将领并不允准闲杂人等跟着队伍，张千载跑去上下打点，回来时手上的包裹少了一大半。元军统帅终于同意他跟随在侧。

一路上，张千载如一个忠仆，忙前忙后地照料着被缚的文天祥，给他喂水喂饭，帮他洗漱。文天祥很是感动，同时也心酸又愧疚：有福时未能与老友同享，有难时却要让他同当。

文天祥总要张千载走，张千载却一心要留。

行至金陵时，正值深秋，南宋政权覆亡已半年有余，金陵亦被元军攻破四年之久。黄昏时分，夕阳映照着满目萧索的金陵城。曾经这里是多么繁华，沿河的秦淮酒家总是灯火通明，终夜不息。短短四年间，城中百姓大多流离逃亡，不知屋檐下的燕子还可以飞入哪户人家？城郭早已面目全非，唯余残阳，空照秦淮。

文天祥低吟着一首《金陵驿》，张千载在一旁，用纸笔为他记录下这字字泣血的诗句：

草合离宫转夕晖，孤云飘泊复何依？
山河风景元无异，城郭人民半已非。
满地芦花和我老，旧家燕子傍谁飞？
从今别却江南路，化作啼鹃带血归。

这将是他最后一次感受江南温润的风，从此，再无南归路。

与文天祥一同被俘的，还有他的同窗邓剡。邓剡负伤后，病重垂危，被留在金陵就医。文天祥则继续跟随元军北上。此去一别，余生再难相见。邓剡作下一首《酹江月·驿中言别友人》，为文天祥赠行。痛失家眷又沦为战俘的邓剡，在词中悲愤感慨道："铜雀春情，金人秋泪，此恨凭谁雪。堂堂剑气，斗牛空认奇杰。"

同样困于桎梏的文天祥，唯有用淋漓的笔墨，书写下自己不屈的心志，以慰平生相逢一场、与故人并肩作战的情谊：

乾坤能大，算蛟龙、元不是池中物。风雨牢愁无著处，那更寒虫四壁。横槊题诗，登楼作赋，万事空中雪。江流如此，方来还有英杰。

堪笑一叶漂零，重来淮水，正凉风新发。镜里朱颜都变尽，只有丹心难灭。去去龙沙，江山回首，一线青如髪。故人应念，杜鹃枝上残月。

深陷囚笼，文天祥再难披甲上马，然而壮志仍未酬，他不愿就此罢休。遥想当年曹孟德横槊赋诗，王粲登楼作赋，多少名士风流，如今尽化作空中飞雪。长江滚滚，浪花淘尽英雄。文天祥也老去了，可他的情志依旧昂扬、澎湃、坚不可摧。

他相信，终有仁人志士，将他的信念与志向传承下去，无限绵延。

九

元世祖忽必烈在统一南北后，多次搜求有才能的南宋臣子，以辅佐其春秋大业。降臣王积翁上奏道："南人之中，无人可比文丞相。"忽必烈遂下令，必得以礼相待文天祥。

到达燕京后，元朝侍从殷勤相迎，还准备了陈设奢华的馆舍，为他接风洗尘。文天祥看都不去看一眼，彻夜未眠，一直坐等天亮。对忽必烈派来的说客，他冷脸相对，任由对方说得口干舌燥，文天祥仍是一言不发。

绝不为元朝效力，这是他的底线。想起那些惨死在元军铁蹄下的南宋兵将与百姓，文天祥又是一阵心痛。他当然知道，王朝更迭，社稷兴衰，都是必然的，无论他如何抗拒、抵触、挣扎，覆灭的南宋家国也不会再回来了。

他也很清楚，如今的山河已是元朝的天下。他一心守护的、想要留住的、试图挽回的种种，皆已成虚空。何必再坚持？只要他松口，高官厚禄，富贵荣华便唾手可得。元朝皇帝忽必烈是爱才之人，必会对他加以重用。自古多少英雄豪杰，奔走于风雪千山，不就为了功名半纸？

南宋降臣王积翁在故国灭亡后的第二年，便在新朝做了刑部尚书，多么风光。

然而在文天祥看来，他所坚守的忠义，是比功名利禄重要千万倍的东西。他心中的信念，并不会因为江山的倾覆而随风消逝。如他的《正气歌》中所言："天地有正气，杂然赋流形。"

这股正气永远不会消逝。

黎明时分,天际熹微的晨光昭示着全新的一日。天又亮了,这片大地也迎来了新的主人。而文天祥枯坐整宿,他依旧留在昨夜的黑暗里。

管他日升月落,潮起潮灭,我既然选择了这条路,便会不回头地走下去。说我固执也好,不识抬举也罢,我从不后悔。我知道家国已亡,再难挽回。此番坚持,不为别的,只为问心无愧。

文天祥拒绝与元朝官员交谈,冷而硬的背影像一堵厚厚的墙。随便你们如何折腾,我心意已决,不可转圜。

元朝君臣拿文天祥没办法,决定将他丢进大牢:"文丞相别怪我们不客气了,任你有多坚强的意志,也会渐渐消磨在不见天日的牢狱岁月里。"于是文天祥被移送至兵马司,由士卒监守。张千载在附近寻了处简陋的房子住下来,每天给大牢中的文天祥送饭,并将他在狱中作下的诗文,带出收藏保管。

监牢设在一间地下的土屋内。一室昏黑,只有一扇短窄的白木窗子,透进几缕微弱的光线。文天祥风霜纵横的脸,在微光里半明半暗。终日不见阳光的监室阴冷潮湿,散发出阵阵腐臭之气。地上满是泥泞,每当降雨时节,雨水从墙壁的缝隙流进来,积起一屋子的水,木床与案几都像小船一样漂浮在脏水上。逼仄的屋子,浑浊的空气,令人作呕的味道,日夜出没的蛇鼠虫蚁,这样令人生不如死的环境,文天祥整整忍受了三年。

其间,忽必烈多次派遣王积翁等臣子去传达圣旨,加以相劝,可文天祥一直不愿屈服。他看起来是那么平静,仿佛一尊无悲亦无喜的雕像。他不求生也不寻死,只是默默抵抗,以不屈的心志,时刻提醒着元朝君臣，南宋，仍有一口气在。

似乎只要留得此身，故国便不算消亡。

监牢内终日昏暗，有时，文天祥甚至分不清白天黑夜，亦不知今夕是何年。在无尽的阴冷中，他总是梦到温暖和煦的春天。尤其是家乡的春天，有杨柳，有梅花，有他儿女无忧的笑靥。半夜西风半身影，梦中骑得雪驴回。

多想回家，可他早就没有家了。

在一个寒气侵袭的夜晚，文天祥忽然听到外面传来爆竹之声。原来，又是一年除夕。他在浸湿后又晾干的纸上，用所剩无多的墨水，写下了一首《除夜》：

乾坤空落落，岁月去堂堂。
末路惊风雨，穷边饱雪霜。
命随年欲尽，身与世俱忘。
无复屠苏梦，挑灯夜未央。

让文天祥心中再起波澜的，是女儿柳娘的来信。他怎么也没想到，今生还能收到家人的消息。女儿在信中哀诉，自己和母亲、妹妹都在官中为奴，过着囚徒般的生活。文天祥一边看信，一边泪流不止。他心痛难忍，颤抖着手，在寄给家人的信中写道："收柳女信，痛割肠胃。人谁无妻儿骨肉之情？但今日事到这里，于义当死，乃是命也。奈何？奈何！可令柳女、环女做好人，爹爹管不得，泪下哽咽。"

窗外风雨飘摇，文天祥的双足浸泡在冰冷的污水里，却感受不到丝毫寒意。他肝肠寸断,多想解救处在水火之中的妻女,可这就意味着他要去乞求元朝皇帝,要接受他开出的一切条件。他不愿就此屈服。

是爹爹不好,爹爹管不得,孩儿莫怪爹爹……痴儿莫问今生计,还种来生未了因。

元世祖知道文天祥始终不降,于是召其入朝,问道:"你有何心愿?"文天祥语气平和地回答道:"家国已亡,我心无所求,唯愿一死。"三年了,他已想得非常清楚。早就算好,要走到今天这一步。是时候了。此刻,他无比理智、无比清醒地决定,赴死。

慷慨杀身易,从容就义难。

忽必烈无奈地叹了口气,还是不忍心杀死这位忠义之士。身旁的一个臣子进言道:"此人这般坚定,恐怕难以为我大元所用,不如遂了他的心愿,杀之以绝后患。"忽必烈沉默半晌,最终艰难地点了点头。

临刑前,文天祥的面色十分平静,似乎他所面对的,只是寻常的一场仪式。他释然一笑,对吏卒道:"我的事,终于完成了。"在向南方跪拜后,文天祥从容就义,终年四十七岁。

张千载悲泣不止。当初他从江南一路跟到大都。文天祥入狱后,他尽心尽力地服侍了文天祥三年多,直到文天祥临刑。此刻,张千载觉得自己的使命也快完成了。他要将文天祥的首级安放在匣子里,带回他们的家乡好好安葬。

数日后,文天祥的妻子欧阳氏来收尸,发现文天祥面色如生。在遗体的衣带间,有文天祥的遗言:

"吾位居将相,不能救社稷,正天下,军败国辱,为囚虏,其当死久矣。顷被执以来,欲引决而无间。今天与之机,谨南向百拜以死。其赞曰:孔曰成仁,孟云取义。惟其义尽,所以仁至。读圣贤书,所学何事?而今而后,庶几无愧。宋丞相文天祥绝笔。"

南宋王朝残存的最后一口气,至此绝。

冬天就要过去,故乡的梅花又要开放了。文天祥在世时,曾写下"柳色含晴,梅心沁暖,春浅千花如束"。或许,赴死前的他也想再看一眼记忆里的梅花。还好,张千载会带着他的魂魄回到家乡,让他长眠在一株梅花树下。

从此不必问,自他离开后,春风何时来,梅花几度开。守在花树下的故人,大约会在每年的花开时分,遥望北方,怅然低语:

"黄金台下客,应是不归来。"